Hubert Gaisbauer

schonungslos
zärtli

2019

Umschlaggestaltung: Nele Steinborn
Satz- und Layoutgestaltung: Nele Steinborn, Wien
Schriften: Bunday sans, DTL Albertina
Druck und Bindung: Finidr, Tschechien
ISBN 978-3-7022-3735-6 (gedrucktes Buch)
ISBN 978-3-7022-3749-3 (E-Book)
E-Mail: buchverlag@tyrolia.at
Internet: www.tyrolia-verlag.at

MIX
Papier aus verantwortungsvollen Quellen
FSC® C014138
FSC
www.fsc.org

Hubert Gaisbauer

schonungslos zärtlich

Menschen | Bilder | Gedanken

Tyrolia-Verlag · Innsbruck–Wien

Inhalt

Vorwort

Ja, ich bin ein Moralist – und zwar im Sinne meines geliebten alten philosophischen Wörterbuchs, das unter einem Moralisten jeden versteht, der sich durch eine „leidenschaftliche Stellungnahme zu Mensch und Gesellschaft auszeichnet“. Und zur Religion, füge ich hinzu.

Ich hatte das Glück, ein Berufsleben lang für ein Kulturmedium ersten Ranges arbeiten zu dürfen, für das Radioprogramm Österreich 1. Ich war und bin noch immer ein von meinem Naturell und von großartigen Menschen entflammter Streiter für eine Kultur, die nicht sich selber, sondern der Entfaltung des Menschlichen dient.

Deshalb gefällt mir auch der Titel dieses Buches. Ich habe ihn vor Jahren für einen Vortrag über eine Malerin gewählt, die den Alterungsprozess ihrer Mutter zum Thema ihrer Malerei gemacht hat. In den Bildern, die daraus entstanden sind, werden die Liebe zur Mutter und die Liebe zur Wahrheit eins. Schonungslos zärtlich.

Nach meinem Abschied vom Radio, der ja nicht ganz radikal war, habe ich mich meinen Vorlieben ergeben: der Liebe zur bildenden Kunst und zur Dichtung, der Spurensuche in Leben und Werk von Dichterinnen und Malern, vielen Fragen der Religion und des Glaubens, die mich von Jugend an begleiten. Von all dem kann man in diesem Buch lesen.

Wenn man mich fragt, was alle die unterschiedlichen Beiträge gemeinsam haben, dann sage ich: Vielleicht die Suche nach dem Einklang von Liebe und Wahrheit.

Hubert Gaisbauer

Blick in die nördliche
Portallaibung des Riesentors
von Sankt Stephan

Ein Tor zum Frieden

Das Riesentor von Sankt Stephan in Wien

erst wenn
einmal
Augen
Hände
und Mund
ganz nah
zu Wunden und Wundern
geführt werden
begreifen wir
(vielleicht)

die Bilder aus Stein
können warten
bis wir sie
erhören

im Staunen und
im Erbarmen

dann erst
redest
DU

Oft war es mir vergönnt, durch das Riesentor in den Dom von Sankt Stephan zu gehen – oder soll ich besser sagen: zu schreiten? Nein, im Gedränge, das heute meist in der Vorhalle herrscht, kann man nicht schreiten. Aber einen Schritt lang innehalten, das geht immer. Einen Gedanken lang aufblicken, über das Getümmel des Kämpferfrieses und über die Wucherungen der Kapitelle hinweg zu den vertrauten Apostelköpfen mit der zeitlos ruhigen Gewissheit im Blick – hin auf den Segensgestus des Christus in der Mandorla.

Ich weiß nicht, wie viel hundertmal ich durch das Riesentor in den Dom gegangen bin. Immer versuchte ich zu verstehen, was das

Tor sagen will. Versuchte ich, meinen Kindern, meinen Enkelkindern und unzähligen mir nicht näher Bekannten nachzuerzählen, was ich glaube, verstanden zu haben. Wovon wollten die Bauleute und die Erfinder der Bilder dieses Tores erzählen? Von Irrwegen in der Welt vielleicht, und dann von der Vollendung im Reiche Gottes.

Ein Tor der Barmherzigkeit

Bei mir stellte sich im Laufe der vielen Jahre eine große Vertrautheit ein. Sie lässt mich heute das Riesentor von Sankt Stephan auch als eine große Friedenserzählung verstehen. Als Papst Franziskus am 8. Dezember 2015 zu St. Peter in Rom ein „Heiliges Jahr der Barmherzigkeit" ausrief, wurde auch in Wien das Riesentor als „Heilige Pforte im Jahr der Barmherzigkeit" geöffnet. Damit weitete sich der Blick von Wien über Rom bis zum „Goldenen Tor" in Jerusalem, das auch „Tor des Erbarmens" heißt, auf Hebräisch *Scha'ar ha Rachamim* und auf Arabisch *Bāb ar-Rahma*, „Tor der Barmherzigkeit".

Papst Franziskus sagte damals bei der Öffnung der Heiligen Pforte am Petersdom: „Möge das Durchschreiten der Heiligen Pforte uns das Gefühl vermitteln, Anteil zu haben an dem Geheimnis der Liebe, der zärtlichen Zuwendung. Lassen wir jede Form von Angst und Furcht hinter uns, denn das passt nicht zu dem, der geliebt wird!"

Die Portale romanischer und gotischer Kathedralen führen aus der irdischen Welt des Alltags und der Geschäftigkeit in die geistige Welt des Himmlischen Jerusalem. Jedes mittelalterliche Gotteshaus ist ein Sinnbild dafür. Der Mensch, der hier eintreten will, wird in der Symbol- und Bildsprache der Zeit seiner Entstehung empfangen. Ornament und Figuren verweisen auf die Heiligkeit der Stätte, sie begleiten einen kurzen, aber ausdrucksstarken Reinigungsweg.

Allerdings war das Betreten der Kirche durch das Riesentor für das Volk in der Vergangenheit keine Selbstverständlichkeit. Schon der Eingang in die Vorhalle der Kirche war mit einem eisernen

Gitter verschlossen und wurde nur bei bedeutenden Anlässen und hohen Festlichkeiten geöffnet.

Die Reinigung der Apostel

Einmal hatte ich das Glück, den Aposteln, den Engeln und der Majestät Christi in der Mandorla ganz nahe zu kommen: Während der Reinigungsarbeiten am Riesentor 1996/97 konnte ich in geradezu zärtlicher Nähe zu den Gesichtern auch behutsam die Gewänder der Heiligen und die Flügel der Engel berühren.

Neben den ehrwürdigen Figuren standen ganz profan Dosen, Fläschchen und Tiegel mit Pinseln und anderen Reinigungsgeräten. Mir ist ein Vers aus der Offenbarung des Johannes eingefallen: „Selig, wer sein Gewand wäscht, er hat Anteil am Baum des Lebens und er wird durch die Tore in die Stadt eintreten können." Selig auch diese Figuren, dachte ich, denen der Staub von Jahrhunderten aus den faltigen Gewändern gelöst wird.

Wie viel Überheblichkeit und Erniedrigung hätten diese Apostel sehen können – im Laufe der fast acht Jahrhunderte, die sie hier oben hocken –, wenn sie der irdischen Dinge geachtet hätten! Siegreiche Feldherren hätten sie gesehen, hohlwangige Prediger an der Spitze düsterer Bußprozessionen und herrschaftliche Hochzeitsgesellschaften, die an Bettlern vorbei in den Dom gezogen waren. Bei Meister Eckhart ist zu lesen: „Für Gott ist nichts fern noch lang. Willst du, dass dir nichts fern und lange sei, so füge dich zu Gott, denn da sind tausend Jahre wie der Tag, der heute ist." So hörte ich auch die Apostel reden, mit denen ich für eine Stunde auf gleicher Augenhöhe war.

Die Restaurierung war ein aufwändiges Projekt, bei dem die stark verschmutzten Reliefs in den vielfältigen Details mit Laser gereinigt und die verschiedenen Schichten der ehemaligen farbigen Fassungen dokumentiert wurden. Das Riesentor war ja bis ins 18. Jahrhundert farbig gefasst, erst 1792 wurden die Bemalungen entfernt und die Steinoberfläche weitgehend freigelegt.

Im Zwielicht

In der Architektur wird die Öffnung in einer abgrenzenden oder schützenden Mauer Tor genannt. Das Wort allein schon hört sich groß an, es kann zu einer Stadtmauer, einem Schloss, einer Burg oder einer Kirche gehören. Tore können auch für sich alleine stehen oder sich mit Brücken verbinden. Ein offenes Tor bedeutet Willkommen und Geborgenheit, erlaubt Freiheit, Ein- und Ausgehen, verheißt den Wechsel von blendendem Licht in dunkle Kühlung. Ein offenes Tor lädt ein zur Begegnung mit Neuem, zum Wagnis in ungewisse Veränderung.

Wie eine befestigte Burg erscheint die Fassade des Vorbaus des Riesentors zu Sankt Stephan. Wer durch den schmucklosen Eingang in die Vorhalle tritt, befindet sich noch nicht in der Kirche, aber auch nicht mehr in der alltäglichen Selbstverständlichkeit der Dinge. Das eigentliche Portal dämmert im Schatten. Noch herrscht ein Zwielicht des Fragens. Wer bist du eigentlich, Mensch, der hier herein will? Was ist gut, was ist böse? Weißt du, was hinter der Tür auf dich wartet? Sieben Schritte ist das Tor tief, von der spitzbogigen Öffnung des Vorbaus bis zur Tür unter dem Tympanon, durch die man die Kirche betritt. Sieben Säulenpaare mit geometrischen Bandornamenten begleiten links und rechts diese Schritte. Aus diesen Säulen wachsen in den Kapitellen quellende Blattkronen, manche sogar mit Gesichtern. Darauf liegt der Kämpferfries, auf dem die Torbogenrippen aufruhen. Diese Zone ist beherrscht von Zweideutigkeit, Zwiespalt und Zerrüttung. Ein Zerrspiegel des gottvergessenen Spiels der Mächtigen, gleich ob Kleriker oder Laien. Hier hausen Sirenen, Vögel mit Frauenköpfen, der listige Fuchs wartet auf sein argloses Opfer und der Teufel schleicht in Löwengestalt umher und „sucht, wen er verschlingen könnte“. Ein Mensch stellt mit erhobenem Beil einem flüchtenden Mönch nach, während ihm selber ein Unhold auf den Fersen ist. Als ein Pandämonium der Bosheit nährt dieser anschauliche Lasterkatalog die Angstlust des Mittelalters. Es ist natürlich die Wachsamkeit, zu der dieser motivisch recht bunt zusammengewürfelte Fries ermahnen will. Allgegenwärtig war ja die berühmte Achtlasterlehre des Johannes Cassianus aus dem 5. Jahrhundert – wenigstens im Kopf der für Bildinhalte in Kirchen tonangebenden Kleriker. Darin heißt es: „Wir müssen also alle die Windungen unseres Herzens und alle Geheimnisse erforschen, um zu sehen, ob der Feind unserer Seele, der Löwe oder der teuflische Drache dort eingetreten ist und Spuren hinterlassen hat, die ähnliche Tiere dahin gelockt hätten, wenn wir die Wache über unseren Gedanken vernachlässigen.“ Gemeint sind die sogenannten Wurzelsünden wie Aberglaube, Wollust, Zorn, Stolz, Betrug, Maßlosigkeit.

Recht und Unrecht

Das Tor der Hauptkirche einer Stadt, und das war Sankt Stephan schon sehr früh, stand symbolisch für das Stadttor. Deshalb wurde unter oder vor dem Tor auch Gericht gehalten. In antiken Texten ist davon schon die Rede, ebenso in der jüdischen Bibel des Ersten Testaments, so heißt es beispielsweise beim Propheten Sacharja: „Übt ein heilsames Gericht in euren Toren! Sinnt nicht Böses wider einander in euren Herzen und habt nicht Gefallen an falschem Eid.“ Oder bei Amos: „Haltet aufrecht im Tore das Recht, vielleicht erbarmt sich dann Jahwe.“ Löwen an Kirchentoren – beim Riesentor links und rechts an den Vorbaukanten – verweisen auf den Thron des weisen Richters Salomon. An der Wand über dem linken Eckstein erinnern zwei in Brusthöhe eingelassene Eisenstäbe, die Große und die Kleine Elle, dass vor dem Riesentor einst eben auch ein Ort des Handels und der Rechtsprechung war.

Mitten im Kämpferfries, über der vierten Säule der linken Seite, neben dem Hinterteil eines Löwen, ist ein Kopf mit einem spitz zulaufenden Hut zu sehen. Diese Kopfbedeckung, den „Judenspitz", mussten offenbar zur Zeit der Entstehung des Riesentors männliche jüdische Mitbürger tragen – so wurde es im Jahr 1267 erneut bekräftigt, und zwar auf dem sogenannten Wiener Konzil, einem Provinzialkonzil von sechzehn Bischöfen aus den umliegenden Diözesen unter Aufsicht eines päpstlichen Legaten. Dabei wurde der Verkehr mit Juden einmal mehr erheblich eingeschränkt. Christen durften sich beispielsweise nicht von jüdischen Ärzten behandeln lassen, Juden durften keine christlichen Dienstboten beschäftigen oder gar mit Christen gemeinsam essen. Die Errichtung neuer Synagogen wurde strikte verboten.

Nachdem die erste Stephanskirche 1258 bei einem verheerenden Brand vernichtet worden war, wurde alsbald mit dem Wiederaufbau begonnen. Das Riesentor wurde, auf der älteren Portalanlage aufbauend, im Verlauf der folgenden zweihundert Jahre mehrmals deutlich bearbeitet, ergänzt und umgeformt. Der Wiederaufbau fällt in die Zeit der Regentschaft von König Ottokar von Böhmen, der in Stadtrichter Paltram, dem Anführer der Wiener Bürger, einen treuen und finanzkräftigen Gefolgsmann hatte, was vielleicht auch der Stephanskirche zugutegekommen war. Ottokar selbst war letztlich ein skrupelloser und somit unglücklicher Herrscher, der sich unrechtmäßig Ländereien angeeignet hatte; ein Friedensschluss mit Kaiser Rudolf von Habsburg, der sogenannte „Wiener Friede", war von ihm gebrochen worden. 1278 wurde er in der Schlacht auf dem Marchfeld besiegt und getötet. Franz Grillparzer legte ihm im Drama „König Ottokars Glück und Ende" eine späte Erkenntnis in den Mund, die man Machthabern und Kriegsherren aller Zeiten dringend wünscht: „Kein Königsschloss mag sich vergleichen mit dem Menschenleib! Ich aber hab sie hin zu Tausenden geworfen [...] wie man den Kehricht schüttet vor die Tür." Drei Tage nach der Schlacht zog Rudolf von Habsburg als erster Habsburger zum

Dankgottesdienst in die Stephanskirche ein. Eine Chronik berichtet: „Rudolf ward feyerlich eingeführt nach Sanct Stephan und dankte dort dem Himmel."

Eine franziskanische Friedenspredigt

Die Zeit der Entstehung des Riesentors war auch die Zeit franziskanischer Wanderprediger. Kern der Predigten des noch jungen, aber bereits südlich und nördlich der Alpen weit verbreiteten Ordens war der Friedensgedanke, die Verwirklichung des inneren Friedens in einer vielfach zerrissenen Gesellschaft. Man weiß, dass einer der berühmtesten franziskanischen Prediger, Berthold von Regensburg, auch in Wien vor tausenden von Zuhörern gepredigt hat. In einer der überlieferten Predigten sprach er über den Zugang zum „Himmelreich", der nur möglich ist, wenn „Ihr nur das Eine haltet, das uns Gott geboten hat". Dieses Eine „begehrt der Vogel in den Lüften", ebenso wie „der Wolf im Walde, der Fisch im Wasser, der Wurm in der Erde und die wilden Tiere." Ausnahmslos alle Kreatur und alle Menschen begehren dieses Eine: „Mann und Frau, Arm und Reich, Gebildet und Ungebildet […], Dieb und Räuber, sogar der Teufel wird es nach dem Jüngsten Tag begehren, die Verdammten in der Hölle begehren es, die im Fegefeuer und überhaupt alles, was auf der Erde lebt […] Seht, jetzt will ich es euch nennen, es heißt Friede, Friede, Friede. Denn das begehrt alle Welt und alle Kreatur. Was man tut, tut man alles um des Friedens willen."

Versuchen wir in diesem Sinn einmal eine andere Deutung des dämonischen Kämpferfrieses im Riesentor. Dann könnten wir nämlich hinter den abstoßenden Phantasie- und Fabelwesen auch verwunschene Seelen sehen. So wie in Fabeln, Märchen und Mythen Menschen in abstoßende Wesen verwandelt sind, die nur des Augenblicks harren, dass der Fluch in Vergebung umgewandelt wird, der Bann in Erlösung. „Denn die ganze Schöpfung wartet sehnsüchtig auf das Offenbarwerden der Söhne Gottes. Wir wissen doch, dass die gesamte Schöpfung bis zum heutigen Tag seufzt und in Geburtswehen liegt.“

In einem wunderbar ruhigen Kontrapunkt zum chaotischen Treiben am Kämpferfries setzt darüber das Bogenfeld mit den Halbfiguren der Apostel an, zur Proklamation der alles ordnenden Wiederkunft Christi. Gewichen sind die dunklen Ängste der Welt und ihrer Dämonen. Ein ursprünglich vielfarbiger versöhnender Himmelsbogen wölbt sich in der reich ornamentierten Laibung des Portals darüber und bekräftigt die Verheißung, dass einmal alle Tränen abgewischt werden und es keinen Tod mehr geben wird. Nicht zufällig sitzen diese Halbfiguren als fortgedachte Säulen an der Basis der himmeltragenden Archivolten. Denn wer dem Bösen widersteht, „den werde ich zu einer Säule im Haus meines Gottes machen“, sagt in der Offenbarung des Johannes „der Heilige, der den Schlüssel Davids hat“. Im 9. Jahrhundert hat der Kirchenlehrer Beda Venerabilis in den Aposteln den „Blütenstand im Weinberge“ des Geliebten gesehen und ein andermal „die Pforten der Kirche“. Jesus hat den Zwölfen ja zugesagt, dass sie bei der Welterneuerung, wenn der Menschensohn auf dem Thron seiner Herrlichkeit sitzen wird, ebenfalls auf zwölf Thronen sitzen und die zwölf Stämme Israels richten werden. Am Riesentor von Sankt Stephan sind es allerdings vierzehn – vielleicht hat man die Evangelisten Lukas und Markus oder andere Heilige kooptiert. Alle tragen Bücher oder Schriftrollen in Händen. Den Steinmetzen war nicht wichtig, sie einzeln zu kennzeichnen, nur Petrus identifiziert man am Schlüssel, Paulus vielleicht noch am schütteren Kopfhaar und den einzigen bartlosen Apostel als den Jüngling Johannes. Der Friede in allen ihren Gesichtern ist der Widerschein jenes Friedens, der bei ihrem Hören, Horchen und Schauen auf Christus auf sie übergeht, eines Friedens, den „die Welt“ so nicht geben kann.

Das entblößte Knie

Sieben Schritte sind es vom Eintritt in die Vorhalle des Tores bis zur Türschwelle unter dem Tympanon, dem optischen und geistigen Brennpunkt des Riesentors. In der Mandorla, von zwei mächtigen Engeln gehalten, thront in erhabenem Relief Christus. Das ist der Herrschaftssitz Christi. Ihm sind die Engel geschickt, „sie sollen auf den Händen dich tragen [...] du wirst gehen über Löwen und Schlangen, wirst niedertreten junge Löwen und Drachen“. Mit entblößtem linken Knie sitzt Christus auf dem Regenbogen, dem versöhnenden Zeichen des Bundes zwischen Himmel und Erde. Die rechte Hand ist segnend erhoben, in der linken hält er ein geschlossenes Buch. Manche Deutung sieht darin das „Buch des Lebens“, von dem die Sequenz Dies irae spricht: „Und ein Buch wird aufgeschlagen / treu darin ist eingetragen / jede Schuld aus Erdentagen.“ Christus als Buchhalter? Auf vielen anderen Darstellungen der Majestas Domini ist das Buch offen und ein „Ich bin“-Wort Jesu ist lesbar aufgeschlagen: Ich bin die Tür. Ich bin der Weg. Ich bin der Gute Hirt. Ich bin der Anfang und das Ende.

Das entblößte Knie gibt noch immer Anlass zu unterschiedlichen Erklärungsversuchen. So sieht man darin ein profanes mittelalterliches Herrschafts- und Gerichtssymbol, ähnlich einem Siegel des Stauferkaisers Friedrich II., auf dem sich das Motiv in verblüffender Ähnlichkeit findet. Die Sitzhaltung des Kaisers auf diesem Siegel scheint wiederum der römischen Kopie – aus dem 2. oder 3. Jahrhundert n. Chr. – jener weltberühmten Skulptur des Zeus von Olympia nachgebildet zu sein. Manche Kunsthistoriker behaupten, dass die Nacktheit des Beins überhaupt erst viel später aus dem Untergewand Christi herausgemeißelt worden ist.

Man könnte aber auch alle Vermutungen über das nackte Knie – etwa als Zeichen der Aufforderung zur Unterwerfung oder als Symbol für eine Instanz der Gerichtsbarkeit oder als Ritual der Freimaurer – außer Acht lassen und sich nur dem hingeben, was man selbst empfindet. Vielleicht spürt man es dann so, dass sich dieser Christus doch gewissermaßen eine Blöße gibt. Er ist nicht der Unberührbare, der nur Erhabene. Da enthüllt er sein Bein, als möchte er zeigen, dass unter dem Mantel von Recht und Gerechtigkeit Fleisch und Blut eines Menschen pulsiert, des Mensch gewordenen Gottessohnes. Des Rabbi Jesus, der sich nicht scheut, seinen Schülern die Füße zu waschen, der sich aber auch selbst und vor aller Augen die Füße waschen lässt, und zwar mit den Tränen einer Frau, die einen schlechten Ruf hatte in der besseren Gesellschaft. Bernhard von Clairvaux empfiehlt, es dieser Frau gleichzutun: „Umfasse die Füße des Herrn, benetze sie mit Tränen, so waschest du nicht ihn, sondern dich selbst."

Die Mandorla

Zwei mächtige Engel halten den ovalen Rahmen der Mandorla, in der sich der Himmel öffnet und Christus segnend auf dem Regenbogen sitzt. Einige der Apostel am Riesentor schauen recht sprachlos hinauf, so, wie in der Apostelgeschichte von der Himmelfahrt Jesu die Rede ist, als „zwei Männer in weißen Gewändern" plötzlich bei ihnen stehen und sie in den Alltag zurückholen: „Ihr Männer von Galiläa, was steht ihr da und schaut zum Himmel hinauf?" Woraufhin die zwei Männer – oder Engel – den Verblüfften zusichern, dass dieser Jesus wiederkommen wird, so wie sie ihn zum Himmel auffahren gesehen haben. Er, der sich ihnen nach seinem Leiden ja als lebendig erwiesen und ihnen Kraft dafür versprochen hatte, dass sie seine Zeugen sein können „bis ans Ende der Welt".

Als ich während der Restaurierungsarbeiten auch der Mandorla physisch ganz nahekommen durfte, sah ich ein Bild von biblischer Wucht. Vom Kreuznimbus des Christus über dessen rechten Arm fährt ein heller Blitz durch die ganze Mandorla. Offenbar war bei den Reinigungsarbeiten ein Riss entdeckt worden, der zuerst einmal

fachkundig mit einer hellen Masse gekittet werden musste. Ich habe den Riss als Blitz gesehen, als biblisches Zeichen der Präsenz Gottes: „Von dem Thron gehen Blitze aus …“

Als Symbol gedeutet ist die Gestalt der Mandorla ein großes Versöhnungszeichen: Da sind zwei gleich große Kreise, der eine repräsentiert die Erde, der andere den Himmel. Sie schieben sich so ineinander, dass der gemeinsame Teil in der Mitte eine Mandelform bildet. Wie der mütterliche Schoß ist die Mandorla geöffnet für das Leben in himmlischer Vollendung.

Dies ist also der Ort unter der Mandorla des Riesentors. Hier legen sich Welt und Gott übereinander. Hier ist die Schwelle, wie viel Welt nehmen wir mit, wie viel Gott lassen wir ein.

Hinweise

- Friedrich Dahm (Hg.): Das Riesentor. Archäologie – Bau- und Kunstgeschichte – Naturwissenschaften – Restaurierung, Verlag der Österreichischen Akademie der Wissenschaften, Wien 2008.
- Dem Riesentor sind auch einzelne Nummern des Mitteilungsblattes DER DOM des Wiener Domerhaltungsvereins gewidmet (z. B. Folge 4/1995 und Folge 2/1996).
- Annemarie Fenzel/Lene Mayer-Skumanz/Annett Stolarski: Ein Haus voller Zeichen & Wunder. Wien-Innsbruck: Tyrolia 2014 – Das Kinderbuch zum Dom.

Alberto Giacometti
1957

Meine Kindheit ist jetzt

Über den Bildhauer und Maler Alberto Giacometti (1901–1966)

Selbstzweifel war die Triebfeder von Giacomettis Schaffen: „Ich muss wissen, warum ich versage.“ Seine unverwechselbaren Plastiken sind überlange, bis auf den Wesenskern ausgebrannte Körpergerüste. In allen Sammlungen moderner Kunst sind sie zu finden. Manche sehen darin den ausgelieferten Menschen des 20. Jahrhunderts, beziehungslos, von Sinnlosigkeit ermattet. Andere erkennen ein Echo auf Kultfiguren frühzeitlicher Religionen.

Seltener verbindet man mit dem Namen Alberto Giacometti den bedeutenden Maler und Grafiker. Dabei nahm das Porträt einen gewichtigen Teil der künstlerischen Potenz des Schweizer Künstlers in Anspruch. Familienmitglieder und Freunde mussten ihm oft viele Stunden, ja Tage, Modell sitzen. Die Ergebnisse, wenn er sie nicht schon vorher als ungenügend oder misslungen vernichtet hat, lassen „in die Tiefe schauen“, lassen den Schmerz spüren, der in ihnen ist. Ähnliches empfindet man bei den nahezu körperlosen Skulpturen, gleich ob es sich um einen „schreitenden Mann“ oder um eine „stehende Frau“ handelt – oder um einen Hund, der ausgemergelt und mit gesenktem Kopf eine Spur wittert.

Très gentil, très très gentil

Wochenlang hatte ich täglich das Gesicht Alberto Giacomettis vor Augen. Fotografiert von Franz Hubmann. Ich hatte mir das Porträt als Hintergrundbild auf der Startseite meines Notebooks eingerichtet. Zuvor hatte ich den Film *Les heures chaudes de Montparnasse* gesehen, der drei Jahre vor dem Tod des weltberühmten Bildhauers und Malers gedreht worden ist. Giacometti beim Skizzieren, beim Modellieren und beim Nachdenken. Freundinnen, Freunde und anonyme Passanten sprechen darüber, was es für sie bedeutet hat, diesem Menschen in den Gassen des 14. Arrondissements zu begegnen. Täglich hatte man ihn leicht hinkend und mit gesenktem Kopf in sein Stammcafé gehen sehen oder irgendwann spät in der Nacht zurück in sein Atelier. Die meist jungen Leute in diesem Film erzählen von einer großen Wärme, die zu spüren war, wenn er vorüberging. Liebenswürdig war er, auch fremden Menschen gegenüber. *Très gentil, très très gentil.* Wie er einen anschaute, wenn er für einen Gruß dankte, wie er sich noch einmal umdrehte, mit einem breiten Wohlwollen im Gesicht.

So blickte er mich an, wenn ich in der Früh mein Notebook öffnete: Mit gefurchter Stirn unter dem kräftigen graumelierten Wuschelhaar, tiefen Kerben um den breit-sinnlichen Mund und mit dem Blick, der sich nicht recht entscheiden kann zwischen Empathie und Selbstzweifel. Ungefähr ein Jahr vor seinem Tod antwortete er auf die Frage, ob er gern an seine Kindheit denke: „Nein. Meine Kindheit ist jetzt. Denn jetzt erst lerne ich, wie ich das machen muss, was ich machen will."

Mit zwanzig Jahren entdeckte Alberto in Florenz und später im Louvre die alte ägyptische Kunst für sich. Diese ins Zeit- und Raumlose blickenden Stand- und Schreitfiguren. Ähnliche Haltungen fand er in den etruskischen Skulpturen, die man damals vor 2300 Jahren den Toten ins Grab mitgegeben hatte. Der wohl berühmtesten darunter, dem sogenannten „Schatten des Abends", einer unendlich langgestreckten Figur – gleichermaßen Jüngling und Mädchen – begegnete Giacometti erstmals in den sechziger Jahren. Die Ähnlichkeit zu seinen eigenen Skulpturen überraschte ihn. Das Todesthema liegt nahe. Giacometti drückte sich nie davor. „Alles ist bedroht!" Seit er aber das Sterben eines Freundes mitansehen musste, konnte er im Dunkeln nicht mehr schlafen. Lebenslang. Einmal meinte er sogar, dass Kunst wohl die beste Vorbereitung auf den Tod sei.

Raum für den Raum

Was wollte Giacometti mit seiner Kunst? Mit seinen „stehenden Frauen", die gefroren in Hoheit, Verlangen und sublimiertem Schmerz im Raum stehen. Mit den „schreitenden Männern", die begegnungsfern aufeinander zumarschieren und doch großen Schrittes das Weite suchen. Mit seinen Köpfen, Büsten, Halbfiguren. Mit den grauschwarzen Porträtbildern, für die er vornehmlich seine Frau Annette, den Bruder Diego, eine langjährige Geliebte und einige ausgewählte Freunde zwang, stundenlang still zu sitzen, tagelang. Beim Zeichnen oder Malen hatte Giacometti den Arm mit dem Pinsel oder dem Bleistift immer völlig gestreckt – ähnlich der Haltung eines Menschen, der sich blicklos „seinen Weg in der Finsternis ertastet". Die Gespräche, die auf Filmdokumenten von solchen Sitzungen existieren, sind eigentlich Monologe. Wenn er zu erklären versucht, dass er im Besonderen eines Gesichts das Allgemeine sichtbar machen möchte; alles, was an Kraft in einem Kopf wohnt. Den ganzen Menschen, gebildet aus allen Menschen, der „so viel wert ist wie sie alle, und so viel wert wie jedermann". So steht es bei Jean-Paul Sartre im letzten Satz seiner „Wörter". Vielleicht eine Quintessenz aus den vielen Gesprächen des Philosophen mit Giacometti, noch zu Zeiten ihrer Freundschaft.

Gelegentlich äußerte sich Giacometti über die zuerst winzigen, später in eine faszinierend schmale Länge gezogenen Skulpturen.

Er betonte, dass es ihm vor allem um den Raum gehe, der um eine Skulptur herum entstehe. Je geringer das Volumen einer Figur wäre, umso mehr Raum könne sie dem Raum schaffen. Während der Urtrieb des Bildhauers die gestaltgebende Ausdehnung sei, war Giacomettis Prinzip das Zusammenziehen, ähnlich dem Zimzum in der Kabbala: Gott ist Schöpfer, indem er sich zusammenzieht, damit um ihn herum alles entstehen könne, was ist. Giacomettis Figuren, geschaffen nach 1945, stehen nicht im Raum, vielmehr laden sie den Raum ein, sich zu „entfalten". Entäußerung. Demut. Kenosis. Wer das einmal gespürt und begriffen hat, weiß sich wirklich von Giacometti ergriffen.

Katze und Hund

Giacomettis Hund. Er hatte natürlich keinen lebendigen. Giacomettis Wohnort war ja das Atelier, das mit seinem Chaos voller Gipsstaub und penetrantem Terpentingeruch keinem anderen Lebewesen zugemutet werden konnte, nicht einmal einem Hund. Sein Bruder Diego, der nebenan die Werkstätte hatte, fütterte zugelaufene Katzen. Sie besuchten Giacometti manchmal am Morgen, stiegen über sein Bett, sodass er ihren runden Kopf über seinem Gesicht spürte. Aus dieser Erfahrung modellierte Giacometti seine Katze, 80 Zentimeter lang, dünn wie eine Zündschnur, ovaler Kopf, heutiger Schätzwert 16 bis 22 Millionen Dollar oder noch mehr.

Eine zweite Tierskulptur, die er schuf, war der berühmte Hund. Giacomettis Hund. Trottend mit gesenkter Schnauze sucht er eine Spur, abgemagert zum Skelett, einsam und herrenlos. Kinder, so wird erzählt, haben oft Mitleid mit ihm im Museum und versuchen, ihn an der bronzenen Schnauze zu streicheln. Der Hund, sagte Giacometti einmal, das bin ich. Man assoziierte diesen Hund auch mit den schroffen und zerklüfteten Felsen des Graubündner Alpentals und mit der Treue des Künstlers zu seinem Heimatdorf Stampa, wo bis zwei Jahre vor seinem Tod die Mutter lebte. Er besuchte sie regelmäßig.

Die Katze war der andere Lebensmittelpunkt: Paris. Zwielichtige Modelle liefen ihm zu wie dem Bruder Diego die hungrigen Katzen. Der Giacometti von Paris war ein Nachtgeschöpf. Apropos Katze: Wenn er sich entscheiden müsste, entweder einen Rembrandt oder eine Katze aus einem brennenden Haus zu retten, dann, meinte er einmal, würde er die Katze retten.

In der Geburtshöhle

Giacomettis Atelier ist zum Mythos geworden, man nannte es „Geburtshöhle und Grabkammer in einem" und „jeder Hoffnung und jeden Komforts beraubt". Selbst als er schon sehr viel Geld hatte, verließ er sein Atelier nicht. Es lag in der Rue Hippolyte-Maindron 46, Halbstock, fünfundzwanzig Quadratmeter, Wasser und Klo außen im Hof. Das Atelier war seine zweite Haut. Und der einzige Ort, an dem er sich wirklich geborgen fühlte. Rundum warteten die mit feuchten Tüchern umhüllten Gespenster unfertiger Skulpturen auf ihre Erweckung zum Leben. Beleuchtet war alles von nackten Hundert-Watt-Glühbirnen. Der Fußboden war übersät mit unzähligen Brandspuren ausgetretener Zigarettenstummel. Die Wände, über und über bedeckt mit graffitiähnlich hingeworfenen Kritzeleien, Bleistiftzeichnungen und Malskizzen, den Zeugen von vierzig Jahren kreativer Unrast. Als in den 1970er Jahren das Atelier geräumt wurde, nahm man den Verputz der Wände ab wie bei alten Fresken und übertrug sie in die Sammlung der Giacometti-Stiftung.

Wie viele andere Künstler empfing auch er Kollegen, Gäste und Händler gerne in seinem Atelier. Die chaotische Unordnung des Schauplatzes der Kämpfe zwischen Idee und Materie wurde zur mystischen Aura. Alle waren sie zu ihm gepilgert: Michel Leiris, Picasso, Sartre, Genet, Artaud, Cartier-Bresson und Marlene

Dietrich. Für Samuel Beckett schuf er hier in langen Gesprächen den berühmten kahlen Baum für ein Szenenbild von „Warten auf Godot“.

Geld hatte er genug. Auch an Freunden und Frauen mangelte es nicht. Wichtige Begegnungen konnten sehr flüchtig sein. „Der Gang und das Profil einer Frau im Vorübergehen, zum Beispiel, nur Sekunden. Einen Augenblick. Und doch wirklich Begegnung. Ich glaube, dass sich jede Begegnung, die mich ergriffen hat, genau an dem Tag und in dem Augenblick ereignet hat, in dem sie für mich notwendig war.“

Einzig der Blick, das Auge

Eines Tages erkannte Giacometti, dass das Einzige, was Leben besitzt, der Blick ist. „Selbst einem Blinden schaue ich in die Augen“, sagte er einmal, „alles andere an einem Menschen ist unscharf.“ Die primitiven Künstler Ozeaniens hätten gewusst, wie sie ihren Skulpturen Leben einhauchten: durch das Auge. Selbst den von ihm so bewunderten ägyptischen und griechischen Statuen fehle dieser lebendige Blick, auch dann, wenn man in versuchter Nachahmung der Natur den Köpfen Augen aus Edelstein oder kostbarem Email eingesetzt habe. Giacomettis Suche nach der Wahrheit des Menschen in seinen Porträts beginnt und endet am Auge. So setzte er den Stift oder den Pinsel immer genau am Mittelpunkt zwischen der Nasenwurzel und den beiden mittleren Augenwinkeln an. Dann zeichnete er sofort ein Auge. Meist das linke. „Wenn ich einmal ein Auge habe – und es stimmt! – habe ich den Kopf, und wenn ich den Kopf habe, den Menschen.“ Giacometti litt immer an den Porträts, die er malte. Und seine Modelle mit ihm. Sie hatten die ständigen Zwischenbemerkungen Giacomettis zu ertragen, mit denen er seinem angeblichen Unvermögen oft auch derb und lautstark Ausdruck verlieh. Nach unzähligen Übermalungen schließlich ein

Ergebnis: auf dem meist mit groben Strichen skizzierten Rumpf versinkt der Kopf in ein dunkles Grau. Erst bei längerem Hinsehen taucht das Gesicht auf – wie aus einer unwirklichen Tiefe und manchmal von erschreckender Wahrhaftigkeit. Zu retten, den Blick vor der Verwesung zu retten, das sei die Aufgabe des Künstlers. Und er meinte, in manchen Mumienporträts aus der Nekropole von Fayum wäre dies vielleicht gelungen. So etwas wie ewiges Leben sei in der Vitalität dieser Blicke zu sehen.

Ich gehe jetzt rückwärts

Etwa ein Jahr vor seinem Tod malte Giacometti seinen Freund und späteren Biographen James Lord. Giacometti war damals dreiundsechzig Jahre alt. Eine Krebsoperation lag hinter ihm, man hatte ihm vier Fünftel des Magens entfernt. „Lass dich anschauen, junger Mann", sagte er zu Lord, der ihm Modell saß. „Ich bin kein junger Mann mehr", sagte dieser, „sondern ein Mann, der junggeblieben ist." Giacometti zuckte die Achseln. „Ach Gott, Jugend bedeutet nicht viel. Ich bin sehr jung, während alle meine Altersgenossen in meinem Heimatdorf Stampa alte Männer sind, weil sie sich mit dem Alter abgefunden haben. Ihre Leben gehören schon der Vergangenheit an. Aber meins liegt noch in der Zukunft. Jeden Tag kann ich neu mit meinem Lebenswerk beginnen."

Als er einmal bei einem Interview gefragt wurde, ob er gerne reise, antwortete Giacometti: „Eigentlich nicht. Warum sollte ich? Denn das Abenteuer, das große Abenteuer, besteht doch darin, in ein und demselben Gesicht jeden Tag wieder etwas Unbekanntes hervortreten zu sehen, das ist doch großartiger als alle Reisen rund um die Welt."

Giacomettis Tugend war die Beharrlichkeit. Seine Arbeit betrachtete er als fortgesetztes Scheitern. Der empfundenen Vergeblichkeit war es kein Trost, dass Zeitungen in aller Welt über ihn schrieben, dass die bedeutendsten Museen seine Arbeiten ausstellten und Bankenkonsortien seine Skulpturen kauften. Er brauchte keinen Trost. Anfang Jänner 1966 zog er eine seltsame Bilanz: „Ich habe große Fortschritte gemacht, denn jetzt gehe ich rückwärts, dem Ziel entgegen. Ich schaffte nur, indem ich zugleich zerstöre." Ein Paradox, wenn man gerade in seinem Werk den eindrucksvollen Versuch der Rettung des Noch-Unzerstörten im Menschen sehen muss.

Unmittelbar bevor Alberto Giacometti am 11. Jänner 1966 im Krankenhaus von Chur an einer Herzmuskelentzündung starb, soll er zu den Angehörigen gesagt haben: „Also dann bis morgen!"

Hinweise

- James Lord, Alberto Giacometti: Die Biographie, Taschenbuch, Frankfurt a. M. 2013.
- L. Palmer/F. Chaussende (Hg.): Alberto Giacometti: Gestern, Flugsand. Schriften. Zürich 1999.
- Der im Text erwähnte Film „Les heures chaudes de Montparnasse" aus dem Jahr 1963 (franz. OF /U) ist auf You Tube zu finden.

Menschen statt Masken

Über den Komödienschreiber Carlo Goldoni (1707–1793)

„Lieber Goldoni, Euch kann man nicht vorwerfen, ein ‚Frömmler' zu sein, Ihr habt nur selten von Gott gesprochen und sogar gewisse Vertreter mit einer Prise Ironie bedacht." So schreibt der Patriarch von Venedig Albino Luciani, der als „der lächelnde Papst" Johannes Paul I. in die Kirchengeschichte eingegangen ist. In seinen humorvollen und geistreichen Briefen an literarische und historische Persönlichkeiten schrieb Luciani auch an Carlo Goldoni. Darin zeigt sich der Papst – der 1978 nach nur dreiunddreißig Tagen seines Pontifikats starb – als profunder Kenner von Werk und Leben des venezianischen Komödiendichters. Er verglich ihn mit Shakespeare und verlieh Goldoni taxfrei den Titel eines Feministen, beurteilte aber Shakespeares Umgang mit Frauenrollen – vor allem in „Der Widerspenstigen Zähmung" – recht kritisch. Obwohl Luciani die eher kirchenferne und religionskritische Haltung Goldonis wahrnahm, attestierte er ihm hohe Moralität, ausgedrückt im Respekt, den Goldoni in allen seinen Stücken den Frauen, der Liebe, der ehelichen Treue und der Familie zollt. Goldoni machte ja aus seinem Anliegen kein Hehl, das menschliche Zusammenleben durch die Komödie verbessern zu wollen. Durchaus im Sinne der auch in Italien anbrechenden Aufklärung.

Ein friedfertiger Charakter

„Ich bin im Jahre 1707 zu Venedig geboren, in einem großen und schönen Haus, das zwischen der Brücke de Nomboli und Donna Onesta an der Ecke der Strada Ca Cent'Anni gelegen war und zu dem Sprengel San Tommaso gehörte."

So beginnen Goldonis Memoiren „Mein Leben und mein Theater". In besagtem Haus gab es – laut Goldoni – einen Großvater, ebenfalls Carlo mit Namen, der nach venezianischer Art das Vergnügen liebte und sein Geld großzügig für luxuriöse Komödien- und Opernaufführungen verwendete; ferner eine schöne brünette Mammà, die allerdings ein klein wenig hinkte; dann einen Vater, der nicht die Erziehung erhalten hatte, die er seiner Meinung nach verdient hätte; ja und alsbald den kleinen Carlo, der fast achtzig Jahre später feststellte: „Meine Mutter hatte mich fast ohne Schmerzen geboren. Und davon, dass ich nicht geweint hatte, als ich das Licht der Welt erblickte, scheint auch die Sanftmut herzurühren, die sich in meinem friedfertigen Charakter kundgab."

Ereignet hat sich diese sanfte Geburt am 25. Februar des genannten Jahres. Als Erinnerungsglanz der Kindheit blieb nur das Marionettentheater, das ihm der Vater einst bauen ließ.

Mit dreizehn Jahren sollte Goldoni ein *Abbate* werden, ein geistlicher Herr. Aber schon bald reißt er aus dem Kloster aus und schließt sich Komödianten an. Auch ein zweiter Versuch, ihn für den geistlichen Stand zu gewinnen, scheitert.

Mit einundzwanzig Jahren ist er Student beider Rechte und praktiziert als Adjunkt der Gerichtskanzlei des venezianischen Gouverneurs in Chioggia. So sitzt er auf einem Kupferstich im Band IX der „Gesammelten Werke des Carlo Goldoni" mit geziert gezückter Feder, den Blick fragend auf einen Delinquenten gerichtet, der am sogenannten „Pendel" hochgezogen wird.

Er hat in dieser Zeit Umgang mit den vornehmsten Personen der Stadt, spielt am Abend mit seiner Exzellenz Karten. In der Gerichtspraxis lernt er allerdings auch Toleranz und Menschlichkeit. Und vermerkt in den Memoiren: „Das Kriminalverfahren ist ein für die Menschenkenntnis überaus lehrreicher Vorgang.“ Die Kunst bestehe darin, „die Wahrheit wenn möglich ohne Zwangsmittel zu erforschen“. Wenn möglich. In Italien wird es noch dauern, bis aufgeklärte Juristen die Folter öffentlich anprangern. Für Goldoni reicht es immerhin zur Erkenntnis: Wehe dem, der Verhörprotokolle „ohne Verständnis“ für menschliche Schwächen und „ohne Überlegung“ hinsichtlich der oft letalen Folgen eines schlampigen Urteils abfasst. Später, in seinem turbulenten Meisterwerk „Streitereien in Chioggia“ porträtiert er sich als recht menschlichen Justizadjunkt, „zu allen gut, zu den Frauen sogar wie Marzipan“.

Es wird Goldonis Stärke als Stückeschreiber bleiben, Schwächen sanft zu geißeln und – wie Schiller es von der Schaubühne fordert – uns Zuseher mit „heilsamem Spott“ zu beschämen, damit wir, „ohne rot zu werden, unsere Larven aus ihrem Spiegel fallen sehen“. Denn nach Schiller fängt die „Gerichtsbarkeit der Bühne“ an, „wo das Gebiet der weltlichen Gerichte endigt“.

Mit vierzig – bevor der *Sior commediografo* zum Höhenflug seiner besten Komödien ansetzt, vom „Diener zweier Herren“ über „Das Kaffeehaus“ bis zu „Mirandolina“ und „Die Herren im Haus“ – legt sich der *Sior avvocato* in Pisa noch einmal mit einigen juristischen Bravourstücken Ehre ein. In einem Aufsehen erregenden Prozess gegen den Abt eines Klosters mit großem Grundbesitz erreicht er mit einer Schrift über die erblichen Pachtverträge eine Besserstellung der Bauern mit Tragweite „für die ganze Nation“.

Den lebendigen Saft seiner Komödien bezieht er aus der Gerichts- und Advokatenpraxis: „Ich habe die Originale gekannt […] und gestehe, dass in meiner Arbeit mehr Wahrheit als Wahrscheinlichkeit liegt.“ Manche Handlung der mindestens zweihundert Komödien, Opernlibretti, Intermezzi und Tragikomödien ist wohl schlicht haarsträubend. Die Personen in den Stücken Goldonis lassen aber immer fühlen, „wie es ist, ein Mensch zu sein“.

Klug, selbstbewusst und einfallsreich sind die Frauen bei Goldoni. Sie sind immer Verfechterinnen der „Wahrheit des Herzens“. Mit Mirandolina, der „Locandiera“, mit Rosaura aus der „Schlauen Witwe“, mit der wortmächtigen Felice aus den „Herren im Haus“ schuf er den emanzipierten Frauentyp der *Donna di spirito*, „voller Realitätssinn und Sympathie“. Und wer kritisch nach „dem Bösen“ bei Goldoni fragt, der hört nicht, wie in der Tiefe seiner Stücke die dumpfe Bedrohlichkeit eines Männlichkeitswahns lauert, den er so elegant zu entwaffnen weiß.

Das Denkmal auf dem Campo San Bartolomeo in Venedig zeigt Goldoni als Bonvivant, bieder und etwas beleibt, den Dreispitz nachlässig auf der Perücke, als käme er gerade aus der nächsten *Bottega del Caffè* um die Ecke. Oft lebt er auf Pump, immer auf großem Fuß. Mitunter sogar im Zwielicht unlauterer Machenschaften. Einmal versetzt er eine goldene Tabakdose, die ihm ein Mandant anvertraut hatte. Oft genug aber zieht er nach eigener Aussage in seinen Stücken sich selber und seine labile Gutmütigkeit „gehörig ins Lächerliche, wie sie es verdient“. Seine Selbsterkenntnisse allerdings führen nicht zu Weltbeschimpfungen, vielmehr macht er Komödien daraus, zur Erforschung der „Labyrinthe des eigenen Empfindens“. Seine zeitweilige Neigung zu hypochondrischen und phobischen Anfällen kann er damit allerdings auch nicht kurieren.

Sanfter Spott

In den Komödien von Goldoni finden sich so gut wie keine Bezüge zu Religion, Gott oder der Kirche. Eigene Erlebnisse mit Frömmlern, Heuchlern, falschen und richtigen Klerikern, festgehalten in den Memoiren, hätten für Goldoni mindestens ebenso viele real existierende Vorbilder angeboten wie die Erlebnisse mit geizigen Kaufleuten, familientyrannischen Patriziern und lächerlichen Geldadeligen, die er in ihren bejammernswerten Schwächen nicht zum

Spott, sondern zwecks Selbsterkenntnis des hochgeschätzten Publikums karikiert. Gott, Religion und den Klerus auf die Bühne zu bringen, war im italienischen Settecento streng verboten. Die Memoiren Goldonis „Mein Leben und mein Theater“ sind voll von Episoden und ironischen Spitzen, in denen er auf elegante Weise die Eitelkeiten und Seltsamkeiten der damals üblichen Religionspraxis aufs Korn nimmt. Da wird über Reliquien wie den Verlobungsring der Jungfrau Maria berichtet oder über eine Fasche, mit der sie das Jesuskind gewickelt haben soll.

1758 besucht Goldoni zum ersten Mal Rom und natürlich den Petersdom. Er rühmt die vortreffliche und eindrucksvolle Bauart des Gebäudes und schwärmt mit unüberhörbarem Spott, „wie sehr das Heiligtum dieser Hauptkirche zur Andacht anregt“. Er bemüht sich erfolgreich um eine Audienz bei dem aus Venedig stammenden Papst Clemens XIII., dem er schon bei der Thronbesteigung einen – wie er selbstkritisch zugibt – ziemlich „opportunistischen Poetengruß“ gewidmet hatte. Dreiviertel Stunden dauert die Unterhaltung, „dabei sprach der Papst fast unausgesetzt von seinen Nichten und Neffen. Dann berührte Seine Heiligkeit die Klingel auf dem Tische. Das war das Zeichen meiner Entlassung.“ Goldoni entfernt sich mit unzähligen Bücklingen, wie man es sich nicht lebendiger auf der Bühne vorstellen könnte. Goldoni hatte aber vergessen, den Fuß des Papstes zu küssen. Also eilt er nochmals zum Sitz des Papstes, und fällt gebührend auf die Knie. Jetzt war er entlassen, „überhäuft mit Segnungen und von huldvoller Nachsicht beglückt!“

… da Venesia lontan – fern von Venedig

Goldoni kam viel herum in Italien. Venedig blieb aber zeitlebens seine Herzmitte. Der venezianischen Volkssprache sicherte er mit seinen besten Stücken einen Platz in der Weltliteratur. Dass er das als vornehmer geltende Toskanisch ebenso beherrschte, zeigte er in der „Locandiera“. Lebenslang sah er die restliche Welt als ein Bürger Venedigs. Dennoch: Goldoni spürte den unaufhaltsamen Niedergang der Serenissima. Es war seine revolutionäre Tat, dieser Stadt wenigstens auf dem Theater weggenommen zu haben, womit sie sich über Brüche und Risse stets hinweggetäuscht hatte: die Maske.

Goldoni verwandelte die zu populistischen Sitcoms heruntergewirtschaftete Commedia dell'arte – mit ihrem abgeschmackten Arlecchino-Starkult – in eine den Idealen der beginnenden Aufklärung verpflichtete *Commedia di caràttere*. Menschen statt Masken. Aber die Theater fürchteten die Qualität, denn sie sorgten sich um die Quote. Es gab Polemik, Anfeindungen, Intrigen, an denen literarische Dilettanten ebenso Anteil hatten wie sein durchaus ebenbürtiger Konkurrent Graf Carlo Gozzi.

Goldoni folgte also nur allzu gerne einem Ruf nach Frankreich und verließ mit fünfundfünfzig Jahren Venedig – und zwar für den Rest seines Lebens. In Paris und Versailles, so dachte er, könne man mehr als nur den eigenen Kirchturm sehen und die Luft der großen, höfischen Welt atmen. *Cosmopolitismo* statt *Campanilismo*. Er verehrte ja den großen Molière und die französischen Philosophen, durfte Voltaire und Rousseau nun sogar persönlich kennenlernen.

Wie er die demütigende Begegnung mit Rousseau in der „unbegrenzten Bonhommie“ seiner Memoiren beschreibt, reißt Friedrich Schiller in der Rezension im „Teutschen Merkur“ 1788 zur bewundernden Feststellung hin, „es dürften nur wenige Leser sein, denen nach Lektüre dieser Stellen der große philosophische Dichter neben dem italienischen Komödienschreiber nicht sehr klein erschiene“. Anfängliche Erfolge in Paris mit der *Comédie Italienne* waren ein Rückfall ins Improvisationstheater. Dem Publikum zuliebe. Goldoni war unglücklich: „Ich ärgere mich, wenn man mir applaudiert.“ Und die Inspiration durch die galante Hofgesellschaft? „Kein einziges komisches Original!“ Goldoni schreibt in Paris „Der Fächer“, seine letzte Komödie in italienischer Sprache. Sie könnte als Metapher für den Wind gelesen werden, der noch einmal alle Stände durcheinanderwirbelt, bevor der Sturm aufkommt.

Endlich der Ruf an den Königshof und die Ehre, den Prinzessinnen Italienischunterricht erteilen zu dürfen. Einmal noch ein Triumph: Anlässlich der Hochzeit des Dauphins mit Marie Antoinette gelingt ihm 1770 sein einziges Stück auf Französisch: *Bourru bienfaisant,* zu Deutsch vielleicht „Der herzensgute Polterer". Eine literarische Leistung und ein großer Erfolg.

Im fernen Italien applaudierten ihm inzwischen die jungen Aufklärer, die in ihrer Zeitschrift *Il Caffè* gegen die bornierten patriarchalischen Patrizier aufmuckten: „Sie hassen das Lachen, weil es befreit, sie hassen Goldoni, der jetzt in Paris Erfolge feiert."

Der Glanz am Hof zu Versailles aber trübt sich bald, ebenso wie sein Augenlicht. Denn auch hier häufen sich Intrigen, es folgt eine tiefinnere Verstimmtheit. Was er vor vielen Jahren die unglückliche Clarice im „Diener zweier Herren" sagen lässt, holt ihn jetzt selber ein: „In diesem Leben leidet oder hofft man die meiste Zeit, und die wenigste Zeit genießt man das, worauf man gehofft hat." Die Bezahlung durch den Hof wird so miserabel, dass er seine Bibliothek verkaufen muss. Er ist achtzig Jahre alt und von Versailles wieder zurück in Paris, er schreibt seine Memoiren und widmet sie, zwei Jahre vor Ausbruch der Revolution, dem König. Er ist nahezu blind, als ihm der Konvent wegen angeblich monarchistischer Gesinnung eine Staatsrente streicht.

Was ist ihm geblieben? „Ein guter Magen und ein gefühlvolles Herz", wie er schreibt. Am Vormittag des 7. Februar 1793 wird ihm die Rente wieder gewährt. Am Abend desselben Tages stirbt er – *da Venesia lontan* – fern von Venedig.

Hinweise

- Carlo Goldoni: „Meine Helden sind Menschen" – die überaus lesenswerten Memoiren sind in Bodenheim – Athenäum 1989 erschienen, auch als Taschenbuch unter dem Titel „Geschichte meines Lebens und meines Theaters", 1988.
- Albino Luciani: Briefe an Persönlichkeiten. („Ihr ergebener Albino Luciani"), Verlag Neue Stadt, München 1997.

Georges Rouault
Pierrot, um 1938

Die Heiligsprechung des Clowns

Über den Maler Georges Rouault (1871–1958)

Eines seiner letzten Bilder nannte Georges Rouault „Sarah“. Es ist von leichter und transparenter Reinheit, trotz der reliefartig aufgetragenen zahlreichen Farbschichten. Mit diesem Bild findet der Maler den Verbindungsweg aus der Welt der geschundenen Clowns und verbrauchten Prostituierten zur absoluten Schönheit einer Ikone der Mutter der drei Religionen. Georges Rouault geht diesen Weg mit dem Christus der Passion, dessen Antlitz er vielen Bildern als unauslöschliches Zeichen eingebrannt hat. Rouault gilt als der katholische Maler der klassischen Moderne. Seine Christusköpfe sind Andachtsbilder einer Zeit, in der noch Bernanos' „Sonne Satans“, Péguys „Mysterium der Hoffnung“ und Gertrud von Le Forts „Schweißtuch der Veronika“ gelesen wurde. Inzwischen ist es um alle diese Namen – wie auch um Rouault – still geworden. Heute freut man sich schon, wenn in der Wiener Albertina ein einsames Clownporträt zu sehen ist. Hat es mit seiner radikalen Sakralität zu tun, dass Rouault im internationalen Kunstbetrieb ignoriert wird? Denn was Qualität und wild-farbige Attraktivität betrifft, steht er in einer Reihe mit den Favoriten der Klassischen Moderne. Gefälliges kann man allerdings seinem zentralen Motiv eines im Menschen mit-leidenden Gottes nicht abgewinnen. Rouault war nie schick: Er ist zu moralisch, zu religiös, zu zärtlich und zu ungestüm. Selbst angesichts seiner Clowns gibt es nichts zu lachen.

Rouault, die „Granate“

Rouaults Vater war Bretone und baute als Kunsttischler Klaviere in der Pariser Manufaktur Pleyel. Aus Protest gegen die kirchliche Verurteilung des katholischen Sozialreformers Lamennais ließ er seinen Sohn nicht taufen. Georges kam im Keller eines Pariser Vorstadthauses zur Welt, am 27. Mai 1871, als während des letzten Bombardements der Kommune gerade eine Granate eingeschlagen hatte. „Sind alle tot?“, soll der Großvater gerufen haben. Darauf die Großmutter: „Nein, es ist einer dazugekommen!“ Aus Spaß nannte man George deshalb „die Granate“. Dieser Großvater bewunderte die Maler Daumier, Manet und Courbet; dem Enkel öffnete er den Sinn für Kunst. Mit vierzehn lernt der Junge bei einem Glasmaler Kirchenfenster zu restaurieren, hält deren flammende Farben in Händen, dunkles Rot, goldenes Gelb und kühles Ultramarin. Schließlich wird er unter der verständigen Führung des Symbolisten Gustave Moreau zum Maler – neben Henri Matisse und einer Handvoll anderer begabter Mitschüler. Matisse schilderte ihn als schmächtigen blassen Burschen mit feuerroten Haaren, der für Rembrandt und Signorelli schwärmte.

Während Matisse sich aus impressionistischen Anfängen ins ornamental Farbige befreit, beginnt für Rouault – bald nach der Abnabelung von seinem Lehrer – „eine Reise durch die Hölle“ der Huren, Säuferinnen und Zirkusreiterinnen. Anders als Degas und Toulouse-Lautrec stellt er die Welt dieser Frauen in ihrer ganzen abstoßenden Hässlichkeit dar. Er „leidet und weint um Geschöpfe, die so verfallen, wenn sie nicht geliebt werden“, wie einer der wenigen Kritiker schrieb, die ihn damals verstanden hatten. „Wenn er ein Freudenmädchen malt, dann labt er sich nicht am Laster“ und spielt ihre Lasterhaftigkeit nicht genüsslich als „Blumen des Bösen“ aus. Daneben malt er Gerichtssaal-Szenen mit Richtern, aus deren Gesichtern die Angst spricht; einer Angst, die den Maler „angesichts von Menschen befällt, die beauftragt sind, über andere zu richten“.

Im Widerstand gegen die (Selbst-)Gerechten war Rouault auf der Seite des Abschaums.

Eines seiner bekanntesten Bilder trägt den Titel „Der alte König“, es zeigt die Unerbittlichkeit und Verschlossenheit eines Machthabers. Rouault: „Je mächtiger ein Mensch ist, umso mehr fürchte ich um seine Seele.“

Katholisch, aber nicht kirchlich

Rouault gerät in die Konvertitenkreise um Joris-Karl Huysmans, schließt Freundschaft mit dem Ehepaar Maritain und vor allem mit Léon Bloy, der heftigsten Stimme des Renouveau catholique. Zu Unrecht spricht man von Rouault als dem Léon Bloy der Malerei, denn schon bald kommt es zu einer Auseinandersetzung mit Bloy und dessen Bekenntniswut hart an der Grenze zum religiösen Wahn. Anlässlich einer Ausstellung des Triptychons „Dirnen“ sagt sich Bloy rüde von ihm los: „Wenn Sie des Gebets, des Glaubens an die Sakramente und des göttlichen Gehorsams fähig wären, könnten Sie keine so schrecklichen Bilder malen!“ Rouault erfährt sich „von sehr gläubigen und respektablen Katholiken“ unverstanden, ja abgelehnt. „Sie haben mich“, schreibt er, „wo ich Religion am meisten brauchte, in tiefe Verwirrung gestürzt.“ Rouault ist in seinen Motiven von der Schattenseite des Lebens ein religiöser Maler. Er ist allerdings nicht der Verkünder einer Gemeinschaft der Heiligen, sondern findet sich in Gemeinschaft mit den Verachteten, Verfolgten und Verspotteten. Mit Rouaults Hilfe kann man konsequent die wichtigsten Themen christlicher Botschaft buchstabieren lernen: Friedfertigkeit und Geschwisterlichkeit.

Mit dem jüngeren Schriftsteller Georges Bernanos und dem Komponisten Charles Tournemire, einem Vorläufer des bekannteren Olivier Messiaen, bildete Rouault ein Trio des „mystischen Modernismus“. Sie stellten sich gegen die Moden des Dada, gegen die Surrealisten, aber auch gegen den spanischen Faschismus und gegen das Vichy-Regime. 1926 schrieb Bernanos den Roman „Die Sonne Satans", eine Parabel auf den Kampf gegen das personifizierte Böse. Ein Satz darin drückt recht gut die Haltung Rouaults – und vieler seiner Bilder – aus: „Welcher Priester hat in seiner Ohnmacht jemals geweint vor dem Rätsel des Menschenleids und eines im Menschen beleidigten Gottes, der seine Zuflucht ist! […] Sie wollen nicht sehen, sie wollen nicht sehen!"

Vielleicht ist es ein Trost, wenn bei Bernanos zu lesen und in den Bildern Rouaults zu sehen ist: „Selbst der niedrigste Mensch nimmt sein Geheimnis mit sich, das Geheimnis des Leids, des reinigenden, wirksamen, erlösenden Leids."

Rouault bleibt aber letztlich – aus eigener Entscheidung – ein Einzelgänger, der sich nicht in den kirchlichen Dienst nehmen lässt. Das wird sich sein ganzes Leben lang nicht ändern. Auch nicht durch

einen hohen päpstlichen Orden für den Achtzigjährigen. Dass er 1945 einen Auftrag für Glasfenster der berühmten Kirche Notre-Dame-de-Toute-Grâce auf dem Plateau d'Assy nahe dem mondänen Kurort Passy annimmt, ist nur dem Bemühen des Dominikaners Marie-Alain Couturier zu verdanken, der zur Ausgestaltung dieser Kirche neben Rouault auch Matisse, Braque, Chagall, Léger und Bonnard gewinnen konnte.

Clown und Christus

Fünfundzwanzig Jahre lang arbeitete Rouault für den legendären Kunsthändler Ambroise Vollard, der 1914 das ganze Atelier Rouaults – mitsamt den jeweils für fertig erklärten Bildern – gekauft hatte. Dadurch hatten Rouault und seine Familie das finanzielle Auskommen. Gleichzeitig bedeutete diese Abhängigkeit aber das Dasein eines Leibeigenen, der nur für seinen Patron zu arbeiten hatte. Immerhin entstand aber unter diesem Druck zwischen den beiden

Weltkriegen der Zyklus „Miserere“, das Hauptwerk der Radierung des zwanzigsten Jahrhunderts. Nie sei die Kunst der Radierung „dem Gebet so nahe gewesen“ wie in diesen 58 Tafeln.

Als der Kunsthändler Vollard 1939 plötzlich starb, existierten im Atelier an die neunhundert unvollendete Werke Rouaults, darunter zahlreiche Ölbilder. Nach langem Rechtsstreit mit den Erben erhielt er 1947 einen Großteil zurück. Diese und spätere Arbeiten schenkte die Familie 1962, vier Jahre nach Rouaults Tod, dem französischen Staat. Darunter waren auch unfertige Arbeiten: Rouault hatte ja immer an einem riesigen Tisch – keine Staffelei! – und gleichzeitig an verschiedenen Bildern gearbeitet, an manchen sogar ein Jahrzehnt. So lagerte sich Farbe über Farbe darauf ab. Viele seiner Bilder sind von ihm nie als fertig erklärt worden.

Die dreißiger und frühen vierziger Jahre des letzten Jahrhunderts sind in Rouaults Malerei geprägt vom Antlitz. Dem Antlitz des Clowns, des Pierrot, der Pierrette, von schönen und hoheitsvollen Frauengesichtern – und vor allem vom Antlitz Christi.

Clown und Christus besitzen die gleiche „Herrlichkeit der geschmähten Liebe“ (Hans Urs von Balthasar). Heimatlos, schutzlos, ausgesetzt. Ecce Homo. Schon dem Porträt „Alter Clown“ von 1917 geht der Kreuzesbalken durch den Kopf.

Picassos Clowns scheinen zu sagen: Vielleicht doch der König? Rouaults Clowns dagegen: Vielleicht doch der liebende Logos, „das Wort“? Andererseits: sind wir nicht alle Clowns? Wahrscheinlich war Blaise Pascal wichtiger für Rouault als Léon Bloy. Pascal hat geschrieben: „Wir verbergen und verkleiden uns vor uns selber. Wir sind alle Possenreißer.“ Schaut man Rouaults Clowns und Pierrots in ihrer manchmal abgrundtiefen Traurigkeit an, drängt sich ein Ausspruch von Georges Bernanos auf: „Der große Jammer der Welt ist nicht, dass es so viele Gottlose gibt, sondern dass die Christen nichts taugen.“

In der Abendröte

Wie bei Tizian oder Goya erneuert sich Rouaults Malerei noch einmal im letzten Schaffensjahrzehnt. Mitten in diesen späten Arbeiten der Gehenkte auf dem Bild, dem er den Titel „Homo homini lupus" gibt – der Mensch ist des Menschen Wolf. Über den rauchenden Trümmern des Zweiten Weltkriegs und über der blutroten Sonne ein ausgesparter weißer Fleck: der Morgenstern?

Damals entstanden auch seine „heiligen Landschaften". Abendsonne, ein Weg, ein markanter Kirchturm. Oder das Ufer eines Gewässers, Schiffe, Wolken, Segel. Alles erscheint entfernt, auch die Gestalten. Sind es Jünger Christi, Frauen, Fischer? Man kann nur erkennen, dass sie sich einander zuneigen. Eine Gestalt unter ihnen wird wohl Christus sein. Immer ist es Abend, manchmal auch lichte Nacht.

„Ach, es ist ja nur die Abendröte des Christentums, die ich Ihnen zu zeigen vermag", sagt der väterliche Theologe und Philosoph zu Veronika in Gertrud von Le Forts Roman „Kranz der Engel". Und: „Was ich weiß, ist, dass man noch von einer großen Abendröte leben kann." Georges Rouault ist die große Abendröte einer von Christus durchdrungenen Kunst. Ob und was für ein Morgen kommen wird, wissen wir nicht.

Hinweise

- Stephan Koja: Georges Rouault – Malerei und Graphik. Erschienen anlässlich einer Ausstellung in der Salzburger Landessammlung Rupertinum 1993, Prestel-Verlag, München.

Barfuß nach Gottosten

Über die Dichterin Else Lasker-Schüler (1869–1945)

Else Lasker-Schüler, geboren am 11. Februar 1869, war die Tochter einer bürgerlich-jüdischen Bankiersfamilie in Elberfeld, einem Stadtteil von Wuppertal. Sie dichtete und zeichnete, lebte und liebte. Ihre Person hat sie märchenhaft kostümiert und mit vielen Mythen geschmückt: So sei sie als Kind einmal aus dem Fenster im ersten Stock gesprungen, ihrer geliebten Mutter entgegen, wäre glücklicherweise vom Sonnendach der Gartentür aufgefangen worden, hätte dabei aber einen solchen Schock erlitten, dass sie forthin nicht mehr in die Schule gegangen sei. Stattdessen wäre sie stundenlang bei ihrem Lieblingsspiel gesessen, dem Knopfspiel mit den „vielerlei großen und kleinen blauen, grünen, lila, roten, gelben, weißen Knöpfen", die ihre Mutter für sie zum Spielen aus der Knopffabrik bestellt hatte. Bei diesem Spiel hatte jeder Knopf an seinem bestimmten Platz zu liegen. „Aber einer der herrlichsten Knöpfe durfte überall liegen, wo er wollte, er war aus Jett, besäet mit goldenen Sternlein, und ich staunte ihn an. Er war das Himmelreich meiner Knöpfe und hieß: Josef von Ägypten." Über die biblische Erzählung vom „ägyptischen Joseph", den seine neidischen Brüder verkauft hatten, konnte sie Tränen vergießen, und sich kindlich freuen, dass schließlich doch alles ein gutes Ende gefunden hatte. In Briefen an ihre Freunde nannte sie sich später meist Jussuf, Prinz von Theben. Jussuf – die arabische Form von Joseph.

Ein Herz barfuß

Else Lasker-Schüler, die von Karl Kraus höher als sämtliche deutschen, österreichischen und Schweizer Dichterinnen geschätzt wurde, liebte es, ihr poetisches Ich exotisch zu verkleiden. Sie unterschrieb ihre Briefe mit „Tino, Prinzessin von Bagdad" oder mit „Blauer Jaguar", am häufigsten mit „Jussuf, Prinz von Theben". In welcher Verkleidung sie auch auftrat: Immer war sie ganz Ich, immer trug sie ihr bloßes Herz in Händen. An einen Freund schrieb sie einmal: „Ich glaube, so hat Niemand sein Herz barfuß gehen lassen durch die Menge."

Ein Mensch, zu dem sie Zuneigung und Vertrauen empfand inmitten der unruhigen Künstlerkreise Berlins um 1914, war Franz Jung, eine für die Zeit typische Gestalt. Zuerst Anarchist, dann Kommunist, Ökonom, Journalist, Handelsvertreter – kurzum: ein abenteuerliches Leben als Rebellion in Permanenz. „Was suchst du Ruhe, da du zur Unruhe geboren bist?" – dieses Zitat stammt aus Thomas von Kempens „Nachfolge Christi", einem Traktat des 15. Jahrhunderts. Franz Jung wählt es 1914 als Titel für die erste Ausgabe der „Freien Straße", einer dadaistisch-anarchistischen Zeitschrift, und noch 1961 dient es ihm als Motto für seine Autobiographie. An seine Begegnungen mit Else um 1914/15 erinnert sich Franz Jung: „Ich traf sie meist im Cafè des Westens, sie saß dort viel allein, wie von allen verlassen. Sie war dankbar für jedes freundliche Wort [...] Der Krieg muss für sie etwas Unvorstellbares und völlig Unverständliches gewesen sein. Sie hat mich manchmal im Cafè aufgefordert, sie in ihre Wohnung zu begleiten, es war ein typisches Altberliner Zimmer, mit einem kleinen Podium am Fenster [...] auf diesem Podium saß dann Else Lasker-Schüler – und sah auf die Straße hinaus und in ihre Welt, die Kamelstraßen durch die fernen Wüsten, das seit Jahrtausenden angestammte Land des Prinzen von Theben. Sie las mir aus Briefen vor, die sie durch Kuriere zu senden beschlossen hatte und die niemals abgeschickt worden sind."

Else Lasker-Schüler
Jussuf prince Tiba, 1913

Den Vater ihrer Großmutter, den Rabbi Hirsch Cohen, erhob sie zum „Oberrabbuni vom Rheinland und Westfalen“ und dichtete ihm die Fähigkeit an, er habe sein Herz aus der Brust nehmen können; was er immer nach kühnen staatlichen Konferenzen zu tun pflegte, um den Zeiger des roten Zifferblatts wieder nach Gottosten zu stellen. In ihren letzten Lebenstagen, da Else Lasker-Schüler wie eine Verlorene durch die Straßen Jerusalems irrte, sollen ihr Zweifel gekommen sein, ob die zitternde Nadel ihres Herzens noch immer nach Gottosten zeige.

In dem sehr bekannten Gedicht „Gebet“ – sie war ungefähr fünfzig, als sie es schrieb – findet sich ganz selbstverständlich und sendungsbewusst die Zeile: „Ich habe Liebe in die Welt gebracht“. Später, im Alter, hatte sie das Gefühl, dass in der Einsamkeit des Exils das Misstrauen ihre Liebesfähigkeit besiegt habe. In einem ihrer letzten Briefe schreibt sie: „Liebe und Freundschaft sind Hände. Meine eigenen gebrochen.“ Kurz vor ihrem Tod fragte sie einen Freund ganz plötzlich und in einem Zustand unbeschreiblicher Zerrüttung, was denn eigentlich die Liebe sei. Der Freund erwiderte spontan: Die Verwirklichung des Unmöglichen. Diese Antwort habe sie getröstet und ein plötzliches Leuchten auf ihr verstörtes Gesicht gezaubert.

Platz machen für Gott

Else Lasker-Schüler schreibt in ihren Gedichten und Prosatexten viel über Gott – ohne Scheu vor der Nennung seines heiligen Namens. Und sie schreibt so, als ob sie mit ihm in den Kindergarten gegangen wäre.

Im persönlichen Umgang mit den Menschen war sie eher streitsüchtig; geradezu versöhnungssüchtig aber war sie, wenn es um den ihr unbegreiflichen Zwiespalt zwischen den Religionen ging. In einem ihrer Theaterstücke lässt sie eine der Hauptpersonen sagen: „Gott sieht nicht auf die Person, vielmehr ist ihm in jedem Volke wohlgefällig, wer ihn fürchtet und recht tut." Schließlich habe „nie ein Engel den zweiten gefragt, welchem Glauben er angehört". Else Lasker-Schüler war auf ihre Art fromm. Wenn sie Geld hatte, verschenkte sie es, also war sie immer arm. Die jüdischen Kult- und Alltagsvorschriften respektierte sie auf ihre eigene Weise. Just an einem Versöhnungstag, dem großen Fasttag, saß sie in der Synagoge und aß Schokolade vor aller Augen. Als sie vom Synagogendiener zurechtgewiesen wurde, fauchte sie ihn an: „Stören Sie meine Andacht nicht!" Unter religiösem Fasten verstand sie etwas ganz anderes. Sie schreibt: „Das Fasten des Magens ist es nicht, wenn die Seele nicht jedes Tandes entkleidet schimmert: Platzmachen für Gott. Auf das Fasten der Seele, darauf kommt es an, denn sie soll sich [...] füllen mit unerschöpflicher jubelnder Liebe."

„Platzmachen für Gott" – so nennt Else Lasker-Schüler auch die Inspiration des schöpferischen Menschen. Inspiration: die Einhauchung des Geistes, der für sie immer der Heilige ist. Er sei gepriesen. Sich „andächtig lauschend seinem Engel hingeben" – das ist die Inspiration der Dichterin.

Jerusalem im Herzen

Else Lasker-Schüler hatte schon als Kind unter antisemitischen Stänkereien zu leiden. In einer Erinnerung an ein Fest in ihrer Geburtsstadt Elberfeld, an dem nicht nur die christlichen, sondern auch die jüdischen Kinder teilnahmen, schreibt sie vom Neid ihrer Altersgenossinnen „weil ich ein rotes Kleidchen trug. Hepp, hepp, riefen die lutherischen Kinder, bis die katholischen kleinen Mädchen es ihnen nachahmten." Der Herr Kaplan beruhigte sie, „hepp hepp" hieße doch nur „Jerusalem ist verloren". Dass aber dieses „hepp hepp" ein beliebter antisemitischer Kampfruf war, sagte er nicht. In der darauffolgenden Nacht, so schreibt sie, hatte sie einen Traum, in dem ihr Jesus von Nazareth erschien, ganz nah an ihr Bett trat und sagte: „Jerusalem ist nicht verloren, da es in deinem Herzen wohnt." Im „Hebräerland", ihrem wohl merkwürdigsten Buch, geschrieben 1935 nach der ersten Palästinareise in der Schweizer Emigration, malt die Dichterin ein idealisiertes, von allen Farben der Friedenssehnsucht durchtränktes Jerusalem-Bild, in das sie ihre messianische Vision vom friedlichen Zusammenleben von Juden, Christen und Arabern projiziert.

Im September 1938 wird sie endgültig aus der Heimat Deutschland ausgebürgert. Und die Schweiz beschließt, sie künftig von ihrem Land „fernzuhalten"; somit wird die dritte Reise nach Palästina zur Reise ohne Wiederkehr. Ende März 1939 kommt die siebzigjährige Else Lasker-Schüler in „ihrem" Jerusalem an. Müde, gehetzt und von namenloser Furcht getrieben. Jerusalem – als Exil – sieht eine alte, kranke, gebrochene und für verrückt gehaltene Frau. 1942 schreibt Else Lasker-Schüler an Martin Buber: „Adon Professor, ich bin […] ein tief trauriger Mensch. Ich ströme von einem Tag nach dem anderen hin. Vielleicht glaubt Gott der Ewige an mich. […] Und liege doch in seiner Unsichtbaren Hand. Ihr Prinz Jussuf"

Engel und Sterne

Else Lasker-Schüler ist meist „außer sich" gewesen: im Lieben und im Hassen, im Beten und im Leiden. So ist sie auf die Engel gestoßen. Wenn sie von Engeln sprach, waren immer geliebte Menschen gemeint, zum Beispiel ihre früh verstorbene Mutter: „Sterb ich am Wegrand wo, / Liebe Mutter, / Kommst du und hebst mich / Auf deinen Flügeln zum Himmel."

Als ihr kaum dreißigjähriger Sohn an Tuberkulose stirbt, das heißgeliebte Kind, geboren zwischen zwei gescheiterten Eheversuchen, sieht sie „auch die Engel im Weinen, im Wind und im Schneeregen".

Von den zahlreichen Freunden war ihr Franz Marc einer der liebsten, der Blaue Reiter und Tiermaler; als er 1916 im Krieg gefallen war, schreibt sie: „Seinen Riesenkörper tragen große Engel zu Gott." Sie war auch eine „sterngläubige" Dichterin, gläubig an den Stern der Erwählung und an den Stern der Erlösung; in Briefen hat sie in den Anreden über die Namen meist einen Stern gezeichnet.

So hat sie ihre Freunde gesegnet.

In dem berühmten Gedicht „Mein blaues Klavier" will sie noch einmal die glückliche Kindheit finden – aber alles Erinnern ist nur mehr Trauer. In der letzten Strophe, schlicht wie der Schlusschoral in Bachs Johannespassion, wandte sie sich an die Engel. Unter Verweis auf das bittere Brot des Exils richtet sie die innige Bitte nach endgültigem Zuhause an die Wächterengel vor dem Tor des himmlischen Jerusalem: „Ach liebe Engel öffnet mir / – Ich aß vom bitteren Brote – / Mir lebend schon die Himmelstür – / Auch wider dem Verbote."

Auf der Totenmaske umspielt etwas wie ein Lächeln den Mund. So als möchte sie sagen: Ich hab's ja gewusst.

Die Mystikerin

1941, im Alter von zweiundsiebzig Jahren, verliebte sich Else Lasker-Schüler in Jerusalem unsterblich in den um dreißig Jahre jüngeren Dichter und Religionsphilosophen Ernst Simon. Sie schickte ihm Briefe, widmete ihm Gedichte. Behutsam wies Simon sie auf die Unterschiedlichkeit ihrer beider Persönlichkeiten hin und gab in einem Satz die vielleicht treffendste Charakterisierung der Dichterin: „Ich lebe in der kühlen Hautoberfläche der Berührung mit fremdem Leben. Bei Ihnen aber ist Herz und Haut eines – das macht Sie so groß und Ihr Leben, heute, so schwer."

Die Botschaft dieses Lebens und Dichtens der Else Lasker-Schüler ist Liebe und Hingabe in tausend Spielarten: Innigkeit,

Sinnlichkeit, Gläubigkeit an kleine und große Wunder, Hemmungslosigkeit und Exaltiertheit. Vor allem aber ist es eine ungewöhnliche Gottesliebe, die in ihrem Leben so oft auf die Probe gestellt wurde. In einer Zeit der größten Not, um 1915, schreibt sie einmal einem Freund: „Ich habe Gott nie wie einen Strafenden betrachtet. Ich konnte ihn mir nur wie einen innigen Menschen denken, der auch geliebt sein will [...] dass er nicht vereinsame unter seinen so vielen Figuren [...] nun denke ich, er kann nicht mehr über mich leuchten mit seinen Sternen all oder ... er ist nicht."

Else Lasker-Schüler liebte es über alles – während der Schnee durch die Ritzen der Fenster ins billige Zimmer wehte – bei einer brennenden Kerze zu sitzen. Das gab ihr Wärme und Geborgenheit, die sie sonst im Leben so sehr vermisst hatte, besonders im Schweizer Exil, wo sie ständig um Verlängerung ihres Aufenthalts betteln musste. Damals, 1935, erschien in der deutschen Exilzeitschrift „Pariser Tageblatt" ein Text, der die Dichterin in die Nähe der Mystik rückt. Sie nannte ihn „Die Seele und ihr Licht – Eine Psalmodie". Sie ist darin überzeugt, dass ein Mensch ohne Gottes- und Menschenliebe wie eine erloschene Kerze ist: „Das Licht der Liebe soll sich entfalten, zur Flamme werden, die Seele des Menschen anzünden. Unangezündete Seelen sind dem starren Aste gleich, Totes zwischen jubelnden Zweigen."

Else Lasker-Schüler starb am 22. Jänner 1945 und wurde am Tag darauf auf dem Ölberg begraben. In ihrem letzten Gedichtband „Mein blaues Klavier" finden sich in dem Gedicht „Mein Herz ruht müde" die Verse:

Und bin nicht mehr und doch vertausendfacht.
Und breite über unsere Erde: Friede.

Im Jahr 1967, nach dem Sechstagekrieg, fand man in einem Trümmerfeld nahe der wild durch den Friedhof gebauten Schnellstraße ihren Grabstein. Seit 1975 ist er sichtbar auf einem weißen Sockel aufgestellt, darauf der Name der Dichterin in Deutsch und Hebräisch. Grab gibt es keines.

Der blaue Reiter und Prinz Jussuf. Ein Nachtrag.

Im Dezember 1912 lernten der expressionistische Maler Franz Marc und seine Frau Maria die Dichterin Else Lasker-Schüler in Berlin kennen. Dem Treffen war eine Korrespondenz vorausgegangen, die sich bis zum Sommer 1914 zu einem regen Brief- und Bildwechsel entspann. Von Franz Marc war sie vermutlich vor allem als Ermunterung und als Aufforderung gedacht, dass sie, die Dichterin, auch selber zeichnerisch und malerisch aktiv werden solle. Von den nun folgenden eigenhändig bemalten Kartengrüßen und Briefen sind 66 von Else Lasker-Schüler und 28 von Franz Marc erhalten. Die erste Zeichnung, die Franz Marc im Dezember 1912 schickt, ist „Der blaue Reiter präsentiert Eurer Hoheit sein blaues Pferd." So wird Franz Marc hinfort für Else heißen: der blaue Reiter, wie der berühmte Almanach, den Kandinsky und Marc gemeinsam um diese Zeit herausgegeben hatten. Else bedankt sich postwendend und poetisch überschwänglich: „Der blaue Reiter ist da – ein schöner Satz, fünf Worte, lauter Sterne. Ich wohne in den Wolken, namentlich am Abend, wenn niemand mehr durch die Straßen geht. […] meine Augen taten mir weh, als ob dein süßes Pferd Staub aufgewirbelt hätte, komme zu mir du und dein Gemahl, blauer Ritter, dass ich euch liebe. Jussuf, Prinz von Theben." Am Briefende findet sich erstmals eine kleine Zeichnung, Theben, die Stadt der Tempel.

Die nächste Postkarte Franz Marcs ist eine besondere Kostbarkeit: „Der Turm der blauen Pferde", die Skizze für das verschollene Ölbild, von dem nur eine Kopie existiert. Else schickt darauf „Marie von Nazareth und ihr Kindlein". Eine Erinnerung an die – erträumte – Reise Jussufs nach Nazareth. Dann folgt ihr „Selbstbildnis im Sternemantel"; sie schreibt dazu: „Mein sehnlichster Wunsch erfüllte sich – ich war plötzlich König in Theben, trug einen goldenen Mantel, einen Stern in Falten um meine Schultern gelegt, auf dem Kopf die Krone des Malik. Ich war Malik." Schließlich eine der berühmtesten Zeichnungen Elses, das „Selbstbildnis des Prinzen

Jussuf", eine Ikone des Expressionismus. Wie ein gewaltbereiter Punk steht sie da, mit Davidsstern und Mondsichel auf der Wange. Im Brief erläutert sie die kriegerische Adjustierung: „Ich muss in den Krieg gegen einen der wilden Stämme ziehen. Ich selbst werde mein Heer anführen, in der vordersten Reihe kämpfen, man erschlafft, ich will wieder Ehrfurcht vor mir bekommen. [...] Dein Krieger."

Hinweise

- Else Lasker-Schüler, Uljana Wolf (Hg.): Sämtliche Gedichte (Taschenbuch), Frankfurt a. M. 2016.
- Sigrid Bauschinger: Else Lasker-Schüler. Biographie, Göttingen 2004, oder als Taschenbuch Berlin 2006.
- Andrea Henneke-Weischer: Poetisches Judentum. Die Bibel im Werk Else Lasker-Schülers, Mainz 2003.

Papst Franziskus und die Zärtlichkeit

Über die Proklamation einer verschwundenen Tugend

Rom, Petersplatz, am 11. Oktober 1962, der Mond ist gerade aufgegangen. Es ist der Abend nach der Eröffnung des Zweiten Vatikanischen Konzils. Tausende junge Menschen singen am Platz mit Fackeln in der Hand. Da öffnet sich das Fenster des Arbeitszimmers des Papstes – und völlig unerwartet sieht und hört man Johannes XXIII. Was er sagt, lässt ahnen, dass dieses Konzil – wenn es nach seinem Herzen gehen soll – auch eine Botschaft der Empathie und Zärtlichkeit enthalten muss. „Wenn ihr jetzt nach Hause geht", sagte der Papst, „dann geht zu euren Kindern, gebt ihnen einen Gute-Nacht-Kuss und sagt: den schickt euch der Papst!"

Gute fünfzig Jahre später, es ist wieder ein Abend auf dem Petersplatz, da tritt der fünfte – eben gewählte – Nachfolger von Johannes XXIII. auf die Loggia von St. Peter und sagt schlicht, aber herzlich Guten Abend: *fratelli e sorelle, buonasera!* Er nennt sich Francesco, nach dem *poverello*, dem kleinen Armen von Assisi; fünf Tage später beginnt er mit seiner Antrittspredigt für die Tugend der Zärtlichkeit zu werben – und das vor der machtvollen Kulisse des Petersdoms: „Habt keine Angst vor der Zärtlichkeit!" Der Welt bleibt der Mund offen. Kein spöttisches Wort. Proklamationen von Frieden und Gerechtigkeit hätte man ja erwartet, das schon. Aber Zärtlichkeit, *tenerezza?* In dogmatischen Wörterbüchern sucht man vergeblich danach. Allzu viel Gottesgelehrsamkeit hat die Gottesphantasie eintrocknen lassen oder gar verdorben. Ausgenommen die Mystik. Aber Theologie redet von Gott noch immer lieber mit Worten der Herrschaft und der Macht. Doch der Papst mit dem zärtlichen Namen Francesco hat der Zärtlichkeit das biblisch verbriefte Heimatrecht in der Kirche wieder zurückgegeben. In seinem programmatischen Schreiben „Evangelii Gaudium" hat Papst Franziskus „zur Revolution der zärtlichen Liebe" aufgerufen, selbst auf die Gefahr des „Risikos der Begegnung mit dem Angesicht des anderen". Reduziert man den Begriff Zärtlichkeit auf intime Berührungen, dann wird er für eine klerikalistische Kirche eher in eine Zone der Verdrängung gerückt, die in der katholischen Kirche zu einer Zone der Abscheulichkeit wurde.

Die Erotik hat kein Monopol auf Zärtlichkeit. Und Zärtlichkeit erschöpft sich nicht in der erotischen Kommunikation, nicht in Smileys und Herzchen auf dem Display des Smartphones. Sie steht nicht für smarte Sentimentalität, die das Wunder der Zärtlichkeit verlottern und verkommen lässt.

Papst Franziskus demonstrierte sein Verständnis von Zärtlichkeit, als er bei einem sonntägigen Angelusgebet die freundlich winkende Menge auf dem Petersplatz unverblümt attackierte: „Ihr, wenn ihr den anderen helft: Schaut ihr ihnen in die Augen? Nehmt ihr sie ohne Berührungsängste an? Nehmt ihr sie mit Zärtlichkeit an? Denkt darüber nach: Wie helft ihr? Aus der Ferne oder mit Zärtlichkeit, aus der Nähe?"

Ein Theologe der Zärtlichkeit – Kurt Marti

Wer nun zweifelt, ob die Bekehrung der Welt und der Kirchen mit Zärtlichkeit auf den Weg gebracht werden kann, der nehme eine Nachhilfestunde bei dem reformierten Dichter Kurt Marti, zu Lebzeiten Pfarrer in Bern. Vor vierzig, fünfzig Jahren lieh er der Theologie im Hinblick auf Zärtlichkeit ein Feigenblatt, auf dass sie nicht gänzlich nackt und bloß dastehe. Kurt Marti, 1921 geboren, starb im Alter von 96 Jahren; und ich glaube, er starb lebenssatt. Er tat alles, als Pfarrer und als Dichter, damit dem Reden von Gott seine Unberechenbarkeit bewahrt bleibt – wenigstens in Reservaten. Als Unberechenbarkeit der Liebe und als Nichtberechenbarkeit der Zärtlichkeit. Marti trug viel dazu bei, dass wir schön langsam einen Gott verlieren, den es – Gott sei Dank – ja gar nicht gibt. In dem kleinen Buch „Zärtlichkeit und Schmerz" schrieb er – vielleicht an die Agnostiker unter uns: „Gott kann nicht einmal abdanken, d. h. einer Machtposition entsagen, weil er eine solche nie innegehabt hat. […] Wer ihm abspricht, was wir unter Macht zu verstehen pflegen, gleicht einem Menschen, der der Katze das Fliegen verbietet. Ein solches Verbot nimmt der Katze nichts von dem, was sie zur Katze macht. Sie bleibt, was sie ist. So auch Gott. Er hat so wenig Macht wie die Katze Flügel. Gott ist Liebe, siehe Erster Johannesbrief. Dass er abgedankt haben oder dass man ihn entmachten könnte – das sind männliche Spiele, die nichts daran ändern werden, dass Gott ist, was er ist: Liebe, Zärtlichkeit, Schmerz." Und vor allem, dass er „jener Große, Verrückte" bleibt, „der noch immer an die Menschen glaubt".

In einigen Aufsätzen und Notizen denkt Marti über die Zärtlichkeit nach und gelangt zur Überzeugung, dass Zärtlichkeit geradezu „eine Exorzistin von Herrschaftsansprüchen ist. Das ist ihre soziale Brisanz. Zwischen Herrschendem und Beherrschtem, Sieger und Besiegtem ist keine Zärtlichkeit möglich."

Und Marti vermutet, dass dies mit ein Grund dafür sein könnte, „dass die Theologie der herrschenden Kirchen mit ihr so wenig anzufangen weiß". Marti kam zur Einsicht, dass „die Kardinaltugenden der Zärtlichkeit Nüchternheit, Wachheit, vor allem aber Aufmerksamkeit sind".

Zärtlichkeit braucht Mut

Da keine Ideologie herrschaftsfrei ist und selbst die Theologie der Befreiung nicht gänzlich frei von Ideologie, ist es naheliegend, dass sich der Jesuit und spätere Bischof Bergoglio der nichtmarxistischen *teología del pueblo,* der argentinischen „Theologie des Volkes", zuwandte. Damit verbunden ist seine Option für eine Seelsorge solidarischer Zärtlichkeit, wie sie auch im Schlussdokument der 5. Generalversammlung der lateinamerikanischen Bischöfe in Aparecida, Brasilien 2007, schon zu erkennen war, für das Bergoglio verantwortlich zeichnete. Man spürt darin, dass er als „zuhörender Hirte dem Herzen des Volkes" nahe war. Als Bergoglio damals in einem Interview gefragt wurde, was er – nach Aparecida – den Kurienprälaten in Rom gerne erzählen möchte, antwortete er, dass niemand Angst vor der Zärtlichkeit haben dürfe: „Jona und Ninive. Die Liebe Gottes passte nicht zu Jonas eigenen Plänen." Jona habe seine Seele mit dem Stacheldrahtzaun dogmatischer Gewissheiten abgegrenzt, die „sein Herz taub gemacht hatten, statt mit Gott Freiheit zu geben. Wir sollen die Menschen nicht sehen, wie sie sein sollen, sondern wie sie sind. Das ist Zärtlichkeit."

Jenseits der Zärtlichkeit

Papst Franziskus scheute sich auch nicht, „die Kraft der Zärtlichkeit" gerade vor Europapolitikern ins Treffen zu führen, notwendig „inmitten eines funktionellen und privatistischen Modells, das unweigerlich zur Wegwerf-Kultur führt." Und zu jener menschenverachtenden „Globalisierung der Gleichgültigkeit", die „unfähig ist, die Wahrheit aufzunehmen und eine authentische soziale Dimension zu leben".

In der Ich-Figur von Michel Houellebecqs Roman „Die Unterwerfung" findet sich das wohl anschaulichste Produkt einer solchen

Entwicklung: ein von Sex und Genuss gelangweilter Pariser Intellektueller, zu keiner Empathie mehr fähig und von schockierender Gefühllosigkeit. Nach längerer Abwesenheit – um sich voraussehbaren politischen Unruhen zu entziehen – findet er in der Post zwei Schreiben, die einzig und allein „dem Leben eines Menschen Struktur geben: Krankenversicherung und Finanzamt". Zerrbild eines abendländischen Europa, das nicht mehr fähig sei, sich selber aus der Dumpfheit eines übersättigten Materialismus zu retten.

Papst Franziskus beklagt auch, wie „die großen Ideale, die Europa inspiriert haben", ihre Anziehungskraft verloren zu haben scheinen. Er sieht ein „müdes, pessimistisches Europa, das sich durch die Neuheiten, die von anderen Kontinenten kommen, belagert fühlt". Hoffnung liegt für Franziskus nicht in Strategien und Strukturen, sondern in der alltäglichen Mühe der Hingabe, sich der vielgestaltigen Gebrechlichkeit anzunehmen, mit der unermüdlichen „Kraft der Zärtlichkeit, des Betrachtens und des Hingehens zu den Anderen". Auch hinaus vor die Mauern, die Europa nicht schützen werden.

Die Zärtlichkeit des Körpers ist das Erbarmen, nicht die Stillung der Gier.

In seiner Antrittspredigt am 19. März 2013 preist Franziskus den heiligen Josef – übrigens auch Lieblingsheiliger von Johannes XXIII. – als einen Heiligen der behütenden Zärtlichkeit. Und es ist ein programmatischer Höhepunkt, als er sagt: *Non dobbiamo avere timore della bontà, della tenerezza!* – „Wir dürfen uns nicht fürchten vor Güte, vor Zärtlichkeit!"

Tag für Tag lebt Franziskus vor, wie – ganz im Sinn der Bergpredigt – die jesuanische Zärtlichkeit auch wieder eine zuwendende Zärtlichkeit seiner Kirche und ihrer Repräsentanten bewirken könnte: Auf dass die Menschen wieder den „Duft aus der Kirche" atmen und nicht länger den staubigen Geruch aus den Dogmatikbüchern.

Ein Objekt, das verlacht wird

Franziskus, der Papst mit den Straßenschuhen, sagte im September 2015 auf Kuba, im Marienheiligtum von Cobre: „Wir sind eingeladen, die Revolution der Zärtlichkeit zu leben." Die Theologin Isabella Guanzini ging dieser Forderung nach und entdeckte, dass Zärtlichkeit quer durch alle Epochen und Disziplinen – von der Politik über die kontemporäre Kunst bis zur Theologie – „ein Objekt des Verlachtwerdens" gewesen sei. Die Wiederentdeckung der Zärtlichkeit hingegen hebe ans Licht, was an ungelösten Spannungen aus der Vergangenheit auf Heilung wartet, was an verratenen Hoffnungen eingelöst werden will. Denn: Gefährdete und verlachte Gedanken sind tief in jede Gegenwart eingegraben. Für ihre Erlösung braucht die Zärtlichkeit jene drei unsentimentalen, aber elementar politischen Begriffe, die schon Kurt Marti nannte: Wahrnehmung, Wachsamkeit und Verantwortung. Papst Franziskus ist ein Meister im Setzen von Zeichen dieser Zärtlichkeit. Wenn er behutsam den runden Bauch einer schwangeren Frau als etwas Heiliges berührt, wenn er jungen Menschen jeglicher Herkunft die Füße wäscht. Man kann von ihm – wie von seinem Namenspatron aus Assisi – lernen, dass es wichtiger ist, einem Bettler ins Antlitz zu schauen, als ihm schamhaft eine Münze in den Pappbecher zu werfen. Der Filmregisseur Pier Paolo Pasolini schreibt in einem Brief von der Zärtlichkeit des menschlichen Elends als einer „Aureole um einen himmlischen Kopf". Es sieht sie allerdings nur, wer auch hinschaut.

Von den byzantinischen Ikonen lernen wir, dass nicht nur wir auf die Bilder schauen, sondern dass die Bilder auch uns anschauen. Angeschaut werden, angesehen sein, ist ein Urbedürfnis des Menschen, das zum Überlebensprinzip Urvertrauen führt. Die Schönheit in einem Menschen, in der Natur oder in der Kunst, ist ein Verbindendes zwischen Gott und Mensch. Die Schönheit der Welt ist das „zärtliche Lächeln Christi, das die Materie durchdringt". In einer Notiz von Simone Weil, der französischen Mystikerin und Philosophin, ist zu lesen: „Ist das Schöne wirklich Gegenwart Gottes im Stoff, so ist die Berührung mit dem Schönen im vollen Sinn des Wortes ein Sakrament." Es ist also Gottes zärtliche Gegenwart, wenn uns Schönheit so heftig anspricht, dass wir tiefes Glück empfinden und am liebsten weinen möchten.

Hinweise

- Franziskus (Papst): Gott ist jung. Ein Gespräch mit Thomas Leoncini, Verlag Herder Freiburg/Br. 2018.
- Kurt Marti: Zärtlichkeit und Schmerz, Taschenbuch, München 1981.
- Kurt Marti: Heilige Vergänglichkeit – Spätsätze, Stuttgart 2010.

Rogier van der Weyden
Die Kreuzabnahme Christi (Detail),
um 1436/37

Mach mich weinen

Gedanken zum „Stabat Mater"

Ich sehe den Platz, den Hügel, außerhalb der Stadt.
Wo die Kreuzigungen stattfinden.
Ich sehe drei Gekreuzigte,
sehe gaffendes Volk, manche recken die Faust.
Sehe die Soldaten des Hinrichtungskommandos,
sehe eine Handvoll Menschen unter dem Kreuz, dem in der Mitte.

Die eine, schau, das ist seine Mutter.

So ist es überliefert: Beim Kreuze Jesu standen seine Mutter,
die Schwester seiner Mutter Maria Kleophas und Maria Magdalena
und der Jünger, den er liebte.
Und die da standen, wussten, dass sie selbst
Leib und Leben riskieren, wenn sie einen gekreuzigten Aufrührer
beweinen.

Aber wer, schreit der Dichter des Stabat Mater auf, wer ist der
Mensch,
der da nicht in Tränen ausbricht, wenn er sieht,
wie du, Mutter eines zu Tode Gemarterten, vor ihm stehst,
wie er sich windet, und du hilflos zusehen musst!

Komm, sei vernünftig! – sagt die Vernunft.

Ach, die Vernunft, Drachenblut der Unverwundbarkeit!
Unablässig bemüht, jede Öffnung zu schließen, durch die
ihre verstoßene Schwester, die Erschütterung, Einlass finden
könnte!
Einlass bei uns, die wir voller Bilder sind des täglichen Elends.

Komm, sagt die Vernunft, man kann sich nicht alles zu Herzen
nehmen!

ER war kein Muttersohn.
Drei Tage hat sie ihn gesucht, als er verloren war,
und musste sich anhören, als sie ihn fand:
Ja, wusstet ihr nicht …?!

Frau hat er sie genannt, nie Mutter.
Schroff war er: Was willst du eigentlich von mir? Hat er gesagt.
Als sie zu ihm schickten: Deine Mutter und deine Brüder wollen
dich sprechen, da sagte er, alle, und er zeigte auf die, die mit ihm
gingen,
alle da wären Mutter und Brüder,
alle, die zu ihm halten.

Sie hatte alles geahnt und wollte ihn rechtzeitig herausholen:
Er hörte nicht auf sie.
Frau
hat er sie noch vom Kreuz herab genannt:
Der ist jetzt dein Sohn!

Ist der Schmerz der Mütter uns denn näher
als jener der gefolterten und ermordeten Söhne und Töchter,
der immerfort blutenden

Wunden Gottes
in der Welt? –

Mach, lieber Gott,
mach, dass alles wieder gut wird,
so beten Kinder, am Abend eines Tages, an dem ihnen Liebstes
zerbrochen ist.

Mach! ruft auch der Dichter des *Stabat Mater* neunmal
mit dem eindringlichsten Imperativ,
den die lateinische Sprache kennt: *fac!*
mach mich verletzlich
mach mich brennen
mach mich weinen
mach mich trauern mit dir
mach mich verwundet und betrunken
mach alles mit mir
mach, dass ich endlich etwas empfinde!

Warum eigentlich wollen wir etwas empfinden, warum „gerührt
werden"?
Lessing, der Vernünftige, hatte den Verdacht: tief zuinnerst
wollen wir – wenigstens dadurch – „ein guter Mensch" sein.

Die Märchen wissen, dass man ein warmes fühlendes Herz aus
Fleisch
zurückgewinnt mit den Tränen.
Mit den Tränen des Erinnerns an Freuden, die man erfahren
und an Schmerzen, die man zugefügt hat.
Tränen lösen Versteinerungen in uns, Tränen sind Wasser der
Erlösung.

Lob der bestürzenden Sekunde der Erschütterung,
Lob der Wangenspur der Tränen
aus deinen Augen.
Lob der Salzflut deines inneren Meeres.

Weint, sage ich, weint! Weint euch aus!
Weint für alle, die es nicht mehr können!
Beugt euch über das Leid der Welt und netzt
die trockenen Augen der Welt mit euren Tränen des Mitleids.

Denn glaubt mir, Gott zählt eure Tränen.
Die Tränen des Leids auf der Welt, das ist
der schmerzhafte Rosenkranz, den Gott täglich betet.

ER, Jesus, war wirklich kein Muttersohn.

Und das Lied hatte von Anfang an den siebenfach bitteren Ton,
das Lied, das so zärtlich beginnt:
Ein kleines Kindlein ohne Schmerzen
Das trug Maria unter ihrem Herzen – Jesus und Maria

Die Maler des Quattrocento malten in ihre Mutter-mit-Kind-Bilder
immer eine verborgene Blutspur, jene Ahnung der Agonie.
Sie wussten: Was so zärtlich beginnt, endet
in der grausamsten Hinrichtungsart der Antike.

Keinen Trost.
Man darf keinen Trost haben, hat Simone Weil geschrieben.
Keinen vorstellbaren Trost. Erst dann
steigt die unaussprechliche Tröstung hernieder –

Ohne Zweifel, Gott, du zählst unsere Tränen.
Eigenhändig sammelst du sie in deinen Krug,
und lässt es dir nicht aus der Hand nehmen –

Was aber, wenn wir keine Tränen mehr haben?

Hinweise

- Claudia Sperlich: Hymnarium – lateinische Hymnen der Kirche neu übersetzt, zweisprachige Ausgabe, Hamburg 2016.

Aus dem lateinischen Originaltext und der Übersetzung von Christoph Martin Wieland:
… quis est homo, qui non fleret / Matrem Christi si videret
… wessen Auge kann der Zähren / bei dem Jammer sich erwehren

Abenteurer der Barmherzigkeit

San Juan de Dios, der heilige Johannes von Gott (1495–1550)

Ich, Juan Ciudad Duarte, genannt Juan de Dios, erzähle:
Nachdem ich in diesem Jahr des Heiles 1539 einige Zeit bei meinem geistigen Lehrmeister Juan d'Ávila verbracht hatte, der mir endlich – und zwar im vierundvierzigsten Jahr meines Lebens – die Augen meines Herzens geöffnet hat, beschloss ich, nach Granada zurückzukehren, in jene Stadt, in der das Schiff meines Lebens einen Hafen fand. Ich bin nicht in diese Stadt gezogen, um mich auszuruhen, sondern um endlich dem Ruf zu antworten, der mir Barmherzigkeit versprach, wenn ich selber Barmherzigkeit übte. Ich war einer der Unzähligen, die in den Städten ihr Glück versuchen, mit nichts in der Tasche. Ich schlief auf der Erde, sammelte Brennholz, verkaufte es und teilte den Erlös dafür mit jedem, der es nötig hatte. Doch dies alles war nicht genug. Vielen, denen ich in den finsteren Winkeln der Gassen von Granada begegnete, war mit Geld nicht geholfen. Frierend stand ich selber eines feuchtkühlen Herbstmorgens auf der Plaza de los Tiros vor einem schmalen und hohen Palast. Über dem Tor erblickte ich, aus dem Stein gemeißelt, ein Schwert, das senkrecht auf ein Herz trifft. Das Herz zwischen den zwei Worten EL und MANDA – also: Das Herz befehle. Und es war mein Herz, das getroffen war. Ich klopfte an das Tor, denn wer solches auf sein Haus schreibt, wird wohl selber ein Herz haben, das Gutes zu tun befiehlt. Was sonst sollte das Herz befehlen.

Es war das Haus des Don Miguel Abiz de Venegas, eines bekehrten Mauren und Enkels von Muhammad XII., dem zeitweiligen Emir von Granada. Juan Ciudad – oder Juan de Dios, wie er sich später nannte – fand Aufnahme und einen Schlafplatz im überdachten Patio des edelmütigen Don Miguel. Doch Juan kam bald nicht mehr allein in sein Quartier. Jeden Abend brachte er neue Schlafgäste mit: Bettler, Krüppel und Kranke, die er von der Straße in den Vorhof des kleinen Palastes schleppte. Mit Stroh und Decken bereitete er ihnen ein Lager. „Tut Gutes, tut für euch selber Gutes“, rief er auf seinen Bettelgängen durch die Straßen Granadas, unterwegs mit einem großen Korb und bittend um Brot, Suppe und Geld für sein armseliges Hospiz. Es ist verständlich, dass die Hochherzigkeit des Don Miguel Grenzen hatte. Bald konnte nämlich der Hausherr nur mehr mit großer Mühe durch den Hof in seine eigenen Räume gelangen. Kurzerhand gab er Juan das nötige Startkapital, damit dieser ein kleines zweigeschossiges Haus in der Lucena-Gasse, im Fischhändlerviertel von Granada, mieten konnte. Auf einer Gedenktafel an diesem Haus ist zu lesen: „In diesem Haus gründete der edle Vater der Armen, der heilige Johannes von Gott, sein erstes Hospital. Der Stadtrat von Granada genehmigte die Anbringung dieser Tafel zum Gedächtnis an diese hervorragende Tat.“

In Granada hatte es damals zwei Krankenhäuser gegeben, eines war das berühmte Hospital Real, ein spätgotischer Renommierbau der Katholischen Könige Isabella und Ferdinand, errichtet auf dem Gelände eines muslimischen Friedhofs nach der Rückeroberung des Landes aus der Hand der Mauren. In diesem Königlichen Spital lagen die Kranken in riesigen Sälen und man fand nichts daran, dass sie weder nach Geschlecht noch nach ihren Leiden getrennt lagen, oft sogar zwei in einem Bett.

Doch das recht ärmliche Quartier in der Lucena-Gasse war noch weit von den revolutionären Vorstellungen des Juan Ciudad entfernt. Noch konnte er den Bettlern, Kranken und Unterstandslosen nicht viel mehr bieten als ein Dach über dem Kopf, vielleicht eine Rohrmatte und aufgewärmtes Essen, das er in zwei an Stricken hängenden Töpfen tagsüber zusammengebettelt hatte. Juan führte dieses Obdachlosenasyl als Einmannbetrieb. Noch immer galt er in der Öffentlichkeit von Granada als Irrer, an den man am besten nicht anstreifte. Almosen gab man ihm, vielleicht auch Geld, aber persönliche Hilfe blieb ihm versagt. So versorgte er alleine die Geschwüre der Bettler, holte Wasser und Brennholz und wusch ihnen die verlausten Lumpen.

All dies hatte an jenem denkwürdigen 20. Jänner des Jahres 1539 begonnen.

Ich, Juan Ciudad Duarte, später genannt Juan de Dios, erzähle:

Mein kleiner Buchladen, den ich mir in der Elviragasse in Granada eingerichtet hatte, florierte nicht ganz schlecht, denn viele Menschen betraten oder verließen die Stadt durch das Elvirator. Viele blieben stehen und blätterten in den Büchern oder schwatzten ein wenig. Eines Tages nun hörte ich davon reden, dass am Feste der Heiligen Fabian und Sebastian der Prediger Juan d'Ávila in Granada sprechen werde. Ich beschloss hinzugehen, da ich schon sehr viel Rühmliches von diesem Mann gehört hatte. Es hieß, er verstünde die Herzen der Menschen zu bewegen und sie die Nähe Gottes spüren zu lassen. Also ging ich hin. Was mir dort widerfuhr, kann und mag ich nur schwer selber in Worte fassen. Mein ganzes Leben, wie ich es bisher geführt hatte, zog an mir vorüber – und ich kam mir fremd darin vor. Ein Mitläufer war ich gewesen, ja, auch ein Mitläufer der Sünde. Wie ein fremdes Land erschien mir meine Seele, eine dürre Steppe und eine leere Wüste. Meine Unruhe wurde zu einer unaussprechlichen Sehnsucht nach einer Heimat. Heftigen Schmerz und jauchzende Freude empfand ich in einem, und sie sagten mir, dass diese Heimat nur in der unendlichen Barmherzigkeit Gottes zu finden wäre. Alles Weitere mögen andere erzählen, denn erzählte ich es selbst, hieße dies, dass ich mich meiner Narrheit rühmen müsste.

Juan d'Ávila war es also, der mit seiner Predigt in der Märtyrerkapelle von Granada am 20. Jänner 1539 dem ehemaligen Hirten, Söldner, Gelegenheitsarbeiter und Straßenhändler namens Juan Ciudad – später Juan de Dios genannt – derart ins Herz getroffen hatte, dass dieser in einem Anfall von Raserei seinen eben in Granada aufgebauten Verkaufsstand mit diversen Druckschriften – von Heiligenbildchen bis zu Ritterromanen – niederriss und *misericordia, misericordia* schreiend durch die Stadt lief. Menschen, denen er schon als Zuhörer in der Kapelle aufgefallen war, brachten ihn zum Prediger, der dies ausgelöst hatte. Juan d'Ávila trug dem verstört Stammelnden als Erstes auf, sich „der Barmherzigkeit Gottes anheimzugeben" und allen Anweisungen zu gehorchen, die er ihm zukommen lassen werde. Juan Ciudad, noch immer außer sich und nicht zu beruhigen, landete schließlich im Königlichen Hospital, bei den Irren und Geschlechtskranken. Man sperrte ihn in jenen Holzverschlag, der heute noch gezeigt wird und über dem zu lesen ist: „Hier wurde Juan de Dios eingesperrt und ausgepeitscht, ein Buchhändler und Narr Gottes." Es war eine Welt der Schreie und des Schreckens, wo brutale Misshandlungen als Heilmethoden galten. Hier vollzog sich die Wende im Leben des Juan Ciudad, der bald als Juan de Dios – Johannes von Gott – ein Modell von Hospitalität und Krankenpflege praktizieren wird, das in seinen ethischen Grundzügen noch heute weltweit Gültigkeit hat in allen Einrichtungen des Ordens der Barmherzigen Brüder.

Bei einem Zusammentreffen des Juan Ciudad mit dem Vorsitzenden der Königlichen Kanzlei in Granada, dem Bischof von Tuy, sprach ihn dieser spontan zum ersten Mal mit Juan *de Dios,* Johannes von Gott, an, weil seiner Meinung nach ein Mensch so ein Werk nur vollbringen könne, wenn er von Gott dazu berufen sei. Der Bischof legte ihm auch nahe, dass er „auf sein Äußeres" zu schauen habe, und empfahl ihm ein Gewand aus grobem gebleichtem Leinen, das er fortan tragen soll, mit einem Riemen als Gürtel.

Juan d'Ávila, der dies mit seiner Predigt bewirkt hatte, war um

1500 südlich von Madrid in eine wohlhabende Familie konvertierter Juden geboren worden. Er studierte zuerst Rechte, dann Theologie, wurde Priester und bald wegen einer außergewöhnlichen rhetorischen Begabung von seinem Bischof mit der sogenannten Volksmission beauftragt, die lau gewordene Christen zu einem Neubeginn bewegen sollte. Dass sich Juan d'Ávila nicht scheute, auch gegen Missstände in der Kirche zu predigen und zu schreiben, etwa gegen säumige Bischöfe und faule Pfarrer, trug ihm 1531 eine Anklage vor der Inquisition und zwei Jahre Kerker ein. Seine weltbekannte Schrift *Audi filia* – „Höre, Tochter!" war eine Anleitung zum geistlichen Leben für Frauen. Verdächtig wie ihr Verfasser landete sie zuerst einmal auf dem Index der verbotenen Bücher. In einer religiös äußerst bewegten Zeit war Juan d'Ávila auch anderen spanischen Heiligen geistlicher Ratgeber, genannt seien nur Teresa von Ávila oder Ignatius von Loyola. Er wurde – wenn auch sehr spät – heiliggesprochen und von Papst Benedikt XVI. sogar zum Kirchenlehrer erhoben.

Worüber Juan d'Ávila an jenem 20. Jänner 1539 in Granada gepredigt hatte, ist nicht überliefert. „Man muss Gott sehr lieben", sagt Juan d'Ávila auf die Frage, was denn die beste Voraussetzung für eine wirkungsvolle Predigt wäre. Später warnte er auf seine recht unverblümte Art seinen Schützling Juan de Dios – also Johannes von Gott – davor, sich im Dienst an den Kranken und Armen über seine Kräfte einzusetzen: „Achtet darauf, damit Ihr nicht, um anderen Gutes zu tun, Euch selbst Böses tut. Was nützt all das Gute, das ihr anderen tut, wenn Eure Seele hungrig ist und betrübt und es ihr schlecht geht!" Wenn es der Teufel nicht schafft, dass jemand Böses tut, so verleitet er dazu, „dass man die guten Werke unordentlich tut". Juan d'Ávila ist damit auch der Urheber eines Grundsatzes, der heute noch in allen Einrichtungen der Barmherzigen Brüder gilt: „Gutes tun, und es gut tun!" In ihrer Unterschiedlichkeit stellen die beiden Heiligen – Juan de Dios und Juan d'Ávila – einer reformbedürftigen Kirche vor Augen, dass der Auftrag Jesu ein heilender Dienst an Seele und Leib der Menschen ist.

Als das Spital in der Lucena-Gasse zu klein geworden war, kauften vermögende und fromme Bürger ein ehemaliges Kloster am Gomeres-Abhang, am Fuß der prächtigen Alhambra.

Ich, Juan Ciudad Duarte, genannt Juan de Dios, erzähle:
Nun, da ich hatte, was ich sehnlichst gewünscht, nämlich ein eigenes Haus für all die Kranken, und ich auch von reichen Gönnern regelmäßig genug Geld bekomme, schmerzt es mich doch sehr, dass vor allem jene Menschen keiner Liebe teilhaftig werden, welche sich zu Liebesdiensten verkaufen lassen müssen, da sie sonst keine Lebensmöglichkeit hätten. Ich kenne die leeren Augen dieser bleichen Frauen, denn sie haben aufgehört, an eine Zukunft zu glauben. Wenn ich mit einer dieser Frauen sprechen wollte, habe ich bezahlt, damit ich ihnen von Gott sprechen konnte, der in diesen Häusern immer nur wie ein strafender Blitzstrahl erschien, den man wie eine Gefahr von Tag zu Tag mehr meidet. Dies trug mir nicht nur Spott ein, den hätte ich um Christi willen leicht ertragen. Missgünstige rückten mein Tun in ein schiefes Licht, sodass mir Freunde rieten, meinen Eifer etwas zu bändigen. Ich schwieg zu allem im Vertrauen auf Jesus Christus, denn er kennt mein Herz. Als mich eine Frau einmal erbost einen Scheinheiligen nannte, da wusste ich ihr nichts zu antworten als dies: Früher oder später muss ich dir doch verzeihen, also verzeih ich dir gleich jetzt.

Eines Tages traf ich einen kräftigen jungen Mann, der sich darüber wunderte, dass ich, der ihm wie ein Bettelmönch erschienen war, in einem verrufenen Viertel der Stadt anzutreffen war. Da ich ihm über meine Beweggründe Auskunft gab, zögerte er nicht, mir Geld zu geben. Allerdings: so wie der Mann aussah, hatte er dieses Geld nicht mit ehrlicher Arbeit verdient. Er erzählte mir auch, dass er Antonio Martín wäre und nach Granada gekommen wäre, um den Mord an seinem Bruder Pedro zu rächen, den ein gewisser Pedro Velasco im Streit getötet hatte. Mir erschien dieser hochgewachsene Mann derart von Hass und Rache verblendet, dass ich viel Zeit aufwand, um ihn davon abzubringen, was mir mit Gottes Hilfe gelungen ist. Ja es gelang mir sogar, die beiden Unglücklichen zur Versöhnung zu führen. Doch nicht ich, sondern Gott hat das Herz dieses Menschen bewegt – und zwar so sehr, dass er sich anbot, fernerhin an meiner Seite im Dienste der Armen und Kranken zu arbeiten. Mehr noch: Auch jener Velasco, den Antonio Martín mit seiner Rache verfolgt hatte, auch er schloss sich uns in wunderbarer Weise an. Das war der Anfang einer Gemeinschaft von Männern, die unserem Herrn in den Armen und Kranken dienen wollten.

Johannes von Gott stirbt am 8. März 1550, seinem 55. Geburtstag. Er hatte sich eine schwere Erkältung zugezogen, als er einen Buben aus dem Hochwasser des Flusses Genil vor dem Ertrinken retten wollte. Beim Begräbnis fällt das Fehlen jeglichen Standesunterschieds auf: Adelige und Bettler, Landstreicher und Prälaten folgten der Bahre, sogar Vertreter des königlichen Hofes waren zu sehen.

Von Geburt und Herkunft des Juan Ciudad Duarte weiß man wenig. Es wird vermutlich im März des Jahres 1495 gewesen sein, dass dem Obsthändler Andrés Ciudad und seiner Frau in der Calle Verde der portugiesischen Stadt Montemor o Novo ein Sohn geboren wurde. Völlig im Dunkel bleibt die geheimnisvolle Flucht des Achtjährigen aus dem Elternhaus. Da wird von einem wegmüden Wanderer erzählt, der bei den Ciudads Herberge für eine Nacht gefunden hatte. Man weiß nicht, war es ein Pilger, ein Student, ein Kleriker – manche meinen sogar, es könnte ein Engel gewesen sein – oder war es einfach ein gewissenloser Abenteurer, der den Buben mit phantastischen Geschichten aus dem Elternhaus fortgelockt hatte, noch ehe die Sonne aufgegangen war.

Juan sah seine Eltern nie mehr wieder.

Auf der wochenlangen Wanderung wird das Kind Vieles gesehen haben, das ihm vierzig Jahre später wieder begegnen wird: Elend und Ausschweifung, Armut und Mühsal der Arbeit. So kommen das

Kind und sein Begleiter nach Spanien, in die Stadt Oropesa. Der namenlose Begleiter lässt Juan alleine zurück und verschwindet. Der Verwalter des Grafen von Oropesa nimmt den Buben als ein Waisenkind auf. Er zieht ihn zur Landarbeit heran und lässt ihn das Vieh hüten, vorzüglich die berühmten Oropesa-Schweine. Jahrelang. Dann führt der Lebensweg des jungen Mannes zu den Soldaten, er kommt weit herum, über Barcelona, Genua, den Gardasee, Innsbruck und Linz soll Juan Ciudad sogar bis vor die Tore Wiens gekommen sein, um gegen die Türken zu kämpfen. Einmal wird er sogar zum Tod verurteilt, weil er angeblich Beute verschwinden ließ. In letzter Minute rettet ihn ein kaiserlicher Anführer vor dem Strang. Nach der Zeit bei den Soldaten wird er Hilfsarbeiter bei Festungsbauten, schließlich Hausierer mit allem möglichen Gedruckten. So kommt er nach Granada.

Ich, Juan Ciudad Duarte, genannt Juan de Dios, erzähle:
So zog ich mit einem Packen Bücher auf dem Rücken durch die Dörfer und Märkte Andalusiens. Einmal erfrischte ich mich in dem Flecken Gaucin an einem Brunnen unter einem prächtigen Oleanderbusch. Aus diesem Grund hieß der Brunnen Fuente de la Aldefilla. Oleanderbrunnen. Da trat plötzlich das Göttliche Kind zu mir, rief mich bei einem Namen, den ich später als den meinen tragen sollte, und hielt mir eine offene *granada* entgegen, einen Granatapfel mit einem Kreuz darauf. Und es sprach: *Juan de Dios, Granada sera tu cruz!* Granada wird dein Kreuz sein.

Francisco de Castro, ein Seelsorger im Krankenhaus in Granada, veröffentlichte bereits 1585 eine Biographie über Johannes von Gott. Die im Geist ihres Gründers lebende Gemeinschaft – in Italien nennt sie sich *fattebenefratelli* (Tut Gutes, Brüder!) – lehnte sich 1572 an die Regel der Augustiner an. Daraus entwickelte sich der Orden der Barmherzigen Brüder, der 1586 vom Papst bestätigt wurde. Die Barmherzigen Brüder sind heute als bedeutendster Männerorden für Krankenpflege in rund tausend Einrichtungen auf der ganzen Welt verbreitet. Sie betreuen alle Hilfesuchenden ohne Ansehen der Herkunft, Religion, des Geschlechtes oder des sozialen Status. Im Geiste ihres Gründers suchen sie nach innovativen Antworten auf aktuelle Fragen im Gesundheits- und Sozialbereich. Christliche Grundwerte und professionelle Hospitalität sind Eckpfeiler ihrer Arbeit.

Hinweise

- Die Textpassagen in der erzählenden Ichform sind erdacht und von der ältesten Biographie inspiriert: *Historia de la vita y santas obras de Juan de Dios,* geschrieben 1585 von Francisco de Castro.
- José Cruset: „Das heilige Abenteuer des Johannes von Gott" (im spanischen Original *San Juan de Dios. Una aventura iluminada*), Styria-Verlag, Wien-Graz 1982.

Schonungslos zärtlich

Über die Malerin Marie-Louise von Motesiczky (1906–1996)

London im Jänner 1986. In Hampstead, Chesterford Garden, empfängt uns die achtzigjährige Dame. Wir trinken Tee, essen von der mitgebrachten kleinen Sachertorte, plaudern und erleben Stunden voll erzählfreudiger Lebendigkeit. Fünfzig Jahre Exil konnten dem kultivierten Wienerisch ihrer Sprache kaum etwas anhaben, nur ganz selten sucht sie nach dem passenden deutschen Wort. Dann zeigt uns Marie-Louise von Motesiczky die Bilder. Wir kannten sie aus dem Katalog einer Ausstellung im Londoner Goethe-Institut, die Hilde Spiel im Jahr davor angeregt hatte. Trotzdem waren die späten Porträts von Henriette von Motesiczky, der Mutter der Malerin, in ihrer Schonungslosigkeit der malerischen Darstellung ein Schock. Doch durch die nicht ausgesparten Anzeichen des Verfalls eines Menschen – bis hin zu seinem Tod – leuchtet die Liebe der Tochter. Eigentlich, sagt die Malerin, habe sie sich vierzig Jahre lang für ihre Mutter aufgeopfert. So wären die künstlerischen Strömungen der Zeit und die Diskussionen um die Entwicklung der Kunst an ihr nahezu spurlos vorübergezogen. Ihre im Exil völlig lebensfremde Mutter hatte sich an die Tochter geklammert, ihr Leben kam einer Isolation nahezu gleich. „Ich hab' geglaubt, ich geh' zugrund', aber mit diesen Mutterbildern habe ich mich am Leben erhalten."

Die rückhaltlosen und gleichzeitig würdevollen Darstellungen eines alternden und zunehmend hilflosen Menschen zählen inzwischen zu den herausragenden Beispielen der Porträtkunst im 20. Jahrhundert. Als diese Bilder entstanden, war die Mutter fünfundneunzig Jahre alt und so schwach, dass sie eigentlich nur mehr liegen konnte. „Aber wenn ich sie gemalt hab', dann hat sie sich aufgesetzt im Bett und hat gesagt: ‚Malen?' Und es war so schön!"

Heimat und Exil

Henriette von Motesiczky, die Mutter, stammte aus dem gebildeten und kultivierten jüdischen Wiener Großbürgertum, sie war das jüngste der vier Kinder von Leopold und Anna von Lieben, geborene Todesco. Ihre Mutter war als der „Fall Cäcilie M." des jungen Dr. Sigmund Freud in die Geschichte der Psychoanalyse eingegangen. Früh heiratete Henriette den tschechischen Adeligen Edmund von Motesiczky und früh, mit siebenundzwanzig, wurde sie Witwe. Das änderte nichts daran, dass sie – wohlsituiert – das Leben nach eigenen Vorstellungen gestalten konnte. Dazu gehörte es natürlich auch, dass nach der Geburt ihrer Tochter Marie-Louise eine Amme ins Haus kam. Die achtzigjährige Malerin erinnert sich mit Tränen in den Augen an sie: „Das war die Marie, meine wirkliche Amme, von der ich die Milch bekommen hab'. Das war ein armes böhmisches Mädel, das als Kind die Gänse gehütet hat mit einem Stöckchen und das bei den Tieren geschlafen hat im Stall. Und da ist sie bei ihrem ersten Posten nach Wien in eine jüdische Familie gekommen, und der Sohn des Hauses hat ihr ein Kind gemacht, und dieses Kind hat sie geboren und da hat sie mir gesagt – sie hat mich Wöpslein genannt: ‚Wöpslein, weißt du, das war ja so eine Schande, und so bin ich zu euch gekommen, und da hab ich dann dich gehabt'. Und dass diese Frau ihr eigenes Kind hat hergeben müssen zu Verwandten und stattdessen mich gehabt hat, und dass sie bei uns geblieben ist von meiner Geburt bis zu ihrem Tod, Mitte sechzig in England. [...] Und dass sie mit uns gekommen ist nach England, dass wir eine richtig gütige, lustige, unschuldige ständig arbeitende, wunderbare Frau um uns hatten, die uns ihr Leben gegeben hat so ganz und gar, das ist etwas so Unglaubliches, dass man es kaum beschreiben kann."

Henriette von Motesiczky erkannte in ihrer Tochter Marie-Louise schon früh die begabte Künstlerin. Sie ermöglichte ihr alles, um diese Begabung zu fördern. Darunter Aufenthalte in Paris, Frankfurt, Berlin. Max Beckmann, der die ersten Arbeiten von Marie-Louise sah, nahm sie 1927 in seine Frankfurter Meisterklasse. Aber seitens der verwöhnten Mutter wuchsen schon bald ihr Besitzanspruch und auch die Angst, allein gelassen zu werden. Der nüchternen Wirklichkeit in einer sich radikal verändernden Zeit konnte sie nicht entsprechend begegnen. So wollte sie 1938 nicht verstehen, warum sie, einen Tag nach dem Einmarsch Hitlers, Hals über Kopf Österreich verlassen und zu Verwandten nach Holland fliehen sollten.

Auch Marie-Louises zwei Jahre älterer Bruder Karl weigerte sich zu emigrieren. Wie sein Vater war auch er ein begabter Cellist, studierte Jus und Medizin und schloss sich zeitweilig in Skandinavien dem umstrittenen Psychoanalytiker und Sexualforscher Wilhelm Reich an. 1937/38 stellte er die Familienvilla in der Hinterbrühl als Treffpunkt für jüdische Familien und nichtjüdische Gegner des Nationalsozialismus zur Verfügung. Als Karl von Motesiczky 1942 mit Freunden versuchte, polnische Juden in die Schweiz zu schmuggeln, wurde die Gruppe von einem Gestapo-Spitzel verraten und inhaftiert. Karl starb 1943 in Auschwitz an Typhus.

Malen als Akt der Hingabe

Marie-Louise konnte ihre Mutter letztlich doch überzeugen, nach England zu emigrieren. „Es ist mir gelungen, sie zu schützen, sodass sie nie gewusst hat, dass unser Leben in Gefahr war. – Meine Mutter hat ein solches Gottvertrauen gehabt in mich!" Als Summe der biblischen vierzig Jahre der Sorge um die Mutter im Exil gilt ihr Satz: „Ich hab' mich meiner Mutter geopfert, aber ich habe es nie als Opfer empfunden."

Um die Malweise von Marie-Louise von Motesiczky einzuordnen, einigte man sich in der kunsthistorischen Rezeption auf den Begriff „lyrisch gebrochener Expressionismus". In Wahrheit hielt sie aber zeitlebens Distanz zu allen Stilen. Auseinandersetzung mit kunstphilosophischen Strömungen war nicht ihre Sache. Wichtigste künstlerische Reflexionsebene waren für sie die Gespräche mit Elias Canetti, mit dem sie eine jahrzehntelange schwierige, oft verletzende Liebesbeziehung führte. Es gibt mehrere Porträts von Canetti, eines befindet sich in der National Portrait Gallery in London und eines im Wien Museum. Als sie von seiner Untreue und seinem Doppelleben mit einer anderen Frau erfuhr, malte sie sich als die mythologische Königstochter Leda, die der Göttervater Zeus in Gestalt eines Schwans verführte. – Der Göttervater auf ihrem Bild war Canetti, allerdings in Gestalt einer Ratte.

Ihre malerische Unabhängigkeit ist unbestritten – vom verehrten Lehrer Max Beckmann ebenso wie auch von Oskar Kokoschka, der sie in ihrer neuen Heimat Hampstead ebenfalls „irgendwie adoptiert" hatte. Ein Satz von Max Beckmann über den Auftrag der Kunst bestärkte sie in ihrer eigenen Moralität und Einfühlsamkeit: „Dass wir den Menschen ein Bild ihres Schicksals geben. Und das kann man nur, wenn man sie liebt."

Diesen berühmten Maler Max Beckmann lernte sie bereits als Vierzehnjährige kennen, als er in der Villa der Familie in Hinterbrühl zu Besuch und ihr im ersten Moment nicht sonderlich sympathisch war. Gerne erzählt sie die folgende Begebenheit: „Am Abend desselben Tages, wir saßen im Freien unter der Linde, hockte eine Heuschrecke auf dem Tisch, neben einem vergossenen Tropfen Weißwein. Beckmann tauchte den Kopf der Heuschrecke ganz behutsam in den Wein, und siehe, sie begann zu taumeln und schließlich zu tanzen. Sie schwankte ein wenig, aber sie tanzte wirklich! Ich weiß nicht mehr, was Beckmann zur Heuschrecke sagte, aber mir schien es damals, als ob beide plötzlich dieselbe Größe hätten und sich miteinander unterhalten würden." Und sie erzählt weiter, wie sie unter dem Eindruck seiner merkwürdigen Ausstrahlung später am Abend gar eine Pantomime aufführte: „Ich hatte vorher noch nie so etwas getan. Vielleicht wollte ich es der Heuschrecke gleichtun, die ein so schönes Zwiegespräch mit dem berühmten Maler hatte. Dann gingen wir noch bis in die Morgenstunden spazieren."

Das Gespräch der Augen

Marie-Louises Mutter starb 1978 im Alter von 96 Jahren in London. Bis zu ihrem Tod war sie das bevorzugte Modell der malenden Tochter – Ausdruck einer außergewöhnlichen Mutter-Tochter-Beziehung: „Ich hab' ihr eigentlich ein bisschen meinen Vater ersetzt", erzählt sie, „so, dass sie immer glücklich war, wenn ich glücklich war, nicht wahr."

Der Kunsthistoriker Ernst H. Gombrich stellte die Mutterbilder Marie-Louise von Motesiczkys neben die berühmte Kohlezeichnung von Dürers Mutter aus dem Jahr 1514. Empathie ist das Schlüsselwort, bei Dürer und bei Motesiczky.

In den letzten Porträts von Motesiczkys Mutter ist trotz deren körperlicher Schwäche noch immer die Lust an der Teilnahme am Leben zu spüren. Als hätte das Gegenüber der malenden Tochter alle Angst und Depression vertrieben, als sprächen sie zueinander nur mit den Augen. Immer wieder dieses Aufgerichtetsein. So auch in dem Bild „Mutter mit Stab", diese erwartungsvoll weit geöffneten Augen, diese neugierig hochgezogenen Brauen. Der Stab ist eine Erweiterung des Aktionskreises, gibt das Gefühl, „noch etwas in der Hand zu haben", ist vielleicht ein Instrument, mit dem man sich durch Klopfen bemerkbar machen kann, wenn das Sprechen

Marie-Louise von Motesiczky
Mutter mit Stab (Mother with a Baton),
1977

mühsam geworden ist. Gerade in diesem Bild verwischt sich auch die Grenze männlich-weiblich, erscheint transzendente Nüchternheit – mit dem kahlen Kopf, dem Rest von geflochtenen Haarzöpfchen, dem Stab und dem Licht wie ein Nimbus hinter dem Kopf. Mit der visionären Aufmerksamkeit des Gesichts verbindet sich eher das Erscheinungsbild eines asketischen Zen-Meisters als das einer hinfälligen Frau. Man kann vor diesem Bild ein Exerzitium der Selbstprüfung absolvieren, einer Reinigung im eigenen Kopf, wenn man es nur lange genug anschaut.

Stufen der Läuterung

Vor allem im 19. und im angehenden 20. Jahrhundert haben Maler immer wieder ihre Mütter gemalt. Vorwiegend brave Söhne, die ein heiles Mutterbild überliefern wollten. Da musste eine Malerin kommen, die vielleicht wegen der Gleichgeschlechtlichkeit zu dieser schonungslosen Zärtlichkeit gelangen konnte. Motesiczkys Mutterbilder sind eine anschauliche Lektion vor dem Hintergrund von Pflege-Debatten und Hospiz-Bemühungen. Immerhin war die Malerin selbst bereits siebzig Jahre alt, als die letzten Bilder entstanden. Sie zeigen Stufen der Zuwendung und der Liebe ebenso wie Stufen der Läuterung und des Abschieds. Zeigen Wirklichkeit und Würde des Lebens „bis zuletzt". Der Tod kündigt sich in diesen Bildern nicht an als Exitus, sondern als Transitus, als Übergang.

Im traditionellen Sinn war Marie-Louise von Motesiczky nicht religiös. Dennoch stand sie im Strom jüdischer Tradition, in der das Gebot „Ehre deine Eltern" eines der großen ist. „Missachte nicht, wenn sie alt geworden, deine Mutter", heißt es im Buch der Sprüche. „Und sieh es deinem Vater nach, wenn er langsam blöde wird!" Nach den Lehren des Talmud hat die Ehre den Eltern gegenüber zeitlich kein Ende. Das Alter ist „Müh' und Beschwer", aber ebenso biblischer Ausdruck des Segens. Marie-Louise von Motesiczky entsprach dieser Tradition. Nach so vielen Jahren klingt mir aus unserem Gespräch von 1986 in London noch immer der Satz im Ohr: „Und meine Mutter hat ein solches Gottvertrauen gehabt in mich!"

Heimkehr?

Der erste Erfolg in ihrem Heimatland Österreich kam 1966 mit einer größeren Einzelausstellung in der Wiener Secession. Mittlerweile befinden sich ein gutes Dutzend Ölbilder in öffentlichen Sammlungen, dazu Skizzen und Aquarelle. „Damals, 1966, hat das Belvedere das allerkleinste Bild gekauft", erinnert sich Marie-Louise zwanzig Jahre später, „aber um so eine kleine Summe, dass ich sie sofort in einer Telefonzelle verloren hab' – mein erstes verdientes Geld, stellen Sie sich vor, mit sechzig!" Als 1985 in der Tate Gallery in London eine Einzelausstellung mit ihren wichtigsten Werken zu sehen ist, sinniert sie darüber, was ihre Bilder wohl „wert" sind – ihr persönlich vor allem – und wie einige Bilder erhalten bleiben könnten, sozusagen für die Nachwelt. Und sie kommt zu dem Schluss: „Wenn nur diese Mutterbilder zusammenbleiben könnten – und andere in guten Sammlungen … ich komm mir ja jetzt vor wie ein Hochstapler, auch was den Preis der Bilder betrifft. Jetzt im Alter. Von Null auf 10.000 Pfund, ja mein Gott, da musste die Marie ihr Leben lang schuften und hat keine 10.000 Pfund gehabt. Und ich für ein Bild, das ich gemalt hab' – wie in aller Welt geht das?"

1996 starb die Malerin in London. Ihr Grab, in dem auch die Mutter Henriette und der Bruder Karl bestattet sind, befindet sich auf dem Döblinger Friedhof in Wien.

Hinweise

- Hubert Gaisbauer und Heinz Janisch (Hg.): Menschenbilder, Wien 1992.
- Jeremy Adler und Birgit Sander, Marie-Louise von Motesiczky 1906–1996, Tate Katalog, Liverpool, Wien, Southampton 2006.
- Ines Schlenker und Kristian Wachinger (HG.): Liebhaber ohne Adresse, Briefwechsel zwischen Marie-Louise von Motesiczky und Elias Canetti 1942–1992. München 2011, als Taschenbuch Frankfurt am Main 2014.

Den Himmel auf der Zung', im Mund die Sonne

Die Liebesmystik der Catharina Regina von Greiffenberg (1633–1694)

Wenn man auf der Westautobahn in Richtung Wien fährt, ist rechter Hand bei Kilometer 116,5 ein Bauwerk nicht zu übersehen, das Schloss Seisenegg. Hier wurde im September des Jahres 1633 Catharina Regina von Greiffenberg geboren, ohne Zweifel die bedeutendste Dichterin deutscher Zunge während des Hochbarock. Dem Gedächtnis der zuständigen Gemeinde Viehdorf ist ihr Name heute immerhin folgende Eintragung im Internet wert: „Das Schloss Seisenegg war unter den Greiffenberg ein Zentrum hoher evangelischer Adelskultur. Catharina Regina von Greiffenberg, eine begnadete Dichterin, schrieb geistliche Sonette. Unter dem Druck der siegreichen Gegenreformation wanderte sie 1680 nach Nürnberg aus."

Es war – privat und politisch – eine höchst unruhige Zeit, in der die Dichterin lebte, die Wunden waren noch lange nicht verheilt, die der Dreißigjährige Krieg geschlagen hatte. Der protestantische Landadel in Österreich hatte massiv unter der katholischen Gegenreformation zu leiden. In einem Sonett bittet Catharina Regina Gott um Standhaftigkeit im Glauben auf dem stürmischen Meer des Lebens – das hin und her geworfene Schiff ist die Dichterin selbst.

Wie sehr der Wirbelstrom so vieler Angst und plagen
mich drähet um und um / so bistu doch mein Hort
mein mittel punct / in dem mein Zirkel fort und fort
mein Geist halb hafften bleibt vom sturm unausgeschlagen.

Das Sonett, aus dem die vier Zeilen stammen, ist eine Momentaufnahme des Seelenzustandes, ungefähr in ihrem 25. Lebensjahr. Das Bild des Schiffes auf stürmischer See findet sich oft bei der Dichterin. Es steht nicht nur für ihr Leben, sondern auch für ihre religiöse Überzeugung. Catharina studierte theologische und philosophische Schriften. Johann Wilhelm von Stubenberg, Herr auf der nicht so weit entfernten Schallaburg, machte sie mit den wichtigsten Werken europäischen Geistes vertraut. Sie schloss sich den „Ister-Nymphen" an, einem Zirkel literarisch und religiös ambitionierter adeliger Frauen. „Ister" war eine alte Bezeichnung für den unteren Lauf der Donau. Catharina nannte sich „Clio", nach der Muse der rühmenden Dichtkunst. Zu den engsten Vertrauten, die wiederholt auf Seisenegg zusammentrafen – meist waren es sieben an der Zahl –, zählten auch zwei Gräfinnen Zinzendorf. Die literarische Qualität von Catharinas Sonetten überragte allerdings haushoch jene damals in diesen Kreisen übliche „fromme Poeterey".

Erst in den letzten Jahrzehnten des 20. Jahrhunderts begann man zu entdecken, dass neben den fast dreihundert erhaltenen geistlichen Sonetten und Gedichten eine zweite Komponente ihres Schreibens mindestens ebenso bedeutend ist: ihre spätere mystisch-kontemplative Prosa mit mehr als viertausend Seiten Betrachtungen über das Leben Jesu. Die theologisch wie literarisch hervorragende Qualität dieser Prosa wurde allerdings weder von den maßgeblichen Theologen noch von den Literaten zu ihrer Zeit auch nur annähernd so geschätzt, wie sie es verdient hätte. Catharinas Betrachtungen sind eine prächtige Blüte der aus vorreformatorischer Zeit überlieferten sogenannten Brautmystik: Die Seele ist die liebende und wiedergeliebte Braut Christi, wie sie im Hohelied des Ersten Testaments vorgebildet ist. Ihre mystische „Erwehlung" führt Catharina selbst auf ein Gelübde ihrer Mutter zurück, die vor ihrer Geburt in eine „sehr gefährliche Krankheit geraten" war und das Kind „zu Dienst und Ehren des Herrn Jesu" versprochen hatte. Eine Art mystische Verlobung im Mutterleibe also, die sie dann mit elf Jahren selber bekräftigt hat und der sie ein Leben lang die Treue halten wollte. „Wider allen Widerstand“, schreibt sie, habe sie sich um diese Beziehung bemüht, „bis ich den Kern und Stern göttlichen Wortes, nämlich dich, Jesu, selber fande, mit aller Süß- und Lieblichkeit, die man sich immer wünschen kan: Da ließe ich erst gar nicht mehr nach, sondern eher alle Stürme und Wetter manches Hasses und Verfolgungen über mich gehen, als dass ich mich von deiner süßen Brust entwöhnen ließe.“

Die meisten Adelsfamilien damals im ländlichen Raum waren protestantisch – und kaisertreu. Dennoch waren sie den religionspolitischen Repressalien der Gegenreformation im katholischen Habsburgerstaat ausgeliefert. Das heißt, sie durften ihre Religion nicht ungehindert ausüben, hatten unter administrativen Schikanen zu leiden und wurden von der katholischen Landbevölkerung unfreundlich behandelt. Wie alle ihre Glaubensgenossinnen stand die Freifrau von Greiffenberg schließlich vor der unausweichlichen Entscheidung: Konversion oder Emigration! Sie war unbeugsame Protestantin und kaisertreue Patriotin, harrte bis zum Äußersten aus und verließ als eine der Letzten 1680 endgültig ihre Heimat in Richtung Nürnberg.

Die Greiffenbergs waren im 16. Jahrhundert über hohe Regierungsämter in den Landadel aufgestiegen. Catharinas Großvater hatte große Besitzungen im Mostviertler Voralpenland erworben und durch den Betrieb einer Kupfermine in der Steiermark ein ansehnliches Vermögen erworben. 1601 baute er Schloss Greiffenberg am Fuß des Lugauers und organisierte den Ausbau noch einiger anderer Burgen. Catharinas Vater übernahm also ein stattliches Erbe, das jedoch bald verloren gehen sollte. Der immer heftiger werdende Konflikt zwischen dem katholischen Landesfürstentum und dem protestantischen Landadel führte dazu, dass die Rechte der Lutherischen kaum noch geachtet wurden.

Als Catharina sieben Jahre alt war, starb der Vater. Sein Halbbruder Hans Rudolf übernahm die Vormundschaft über die sensible und kreativ-intellektuelle Catharina und ließ ihr auch eine entsprechende und vielseitige Bildung zukommen. Es war selbstverständlich, dass adelige Frauen Latein, Griechisch, Italienisch, Spanisch, Französisch zu lernen und zu lesen pflegten. Man beschaffte sich offenbar sogar auf dem Lande die dazu notwendige Literatur. Aus Catharina Regina wurde „ein sehr gelehrtes und in der Theologie wohlerfahrenes Fräulein", welches „zu gottseligem Zeitvertreib Gedichte und Betrachtungen" verfertigt habe. So war 1735 in Zeidlers großem deutschen Universallexikon zu lesen. In Johann Wilhelm von Stubenberg, dem Herrn auf der Schallaburg bei Melk, hatte sie den entscheidenden Mentor gefunden. Stubenberg stand mit deutschen Literaturgrößen in Verbindung – vor allem mit dem Nürnberger Sigmund von Birken, einer zentralen Figur im literarischen Geschehen der Zeit. Durch die Vermittlung Stubenbergs wurde Birken Catharinas „Innigfreund" und persönlicher Vertrauter, mit dem sie alsbald in lebhaftem Briefwechsel stand. Dadurch lernte sie auch die besondere Art der Nürnberger Sprachpflege kennen, die Vorliebe für erfindungsreiche Metaphern, für Emblematik, Wortspiel und Klangmalerei. Diese belebenden Elemente fanden in Catharina Reginas Schriften zu einer großen Ausdrucksstärke. Dass Nürnberg und nicht Wien zur Inspirationsquelle wurde, dazu trug auch der Umstand bei, dass bereits ein beträchtlicher Teil emigrierter Konfessions- und Standesgenossen die religionstolerante Reichsstadt Nürnberg als Zufluchtsort gewählt hatte.

Die erste Begegnung Catharinas mit Sigmund von Birken ereignete sich zu Ostern 1660 in Nürnberg. Catharina war 27 Jahre alt und Birken bereits einer der vielseitigsten und produktivsten Autoren und „Literaturmanager" des 17. Jahrhunderts. Sie muss faszinierend auf ihn gewirkt haben und – unter Bedacht auf alle Keuschheitsgelübde – er auf sie. Birken erkannte in ihr spontan die echte Künstlerin. Ab sofort lektorierte er ihre Gedichte, verschaffte ihr einen Verleger und übernahm bis an sein Lebensende die Redaktion ihrer sämtlichen Werke.

Anonymer Kupferstich

Catharina Regina von Greiffenberg, 1694, Nürnberg

Titelblatt zur Predigt von Georg Albrecht Hagendorn bei ihrem Begräbnis am 16. April 1694; Text der Kranzschleife: „Was will ich mehr wünschen / wann Jesu ich habe / und Jesu mein Allheit / in allem mich labe."

Leid aus Mitleid

Im Jahre 1662 erfolgte die Erstveröffentlichung der Geistlichen Sonette, angeblich ohne ihre Zustimmung. Ihr Vormund, Onkel und späterer Ehemann Hans Rudolf von Greiffenberg hatte die Drucklegung veranlasst. Trotz des aufkeimenden Ansehens und des literarischen Erfolgs verlief ihr weiteres Leben wenig glücklich. Ihre Schaffensfreude wurde immer wieder durch kleingeistige Widerwärtigkeiten und Unverständnis getrübt und gehemmt. Eine große Last war ihr, dass sie einer nahezu erzwungenen Heirat mit ihrem Onkel und Vormund zugestimmt hatte. Catharina hatte sich lange und standhaft gegen diese Ehe gewehrt, wollte sie doch – getreu ihren Gelöbnissen – ehelos leben. Schließlich erkrankte Hans Rudolf, der um vieles jüngere Halbbruder ihres Vaters, so schwer – und, wie er vorgab, aus verschmähter Liebe! –, dass Catharina schließlich aus Mitleid und christlichem Pflichtgefühl in die Heirat einwilligte. Trotz materieller Fürsorglichkeit des Gatten war es keine glückliche Ehe. Hans Rudolf war eher ein derber Geselle, der häufige und laute Gesellschaften und Unterhaltungen liebte.

Ihrem „Innigfreund" Sigmund klagte Catharina in der Korrespondenz ihr Leid, zum Beispiel, dass sie im alltäglichen Lebenswandel völlig um ihre Stille gebracht wäre: „Wie setzet sich der Satan und die böse welt/ wider die Stille!" Gerade der Sonntag war ihr ein Gräuel: „Da geschehen alle Zusammenkunfte, Besuchungen, Ausfahrten und Feste. Da soll man dann Gott stehen lassen und der Welt aufwarten; das Himmelanklopfen in Wind schlagen / und der Eitelkeit aufhupfen / die Bibel wegschieben und die Spielkarten in die Händ nehmen, tuth man es nicht, so wird man […] vor eine Pharisäische Heuchlerin gehalten […] wie ein einsames Vöglein wird man überall aufgetrieben."

Zudem wurde diese Ehe als blutsverwandte Verbindung denunziert und seitens der Wiener katholischen Administration als unstatthaft und ungültig bekämpft. So verdüsterte sich ihr Leben auf Seisenegg. Sie suchte und fand Trost bei ihren beiden Innigfreunden: bei Sigmund von Birken und – bei Jesus.

Der Tod ihres Gatten, dessen Verantwortungsbewusstsein sie geschätzt, den sie als Mann aber nie geliebt hatte, traf sie trotz allem ehelichen Ungemach hart, vor allem in ihrer wirtschaftlichen Existenz. In einem zermürbenden Rechtsstreit vermochte sie gerade noch das mütterliche Erbe zu retten.

Sie war vierundvierzig Jahre alt und wünschte sich für ihren Lebensabend „ein ruhig Schäferhüttlein an der Pegnitz", einem Fluss bei Nürnberg – vielleicht als Mitglied der Dichtervereinigung des „Pegnitzer Blumenordens" – und erklärte sich „mit allem vergnüget, was Jesus Mir füget". 1680 emigrierte sie endgültig nach Nürnberg, um bis zu ihrem Tod im bescheidenen Wohnsitz im St. Egidienhof an ihrem dreiteiligen Hauptwerk weiterzuarbeiten, den jeweils zwölf „Andächtigen Betrachtungen der Passion, der Menschwerdung / Geburt und Jugend sowie Des Allerheiligsten Lebens IESU". Das mystisch-meditative Spätwerk erweist sich auf über viertausend Seiten als – wie heute einhellig erkannt ist – das bedeutendste Kunstwerk protestantischer Mystik in deutscher Sprache.

Der Nähe des „Innigfreundes" kann sie sich nicht lange erfreuen, denn kaum zwei Jahre nach ihrer Übersiedlung stirbt Sigmund von Birken.

Eine emanzipierte Frau – oder: Seele brennt

Immer wieder verteidigte Catharina als Frau die Berechtigung zu schreiben, blieb aber letztlich im deutschen Sprachraum die einzige wirklich namhafte weibliche Stimme im ganzen Jahrhundert der Blütezeit hochbarocker Lyrik.

Sie betonte ausdrücklich, warum gerade Frauen zur Verherrlichung Gottes wie auch zum literarischen Schaffen berechtigt seien: „Alle lebende Creaturen / machet er zu Dienern und Werkzeugen seiner Liebe gegen uns. Warum sollte er dann nicht / uns armen Weibsbildern / das jenige gönnen / was allen andern Geschöpfen zugelassen / nemlich GOttes ehr zu vermehren / und werkzeuge der bekehrung zu seyn? [...] Und warum wolte dann nicht auch ich zu dem heiligen Werk der *Deoglori* dienen können? Hat er ein Weib zum werkzeug seiner Menschheit gebraucht: so wird er uns auch zu werkzeugen seines Geistes würdigen." Treu lutherisch schreibt sie – und hebt alle Geschlechtsunterschiede auf: „Vor Gott sind wir alle Priester, wir sind alle verlobte Jungfrauen und Bräute Christi."

Auch Sigmund von Birken, der Nürnberger „Innigfreund", ergriff im Vorwort zur ersten Gedichtesammlung von Catharina Regina schön biblisch und empathisch für die Frauen Partei, wissend um die Skepsis, die den dichtenden Frauen von der männlichen Kollegenschaft entgegengebracht wurde. „Es scheint", schrieb er, „dass dieser heiligste Weibessame [Jesus] in den Tagen seines Fleisches dem weiblichen Geschlecht mehr Gnad erwiesen als den Männern, gleichwie er auch von jenem mehr geliebet worden als von diesen." Dann erzählt er die Geschichte von der Samariterin am Jakobsbrunnen und verwendet am Schluss eine gar kuriose Wendung, wenn er schreibt, dass Jesus bei dem Brunnen „sich den Lebensbrunn in ihr Herz eingeflösset". Das hat Catharina sicher gefallen.

Die Deoglori-Verkünderin

Es gibt drei tief ins Herz treffende Ereignisse im Leben der Catharina Regina von Greiffenberg. Das erste war der frühe Tod der geliebten jüngeren Schwester Anna Regina. Er ließ der Achtzehnjährigen „ihr Herz und Alle Gedanken mit Ihr gen Himmel" fliegen. Das zweite Ereignis war freudiger Natur: Die Begegnung mit dem Nürnberger „Innigfreund" Sigmund von Birken. Und das dritte Seelenereignis, wohl das geheimnisvollste, war die Erleuchtung mit dem

„Deoglori-Licht". Es ereignete sich während des Besuchs eines Abendmahls-Gottesdienstes in Pressburg. Es war ja den österreichischen Protestanten die Teilnahme am Abendmahl nur in Städten im angrenzenden Ausland – Regensburg, Passau, Augsburg, Nürnberg – oder in den königlichen Freistädten Pressburg und Ödenburg möglich. Es muss im Jahr 1651 gewesen sein, in der Zeit nach dem Tod der Schwester, dass Catharina Regina eine innere Schau gewährt wurde, die sie nie erklärte, für die sie aber ein programmatisches Wort gefunden hat: *Deoglori* – also ihre persönliche Abkürzung für „Gloria in excelsis Deo". *Deoglori*. Sie berichtete später ihrem Freund Birken nur von „Dieser Kirchen zu Preßburg wo dieses Deoglorj licht Erstlich in Mir vor 21 Jahren Ungeblümet und Aufgegangen". Wir wissen nicht, was „dieses licht" war, aber es war so mächtig, dass sie für ihr künftiges Leben damit auch einen persönlichen Sonderauftrag von Gott verband, der ihr die Verherrlichung und Ausbreitung des Namens Gottes in Wort und Tat zur Lebensaufgabe machte.

Ihre Umgebung reagierte mit Unverständnis. Die Zeit für ihr Dichten, Denken und Beten musste sie sich – vor allem später im Alltag einer Schlossherrin – herausstehlen und stieß vor allem bei einem konfessionsgehässigen Dienstpersonal auf offene Ablehnung. „Die Früchte so es mir bishero trägt sind Hassen Spott Stichlen Klagen Qwal die sich nicht sagen lassen. Doch bin ich allen taub." „Unverruckt" geht ihr „fest entschlossner Sinn" dahin, „wo ihn sein Gott hinruft."

Die kühnsten Aktionen bewirkte die *Deoglori* darin, dass sich Catharina berufen fühlte, den Kaiser in Wien, Leopold I., endlich zum wahren Glauben, zum Protestantismus, zu bekehren. Bei allen möglichen Anlässen zu Hofe übersandte sie ihre Huldigungsgedichte und versuchte auch immer wieder, zum Kaiser selber vorzudringen. Höhepunkt dieser ein volles Jahrzehnt lang betriebenen Bekehrungsversuche war eine allegorisch verschlüsselte Schrift („Adler Grotta"), die leider verloren ging, deren Anliegen aus Catharina Reginas Briefen aber bekannt ist. Der Kaiser sollte bewogen werden, die „Grotta“ des falschen Glaubens, worin er gefangen sei, zu verlassen und sich triumphierend wie der Adler, das Wappentier der Habsburger, in das freie Licht des wahren Glaubens zu schwingen. Doch die erhoffte Erleuchtung des Kaisers blieb bekanntlich aus.

Bemerkenswert ist, dass sich die Dichterin in all ihren Werken nahezu jeder konfessionellen Polemik enthält, wie überhaupt ihr Werk kaum konfessionell gebunden erscheint. Das einzige Exemplar ihrer „Geistlichen Sonette und Lieder“ in Österreich – im Originaldruck und sogar mit einem „jesuitischen“ Vermerk – befindet sich in der Wiener Nationalbibliothek.

Die Jesus-Minne

Neben der Verherrlichung des *Deoglori* ist die mitleidende und liebende Versenkung in die Geburt und das Leiden Jesu das bestimmende Motiv der Dichterin. Es ist eine innige, mitunter auch erotisch empfundene Liebes- und Leidensmystik. In der Betrachtung über die Geißelung Jesu schreibt sie zum Beispiel: „Ach dass in jedem Striem / ich hätte einen Mund/ dass ich sie allzugleich auf einmal küssen kunnt! Hätt ich in jedem auch / ein Herz zum brünstig lieben: /ich wollt die flammen-kunst der Liebe hitzigst üben.“ Sie wünscht sich, eine Biene zu sein, die von den Blumen der Wundmale „den Seelen-saft Bien-gierig koent ablecken“. Diese Vereinigungssehnsucht der liebenden Seele ist so groß, dass die Dichterin zu ganz ungewöhnlichen Bildern greifen muss. „Den himmel auf der zung’, im mund die sonne“, heißt es in einem ihrer geistlichen Sonette über die Feier des Abendmahls, dem Herzensanliegen von Catharina. Besonders drastisch ist eine Anspielung auf das Buch Jona im Ersten Testament: „Jesus will sich mit mir gatten / Jesus will mein Walfisch sein / Jesus schlingt in sich mich ein.“ Das Abendmahl ist ihr ein geistliches und sinnliches Geschehen, in dem sie ganz in Christus aufgeht, in einer wirklichen Durchdringung des ganzen Menschen mit Gott: „... im Hertzen Gott / im Leibe Christum haben / im Geist den Geist mit tausend-hohen Gaben." Wie die Geliebte im Hohelied – so sieht sich auch Catharina in ihrer Sehnsucht nach der Vereinigung mit dem Geliebten in seligem Schlaf, ja in der Nähe des Todes: „Stört doch die Liebe nicht! Weckt sie nicht auf!"

Des Öfteren fuhr sie nach Nürnberg oder – öfter sogar auf einem Frachtschiff! – wenigstens nach Regensburg, nur um dort endlich wieder einmal des Abendmahls teilhaftig werden zu können. Bei ihrem Freund Sigmund von Birken konnte sie das nötige Verständnis voraussetzen und schreiben, wie ihr ums Herz war: „Mich gestern An Meinen Jesu! Süßest Ergezt dass Ich Auf nichts Andres Mehr Zu denken begehre, Ihme dermassen geherzt, dass Ich das Herz in Ihme gelassen und keinesmehr für die Welt habe und hoffe diese HIZE soll Ewiglich währen. [...] Die feurigsten Begierden werden gantz rein und unschuldig seyn/ aber die aller kühleste Keuschheit wird nicht hindern/ daß alles voll Flammen und Flügel ist."

Im Frühjahr 1694 erkrankte Catharina schwer, legte am Karfreitag ihre letzte Beichte ab und starb am 8. April. Es war der Ostersonntag.

Sie wurde auf dem St.-Johannis-Friedhof in Nürnberg beigesetzt. Dort ist sie in guter Gesellschaft neben Hans Sachs, Albrecht Dürer, Veit Stoß und – Sigmund von Birken.

Hinweise

- Cerny, Heimo: Catharina Regina von Greiffenberg, geb. Freiherrin von Seisenegg. Herkunft, Leben und Werk der größten deutschen Barockdichterin (Amstettner Beiträge, 1983). Kulturamt der Stadtgemeinde Amstetten 1983.
- Gesa Dane (Hg.): Scharfsinn und Frömmigkeit. Publikation eines Symposions zum Werk von Catharina Regina von Greiffenberg, Frankfurt am Main 2013.

Lieben und arbeiten

Gedanken für den Tag der Arbeit

„Arbeit ist sichtbar gemachte Liebe“, schrieb der libanesisch-maronitische Schriftsteller und Maler Khalil Gibran. So schön dieser Satz auch sein mag und so wünschenswert, dass er stimmt, die Wirklichkeit der Arbeitswelt gehorcht nicht immer dem Anspruch einer orientalischen Weisheit.

Arbeit ist einfach Arbeit, sie erhält das Leben und nützt es langsam ab. Selbst wo Arbeit als höchster Impuls des Menschen beginnt, wird sie immer auch Trott, Mühseligkeit der Wiederholung und ein Sich-einfügen-Müssen, also Gehorsam und Verzicht sein.

Aber da ist auch – beispielsweise – die Zärtlichkeit der Geigenbauerin: Wenn unter ihren Händen Form und Klang entstehen, lässt sie uns ahnen, dass der Satz „Arbeit ist sichtbar gemachte Liebe“ seine Gültigkeit hat. Sichtbar wird die Liebe im gemaserten, honigfarben polierten, mit äußerster Sorgfalt ausgesuchten Holz des Resonanzkörpers. Und nicht nur sichtbar, sondern auch hörbar.

Mit den Worten der Philosophin und Mystikerin Simone Weil: Der schönste Lohn guter Arbeit ist, „ganz im Innersten die Existenz der Welt zu spüren“.

War dieses Spüren früher leichter? Hatte es der Schmied noch gut? Und der Müller? Und mein Vater, der Wagner? Und der Bauer natürlich, und der Bäcker?

Wie mag es uns heute gelingen, ganz im Innersten die Verbundenheit mit der Welt zu spüren, mit der Materie, mit der Mutter Erde angesichts eines Bildschirms voller Zahlen, Kurven und Tabellen? Wie in der Arbeit die Liebe sichtbar machen?

Beten und arbeiten – das ist ja ein geläufiges Motto. Aber lieben und arbeiten? Sigmund Freud gilt als Urheber dieser Formel. Einer seiner Schüler berichtet, dass Freud einmal gefragt wurde, was seiner Meinung nach ein gesunder Mensch gut können müsse. Und Freud soll gesagt haben: „Lieben und arbeiten".

Dieser Schüler war kein Geringerer als Erik Erikson, Entdecker des sogenannten Urvertrauens bei Babys, die Voraussetzung für eine gesunde Entwicklung des Menschen. Erikson stellte fest, dass es sich bei „lieben und arbeiten" nicht um ein billiges Bonmot Freuds handle; je mehr man darüber nachdenke, umso tiefer werde die Bedeutung: Denn wenn Freud „lieben" sagte, meinte er damit nicht nur die geschlechtliche Liebe, sondern gleichermaßen die Fähigkeit zur Güte; und wenn er „arbeiten" sagte, dann meinte er damit eine Erwerbsarbeit, die den Menschen nicht die Kraft raubt, Liebende zu sein. Somit wäre nichts an dieser Formel zu verbessern, ja sie wäre geradezu – so Erikson – eine ärztliche Empfehlung für eine gesunde Gesellschaft, das heißt für die Bewahrung von Menschenwürde und für ein demokratisches Leben.

Und wenn Menschenwürde und demokratisches Leben in Einklang stehen, geht es uns gut. In der jüngeren christlichen Theologie leitet sich die Würde des Menschen von seiner Ebenbildlichkeit mit dem schaffenden und liebenden Gott her. Der schaffende und liebende Mensch ist sein Partner, ihn trägt die gleiche Kraft.

Franziskanisch

Ich habe mich in letzter Zeit oft und gerne mit Franz beschäftigt. Dem von Assisi. Arbeit war für ihn und seine Brüder nicht Erwerb, sondern Teilhabe und Dienst an der Gemeinschaft. So sah es Franz überhaupt nicht gerne, wenn einer das vortreffliche Geschenk der Zeit untätig verstreichen ließ. „Ich will", sagte er, „dass meine Brüder arbeiten und sich tüchtig plagen, und jene, die kein Handwerk verstehen, sollen eines lernen."

Also nichts ist es mit frommem Faulenzen: Einen Bruder, den er längere Zeit beim Nichtstun beobachtet hatte, wies er streng zurecht: „Bruder Mücke, geh deiner Wege, denn du willst nur deiner Brüder Schweiß verzehren." Und dieser kehrte in die Welt zurück, so heißt es, die er noch nicht verlassen hatte.

In der ursprünglichen Regel für die Brüder findet man ein kurzes Kapitel, überschrieben mit „Dienen und arbeiten". Die Brüder, die sich auf eine Arbeit verstehen, sollen arbeiten und das Handwerk ausüben, das sie können. Und als Lohn für ihre Arbeit sollen sie alles annehmen, was sie zum Leben nötig haben – nur eines nicht: Münze oder Geld. Die Brüder, die sich um Franz von Assisi scharten, waren fähig und einige recht gut ausgebildet. Sie waren verlässlich und fleißig. Doch schon bald handelten sie nach einem Arbeitsbegriff, der mit ihrem Lebensprinzip besser zusammenpasste: Sie arbeiteten, um Güter und Dienste für andere zu erbringen, zuerst also „allen anderen" die Mittel zu einem menschlichen Leben zukommen zu lassen.

Das einst verwöhnte Kaufmannssöhnchen Francesco lernte durch seiner eigenen Hände Arbeit, dass Gottes Geist dabei ist, eine „neue Welt" hervorzubringen: die gemeinsame Versorgung, die neue Ordnung einer gerechten Welt. Erst die Einwilligung in die Ordnung des Universums ist Teilhabe an der Fortdauer der Schöpfung.

Für Hans Innerlohinger

Vor vielen Jahren, als die „Gedanken für den Tag" noch „Morgenbetrachtung" hießen, sprach an dieser Stelle öfter ein Mann, bei dessen Stimme man die schwieligen Hände der Arbeiter zu spüren glaubte, für die dieser Mann als Priester da sein wollte. Es war der legendäre VÖEST-Kaplan Hans Innerlohinger aus Linz.

Sein Charisma war eine kompromisslose Ehrlichkeit. Auch in der Sprache. In seine Personaldokumente ließ er als Beruf nicht „Kaplan“, sondern „Gastwirt“ eintragen, da ihm die Barhocker in seinem Seelsorgezentrum mindestens so wichtig waren wie die Kirchenbänke. Alle kirchlichen Ehrentitel hat er abgelehnt. VÖEST-Kaplan war ihm Ehre genug.

Zwanzig Jahre lang, bis 1983, stritt er an der Seite der Arbeiter für Lohngerechtigkeit, kritisierte die Waffenexporte der Verstaatlichten Industrie und war ein rotes Tuch für einen nahezu allmächtigen VÖEST-Zentralbetriebsratsobmann, der ihm einmal in einem Streitgespräch wütend drohte: „A Berliner Mauer moch i eich um eicha Zentrum!“

Hans Innerlohinger litt sehr unter diesen Konflikten. Wenn ihn einmal jemand an sein Kerngeschäft erinnerte, er solle sich halt mehr um die Seelen kümmern als um die Politik, antwortete er: „Zu mir kommen keine Seelen, sondern Menschen aus Fleisch und Blut mit ihren ganz irdischen Problemen. Die müssen auf dieser Welt gelöst werden, nicht erst im Himmel.“

1983 verließ er die Betriebsseelsorge und wurde Pfarrer in Pucking. In den letzten Jahren seines Lebens machten ihm Einsamkeit und Krankheit zu schaffen. Noch immer hielt er Ehevorbereitungskurse und schärfte den jungen Leuten ein: „Ihr müsst einander schöntun und euch gegenseitig verwöhnen, denn die Ehe ist dazu da, dass es uns gut geht.“

Gottes Hände

Für den Reformator Johannes Calvin bedeutete Arbeit Gottesdienst. „Wenn wir unserem Beruf gehorchen“, schreibt er, „so wird kein Werk so unansehnlich und gering sein, dass es nicht vor Gott leuchtet und für sehr köstlich gehalten würde.“ Der anständig arbeitende Mensch folgt demnach also einem christlichen Gehorsamsprinzip.

Dem steht das partnerschaftliche Verhältnis zwischen Gott und Mensch gegenüber, wie es die lutherisch-protestantische Theologin Dorothee Sölle vertrat. Einem ihrer Hauptwerke gab sie den Titel „Lieben und arbeiten“, mit einem provozierenden Untertitel: „Eine Theologie der Schöpfung“. Nach Gottes Ebenbild geschaffen sein bedeute nämlich, dass wir arbeiten und lieben können. Siehe Sigmund Freud. „Ganz bewusst“, schreibt Sölle, „versuche ich eine Theologie der Schöpfung zu entwerfen, in der Energie, Aktivität und schöpferische Kraft des Menschen blühen.“

Denn „Er“, und Dorothee Sölle meint natürlich Gott, „hat keine anderen Hände als unsere.“ Der Mensch ist ermächtigt, zumindest Mitverantwortung für die Schöpfung zu übernehmen.

Das Dilemma liegt darin, dass Arbeit zuallererst nicht mit

Schöpfung, sondern mit Geld in Verbindung gebracht wird: Arbeit wird nach ihrem finanziellen Ertrag bewertet und so ihres eigentlichen Sinnes beraubt. Damit wird nicht nur der Arbeit, sondern auch dem Menschen die Würde genommen. Die Arbeitenden haben sich der Logik des Profits zu unterwerfen, in dem Werte wie Rücksichtnahme oder Hilfsbereitschaft keine Bedeutung mehr haben.

Liebe aber hat keine Logik.

Sonntag

Als ich ein Kind war, begann der Sonntag immer schon am Abend davor. Wir Buben mussten alle Schuhe putzen, dann im hölzernen Wäscheschaff baden. Der Boden der Stube wurde aufgewaschen, alles duftete nach Seife. Die Mutter hat das Sonntagsgewand über den Sessel gehängt, den dunkelblauen Anzug, den ich nur am Sonntag anziehen durfte, zum Kirchgang.

Nur am Sonntag gab es mittags einen herrlich riechenden Braten. Und wirklich Ruhe. Es war der einzige Tag, an dem ich meinen Vater lesen sah. Am Sonntag spielten wir manchmal mitsammen „Mensch ärgere dich nicht." Während der Woche hatte er dafür nie Zeit und abends war er zu müde. Wenn ich am Sonntag die Werkstatt des Vaters betrat, erschien sie mir erfüllt von einer feiernden Ruhe. Sogar die Maschinen und das Werkzeug strömten diese Ruhe aus. Es war, als schöpften auch sie Kraft für die Arbeit einer neuen Woche.

Der Sonntag gehört zu den Anstrengungen der Woche wie die Rast auf dem Gipfel zu einer Bergwanderung. Die Ruhe achtsam auskosten lernen, die „Frucht der Erde und der menschlichen Arbeit" genießen, um dabei auch die anderen Früchte des Lebens auf dieser uns anvertrauten Erde in einem neuen, ungewohnten Licht zu sehen. Das ist Sonntag.

Ruhe ist mehr als Erholung für neuerliche Arbeit. Sonntagsruhe bietet Platz für Feier und Spiel und ist der arglose Nährboden, auf dem die Ideen wachsen und reifen können. Ruhe will nichts. Wie die Liebe. Ruhe erfüllt keinen Zweck, sie hat Sinn. Und alle Arbeit ist leer, wenn die Ruhe fehlt. Und die Liebe.

Hinweise

- Dorothee Sölle: Lieben und arbeiten.
  Eine Theologie der Schöpfung. München – Zürich 2001.

Oberrheinischer Meister
Das Paradiesgärtlein,
ca. 1415

Irdische Träume von himmlischen Gärten

Kleine spirituelle Gartenkunde

Das schönste Gartenbild des Spätmittelalters ist eine gute Spanne hoch und eineinhalb Spannen breit. Es ist das „Paradiesgärtlein“, wurde wahrscheinlich um 1410/1420 von einem Oberrheinischen Meister auf eine Eichentafel gemalt und hängt jetzt im Städelmuseum in Frankfurt. Man blickt – vielleicht aus einem Turmfenster – auf einen grünenden, blühenden, bewässerten Ort der ungetrübten Erquickung der Seele. Rechts ruhen sich drei heilige Männer von vollbrachten Taten aus. Das gezähmte Teufelsäffchen und ein erlegter Miniaturdrache zu ihren Füßen lassen auf den Erzengel Michael und den heiligen Georg schließen. Der dritte Mann ist nicht eindeutig zu identifizieren. Michael, der entrückt aus dem Bild herausblickt, scheint zu singen.

Links drei heilige Jungfrauen, das Gefolge der gekrönten Jungfrau Maria. Ein sechseckiger Tisch leuchtet mit Erfrischungen aus dem Bild. Ringsum sprießt und blüht es zeitlos in allen geistlichen Ausdrucksformen der spätmittelalterlichen Blumensprache: dornenlose Pfingstrose, Lilie, Maiglöckchen, Nelke, Maßliebchen, Immergrün – und die blaue Akelei gegen die Kräfte des Bösen. Zwischen und auf den Mauerzinnen sitzen die Vögel wie kleine Wächter der Unschuld: Meisen und Finken, Rotkehlchen, Buntspecht und Seidenschwanz.

Die heiligen Jungfrauen sorgen für das leibliche Wohl. Die Wasserschöpferin ist vielleicht Martha, eine Schwester des Lazarus, und der Brunnen, aus dem sie schöpft, Sinnbild des ewigen Lebens. Die Kirschenpflückerin ist sicher die Märtyrerin Dorothea. Vor ihrer Hinrichtung, so wird erzählt, habe sie sich Blumen und Früchte aus dem himmlischen Garten gewünscht. Und Cäcilia – oder Agnes oder Katharina? – leitet den kleinen Jesus beim Spielen auf dem Psalterium an. Maria bildet die alles beschützende Krönung. Sie ruht, liest, schweigt, hört und tut nichts. Kommt doch alles Blühen um sie herum und alle Gelassenheit dem bereiten Herzen ganz von alleine vom Vater ihres Kindes, ihrem Schöpfer.

Ein lieblicher Ort

Besonders Frauen verbinden mit Gärten oft eine Arbeit, die Freude bereitet und Raum für kreatives Tun bietet. Gartenarbeit schafft Lebensfreude und stärkt den Sinn für Harmonie. Wie sehr der Garten auch Gemeinschaft bedeutet, wird daran sichtbar, dass in den Entwürfen klösterlichen Lebens der Garten seinen festen Platz hat: Als Ort, an dem die ersehnte Harmonie zwischen Gott, Natur und dem Menschen erlebbar wird. Die Mönche der ersten Wüstenklöster im dritten und vierten Jahrhundert schätzten die spirituelle Kraft eines Gartens und seiner gemeinschaftlichen Nutzung. Der Wüstenvater Pachomios bekannte, dass er im Garten den Ort sehe, wo man Gott am nächsten ist – nicht nur in der Kirche. Im Garten erfahren Mönche ihr höchstes Glück.

Angelegt nahe der Küche wächst im Klostergarten der Lorbeerstrauch, mit dessen Blättern die Mönche Speisen und Getränke würzen. Daneben Gartenkresse, Pfefferkraut und andere wohlschmeckende Würzkräuter, die zur Vorbeugung gegen innere Krankheiten und zur Linderung von Gicht und anderen schmerzhaften Beschwerden eingesetzt wurden.

Der Franziskus-Garten

Auch Franz von Assisi hatte seinen Traum von einem Garten. In der Nähe von Assisi, dem Heimatort von Franz, bekamen er und seine rasch größer werdende Gemeinschaft von einem benachbarten Benediktinerkloster ein kleines Stück Land geschenkt – Portiuncula. Hier war die erste jener halbverfallenen Kapellen gestanden, die Franz mit eigenen Händen wieder aufgebaut hatte. Und wie überall, wo sich die Brüder niederließen, wurde auch hier sofort ein Garten mit schmackhaften Kräutern angelegt. Franz und die Brüder ernährten sich hauptsächlich von Gemüse. Ein Stück Brot mit Petersilie war eine Lieblingsspeise des heiligen Franz.

Den besonderen und schlichten Charme der Franziskus-Gärten macht aus, dass jeweils in einer Ecke des Gartens alles wild wachsen darf, so wie der Wind die unterschiedlichen Samen in die Erde legt. Gott und der Wind und die Sonne und der Regen sorgen dann für die schönsten Überraschungen. Wo Menschen alles im Vorhinein genau planen und am liebsten alles vermeiden wollen, was nicht vorhersehbar und berechenbar ist, gerät ganz in Vergessenheit, dass Gott Freude hat an der Überraschung und der Vielfalt des Lebens.

Das Paradies – ein königlicher Garten

In allen Kulturen und Religionen ist der Garten das Sehnsuchts- und Traumbild von einem Ort des Glücks. In vielen Überlieferungen wird von prächtigen und Leben spendenden, bewässerten Lustgärten erzählt. Sie sind voller Licht und Wärme, voller Schattenkühle und klarem Wasser, voller Freiheit und Ordnung in Harmonie. Die Geschöpfe erfreuen sich aneinander und am Leben, keine Bedrohung, nur Friede und Glückseligkeit. Kein Kampf, kein Tod. Und mittendrin eine freundliche Schöpfergottheit, die dies alles den Menschen bereitet hat.

Gott ist in der Bibel dort, wo ihm zuallererst eine menschliche Tätigkeit zugedacht wird, Gärtner. Oder eine Gärtnerin, „aus Liebe" jedenfalls. Nicht Architekt oder Städteplaner, nicht Konstrukteur, nicht Raumplaner oder Verkehrstechnologe, auch nicht Lehrer oder Schriftsteller, sondern „nur" Gärtner. Auch der Mensch wäre demnach zuallererst ein Gärtner – und Stellvertreter Gottes. Im zweiten biblischen Schöpfungsbericht (Gen 2,4b–25) hat er den Menschen ganz nah zu sich und zur Schöpfung gesetzt: „Und Gott, der HERR, nahm den Menschen und gab ihm einen Wohnsitz im Garten von Eden, damit er ihn bearbeite und hüte."

Der biblische Garten, in dem Tiere und Menschen in Geschwisterlichkeit friedlich beieinander leben, ist der Gegenentwurf zu jenen eingezäunten Lustgärten, die wir aus assyrischen Reliefdarstellungen kennen, dazu angelegt, um darin gefangenes oder gezüchtetes Wild zum Vergnügen des Hofstaates zu hetzen und aus Lust am Töten zu erlegen. Nicht anders die Fürstenhöfe des 16., 17. und 18. Jahrhunderts.

Der biblische Ur-Garten ist durch viele Sprachen gewandert. In der Septuaginta, der griechischen Fassung der hebräischen Bibel, wird er – nach dem persischen *pairidaeza* – *parádeisos* genannt. Auch im Hebräischen gibt es das verwandte Wort *pardes,* das einen orientalischen Garten meint.

Das Buch Kohelet des Ersten Testaments lässt König Salomon sagen: „Ich legte Gärten an und pflanzte alle Arten von Fruchtbäumen. Ich legte Wasserbecken an, um aus ihnen den sprossenden Baumbestand zu bewässern" (Koh 2,5–6). Durch viele Psalmen und Prophetentexte schimmert die Leben verheißende und Leben erhaltende Qualität des königlichen Gartens, des Paradieses, das auch aus einer Wüste erblühen kann. Beim Propheten Jeremia lesen wir: „Dann weilt in der Wüste das Recht, und im Fruchtgarten wohnt die Gerechtigkeit. Der Ertrag der Gerechtigkeit sind Ruhe, Frieden, Sicherheit." (Jes 32, 15–17)

Zweige vom Paradies

Nach all dem sehnen wir uns, seit unsere biblischen Eltern wegen „Amtsmissbrauchs“ von ihrem verantwortungsvollen Posten der Paradiesgärtner verjagt wurden: nach Blüten und Früchten, nach Grün und Helle, nach reiner Luft und frischem, lebendig sprudelndem Wasser. Von Adam und Eva hören wir nach der Bruderkatastrophe zwischen Kain und Abel aus der Bibel nicht mehr viel, nur noch, dass sie einen weiteren Sohn namens Set und noch ein paar Söhne und Töchter bekommen hatten. Und dass Adam starb, mit 930 Jahren. In der apokryphen Nikodemus-Schrift wird erzählt, dass Adam, als es ans Sterben ging, den Set zur Paradiestür schickte, damit dieser ihm Öl vom Baum des Lebens bringe. Der wachhabende Erzengel Michael wies ihn ab, gab ihm aber immerhin einen Zweig vom Baum des Lebens. Als Set zurückkam, war Adam jedoch schon tot. Und so pflanzte er den Zweig auf Adams Grab, und siehe, es wuchs ein Baum daraus. Der Legende nach soll später das Kreuz Christi daraus gezimmert worden sein, weshalb auf vielen bildlichen Darstellungen am Fuß des Kreuzes ein Schädel und Knochenreste von Adams Grab zu sehen sind.

Marie Luise Kaschnitz beschreibt in ihrer Erzählung „Adam und Eva“ ein recht anschauliches Bild vom Leben der beiden nach dem sogenannten Sündenfall. Sie mussten schuften vergleichbar den Menschen in den frühen fünfziger Jahren nach dem letzten Krieg, als die Erzählung entstand: Da macht Adam sich Sorgen um die leider gar nicht nach seinen Vorstellungen geratenen Kinder, die beiden fügen sich halt in ihr Schicksal. Während er aber immer mürrischer wird, scheint es, als würde Eva immer heiterer. Manchmal bleibt sie länger von zuhause weg und bringt mitunter Rebzweige von ihren Ausflügen mit. Sie pflanzt schöne Blumen, Feuerlilien; und Adam entdeckt, dass sie heimlich einen schönen funkelnden Stein hütet. Er wird eifersüchtig, wälzt sich nächtelang im Bett und kann nicht schlafen.

Aber dann sieht er eines Tages eines seiner Lieblingstiere verenden. Und weiß plötzlich, dass auch er und Eva sterben würden. Als Eva tags darauf wieder recht fröhlich nach Hause kommt, eröffnet Adam ihr, dass sie sterben müssten. Doch Eva reagiert gelassen, das mit dem Sterben wisse sie schon längst: „Wir gehen zurück in den Garten!", erklärt sie dem verwunderten Adam. Denn den Garten gäbe es noch, woher sonst sollte sie die Rebzweige haben und die Zwiebel der Feuerlilie und den schönen funkelnden Stein. „Die Engel", sagt sie und weist gegen Sonnenaufgang, „die haben es mir über die Mauer geworfen. Wenn wir kommen, rufe ich die Engel und dann öffnen sie mir das Tor." Da kann auch Adam wieder lachen, trotz der Gewissheit, dass sie, die Menschen, eines Tages sterben müssen.

Ein mystisches Liebeslied

Im Hohelied, einem der schönsten Liebeslieder der Weltliteratur, hebräisch *schir ha schirim* – „Lied der Lieder", wird der Garten zur poetischen Metapher. Zuerst für die Frau: „Ein verschlossener Garten bist du, meine Schwester, ein versiegelter Quell [...] ein Garten mit Granatbäumen, mit den köstlichsten Früchten." Die Frau öffnet den Garten und die Liebenden finden zueinander: „Mein Geliebter möge kommen in seinen Garten und seine köstlichen Früchte genießen!" Es ist wie die Wiederentdeckung des verlorenen Paradieses!

Auch das zärtlichste Wort des Johannesevangeliums wird in einem Garten gesprochen. Nach einer Verwechslung mit dem Gärtner erkennt Maria Magdalena, die erste Verkünderin der Osterbotschaft, Jesus. Er hat sie zärtlich angesprochen: „Maria!" Und sie antwortet: „*Rabbuni!* – Mein lieber Meister!" Die Liturgie der katholischen Kirche scheut sich nicht, mit Versen aus dem Hohelied der hebräischen Bibel auf die Liebe von Maria Magdalena zu verweisen, wenn sie an deren Festtag, dem 22. Juli, diese Verse als Lesung wählt:

„Des Nachts auf meinem Lager suchte ich ihn, den meine Seele liebt. Ich suchte ihn und fand ihn nicht." Das Liebeslied des Ersten Testaments ist – wie die meisten Liebesgeschichten – eine Geschichte vom Verlieren und vom Wiederfinden des Geliebten. In einem Garten.

Vielen bedeutenden Schriften abendländischer Mystik liegt das „Lied der Lieder" des Ersten Testaments zu Grunde. Sie spielen mit den Bildern vom Garten, wenn sie die Liebesgeschichte zwischen Gott und der menschlichen Seele erzählen wollen. Zum Beispiel der *Canto espiritual*, der „Geistliche Gesang" des Juan de la Cruz, des heiligen Johannes vom Kreuz, geschrieben im Jahr 1578 – und zwar im Klosterabort (!) des Konvents der Karmeliter von Toledo. Dort war Juan wegen seiner radikalen Reformpläne von den weniger reformfreudigen Mitbrüdern neun Monate lang eingesperrt worden.

In seinem „Geistlichen Gesang" werden Ort und Ereignis der Liebe über das Bild des Gartens hinausgehoben in die Schönheit der gesamten Natur, des Alls, der Schöpfung. Die Seele eilt suchend auf einem Weg der Läuterung von Schönheit zu Schönheit, um alle Geschöpfe nach dem Geliebten zu fragen: „Ihr Wälder, Büsche, herrlich anzuschauen, / Gepflanzt durch des Geliebten Hände Macht, / Und ihr, ihr immer lieblich grünen Auen, / Geziert mit bunten Blumenschmelzes Pracht, / Ging er durch euch hindurch, weil ihr so glücklich lacht?"

Ungefähr zur gleichen Zeit, als Johannes vom Kreuz seinen Canto espiritual verfasste, schrieb Teresa von Ávila ihre Autobiographie, das Selbstzeugnis mystischer Erfahrung. Wieder wird das Bild der Seele als Garten, als Liebesgarten, ganz sinnlich gezeichnet: „Kehren wir nun aber zu unserem Garten oder Lustgarten zurück und sehen wir uns an, wie die Bäume zu knospen beginnen, um Blüten zu treiben und nachher Früchte zu tragen, und die Blumen und Nelken genauso, um ihren Duft zu verströmen. Dieser Vergleich macht mir richtig Vergnügen, denn in meinen Anfängen war es mir eine große Freude, zu bedenken, dass meine Seele ein Garten sei und Gott in ihm spazieren ging."

Träume vom Paradies

Nach den Verwüstungen während der zahlreichen Kriege des 17. und 18. Jahrhunderts waren die Anlage und die Pflege von Gärten immer wieder Ausdruck der Sehnsucht nach Frieden und Harmonie.

Mehr noch: Die hochgestimmte Seele des barocken Naturdichters wollte sich ganz und gar der Natur anverwandeln, wollte selbst Garten sein, wenigstens eine schöne Blume, wenn möglich sogar ein guter Baum. Der Dichter und Pfarrer Paul Gerhardt bewohnte als Pfarrer in Mittenwalde südlich von Berlin natürlich ein Pfarrhaus und pflegte sorgsam einen dazugehörigen Garten. Sein Sommergesang „Geh aus mein Herz und suche Freud" stellt den Menschen in die Mitte einer zum Paradies gewordenen Natur. So wird dieses wohlbekannte Lied ein Gartengesang für alle, die fern von höfischer Gartenpracht leben und sich überall an der Lebendigkeit von Gottes Natur erfreuen können. Wer will, mag Paul Gerhardt folgen, wenn sich sein innerer Garten zum himmlischen Garten hin öffnet. Sich selbst pflanzt er ja zuletzt als Baum in den Garten des lieben Gottes:

Mach in mir deinem Geiste Raum,
Daß ich Dir werd ein guter baum,
Und laß mich wol bekleiben
Verleihe daß zu deinem ruhm
Ich deines gartens schöne blum
Und pflantze möge bleiben.

Man muss sich durch die blühenden Dornenhecken der Metaphern der zeitbedingt wortreichen Texte hindurchzwängen, um der Schönheit mancher Gartenpoesie gerecht zu werden, die verdeckt und umkleidet ist vom dichten Pflanzen- und Lianengewirr der Empfindungen. So auch bei Jean Paul, eigentlich Johann Paul Friedrich Richter, dem wunderlichen Dichter aus Wunsiedel, dessen

Poesie wie in einem wilden Garten zwischen Armutsseligkeit und Traumatmosphäre blüht. Sein erster Erfolg, der Roman „Die unsichtbare Loge“, erlöste ihn aus der Rolle des hungernden und frierenden Dachstubenpoeten und verwandelte ihn in den gefeierten Leibdichter für empfindsame Frauen. Goethe verachtete ihn, er sei das „personifizierte Alpdrücken der Zeit“; wir sehen in ihm heute einen genialen Vorfahr moderner Literatur. Viele Träume finden sich in Jean Pauls Romanen. Auch Angstträume – zum Beispiel jener von der „Rede des toten Christus vom Weltgebäude herab, dass kein Gott sei“ – und Sehnsuchtsträume. Einer der schönsten davon ist der Traum vom Himmel, aus eben jenem Frühwerk „Die unsichtbare Loge“, der so beginnt: „Hoch über dem Blütenfeld stand Gottes Paradies […] und oft ging Gott in der dunkelsten Höhe weit über der wehenden Aue hinweg.“ Über seine Traumverliebtheit sagte Jean Paul einmal: „Es wurde mir im Traum alles genannt, ich weiß aber nicht von wem.“

Der Spätromantiker Joseph von Eichendorff fasst seinen Gartentraum im Gedicht „Ich weiß einen großen Garten“ wirklichkeitsnäher. Ihm soll ja der Garten Sinnbild für beides sein: Für die schützende Geborgenheit und für den freien Blick ins Weite. Im „großen Garten“ blühen unsere Träume und unsere Sehnsucht als wilde und wehend leuchtende Blumen. Auch manche Angstdistel wird darunter sein. Die Engel sind in der reinen Stille des Morgens als Gärtner am Werk. Sie sorgen dafür, dass schädliche Schlingpflanzen die Lilien und die Rosen, den Türkenbund und die zarten Nelken nicht ersticken, dass Nachtschattengewächse nicht allzu sehr wuchern. Alles Scheue, Flüchtige und Verletzliche hat Zutritt in diesen Garten und muss sich nicht fürchten, gefangen oder gezähmt zu werden. Es darf bleiben, was es ist, und darf werden, was es sein möchte. Kein Jäger jagt diese Rehe.

Inmitten des „großen Gartens“ ist sogar Platz für die Schlösser unserer kühnen Phantasien und Pläne. Ihre Türme lassen uns zuversichtlich über die Gartenmauern hinausblicken. Denn Sehnsucht kann und will sich nicht nur am Gewohnten und Geliebten erfüllen, sie will frühmorgens über die Grenzen hinaus – und abends zurück ins Vertraute.

Ich weiß einen großen Garten,
Wo die wilden Blumen stehn,
Die Engel frühmorgens sein warten,
Wenn alles noch still auf den Höhn,
Manch zackiges Schloß steht darinne,
Die Rehe grasen ums Haus,
Da sieht man weit von der Zinne,
Weit über die Länder hinaus –

Hinweise

- Paul Gerhardt: Gedichte. Vollständige Ausgabe der deutschen Lieder und Gedichte (gebunden oder als Taschenbuch), Berlin 2017
- Der Originaltext der Erzählung „Adam und Eva" von Marie-Luise Kaschnitz (1951) findet sich in „Eines Mittags, Ende Juni". Erzählungen, München 2001.

Die Süße der Schrift

Gedanken über Poesie und Religion

Einem wunderbaren jüdischen Brauch zufolge, dürfen Kinder, wenn sie beginnen das *Aleph Beth* zu lernen, zuallererst einmal die Buchstaben essen – aus süßem Teig gebacken und mit Honig bestrichen! Süß soll ihnen die Schrift werden, süß wie dem Propheten Ezechiel, der eine ganze Schriftrolle essen musste, damit er zum Volk reden konnte und sagen, was Gott will.

Wort, Schrift, Buch: Nach der Entdeckung der Lust folgt die Strenge des Lernens der Schrift. Das gemeinsame Ziel von Lust und Strenge heißt: Liebe. Liebe zum Wort, zur Sprache, zur Schrift, zum Buch. Liebe zur Poesie.

Und die Bibel ist übervoll von Poesie, mit ihren Psalmen und Hymnen, mit Liebesliedern und Visionen, mit Klageliedern und Gebeten.

Wie ja auch der biblische Schöpfungsbericht kein Naturkundelehrbuch ist, sondern ein inspiriertes Gedicht – und erst ein poetischer Zugang vermag jene Verbindung von Geist und Liebe, von Atem und Inspiration herzustellen, die als schöpferische Tat Gottes erscheint. *Bereschit bara Elohim* – Am Anfang schuf Gott Himmel und Erde – und: Ἐν ἀρχῇ ἦν ὁ Λόγος – Am Anfang war das Wort und nichts, was geworden, ward ohne das Wort.

Schon am Anfang wurden Poesie und Religion unzertrennliche Geschwister.

Beatmet vom Geist

Die Dichterin Friederike Mayröcker berichtet von sich, sie habe zwei Jahre lang fast nichts anderes als das „Journal" eines gewissen Gerard Manley Hopkins gelesen. Sie nennt dieses Tagebuch – in der Übersetzung von Peter Waterhouse – „mein Jahrhundertbuch" und schreibt: „So saß ich mehr als zwei Jahre an meinem Honigtisch Seite an Seite mit Hopkins und Waterhouse und ließ mich beatmen von ihrem Geist." Schöner kann man das Wirken von Poesie wohl nicht beschreiben als ein Beatmet-Werden vom Geist!

Der irische Jesuit und Altphilologe Hopkins (gestorben 1889 in Dublin) zählt mit seinen über Jahre hinweg Tag für Tag aufgeschriebenen Natur- und Wolkenbeobachtungen zu den Vorläufern der modernen Lyrik. Häufig verwendet er den Begriff *inscape,* den man mit „Inbild" übersetzen könnte. Inbild als das Sichtbare einer seelischen Regung: Liebe, Staunen, und Erschrecken vor der Schönheit, der Sehnsucht und dem Heimweh nach der Ewigkeit. Ausgelöst durch eine Zeile aus einem Gedicht, ein durchsonntes Spinnennetz, ein gemaltes Bild. Dinge, die uns so heftig anreden, dass wir tiefes Glück empfinden, am liebsten gar weinen möchten.

Denn, so Gerard Manley Hopkins: „Alle Dinge sind geladen mit Liebe, sind geladen mit Gott, und wenn wir es nur verstehen, sie richtig anzurühren, sprühen sie Funken und fangen Feuer, geben Tropfen ab und fließen über, tönen und erzählen von ihm."

Über das Lesen von Gedichten und Menschen

Als der deutsche Lyriker Christoph Meckel Mitte der fünfziger Jahres des vorigen Jahrhunderts einmal den Dichter Paul Celan besuchte, habe dieser „einen ziemlich guten Satz" gesagt. Meckel erinnert sich später: „Als ich Paul Celan zum ersten Mal traf, in der Rue de Longchamp, erschien er mir fast entrückt, ein ferner

Meister. Er war sechsunddreißig Jahre alt, und ich einundzwanzig. In leuchtender Bitternis, die ihm eigen war, sagte er einen Satz, den ich nicht vergaß: ‚Die Chance meiner Verse ist ihr Vorhandensein.'" Vielleicht war es auch bei dieser Begegnung, dass Celan dem jungen Kollegen seine eben erschienenen neuen Gedichte schenkte. Als der aber begann, in den Seiten herumzublättern, soll ihm Celan das Bändchen aus der Hand genommen haben mit den Worten: „So liest man nicht meine Gedichte!" Günter Grass hatte die beiden Dichter damals miteinander bekannt gemacht und erzählte diese Begebenheit.

Wie der kultivierte Leser und die aufmerksame Leserin an die Lektüre von Dichtung herangehen, beschrieb Erasmus von Rotterdam: „Wie der wohlerzogene Gast zu einem Gastmahl zu gehen pflegt." Und noch einmal sei Paul Celan zitiert: „Ich sehe keinen prinzipiellen Unterschied zwischen einem Händedruck und einem Gedicht [...] Gedichte, das sind auch Geschenke – Geschenke an die Aufmerksamen. Schicksal mitführende Geschenke."

Ein Gedicht lesen zu können sei eine gute Voraussetzung dafür, „einen Menschen lesen" zu können – und zwar so, wie er gelesen werden möchte! Denn jedes Wesen schreie im Stillen danach, – so ähnlich formuliert es Simone Weil – „richtig" gelesen zu werden, so wie es sich selbst versteht!

Ein Gedicht ist wie ein Stenogramm des Lebens in einer Handfläche – Gedichtlesekunst ist Handlesekunst!

José Saramago, der portugiesische Nobelpreisträger, schenkt einem seiner Romanhelden – vor sich einen Gedichtband aufgeschlagen – die Vorstellung, „über seinem Kopf die Hand Gottes zu haben und in ihren Linien zu lesen, den Linien des Lebens, den Linien des Herzens" und er sinniert: „Wer weiß, wer uns liest, wenn wir selbstvergessen selber lesen."

Poesie wie Brot

„Das Volk braucht Poesie wie Brot!" – Ende der fünfziger Jahre des vorigen Jahrhunderts zitierte Ingeborg Bachmann in ihrer Frankfurter Poetikvorlesung diesen Satz von Simone Weil und setzte ihn folgendermaßen selbst fort: „Dieses Brot müsste zwischen den Zähnen knirschen und den Hunger wieder erwecken, ehe es ihn stillt. Und diese Poesie wird scharf von Erkenntnis und bitter von Sehnsucht sein müssen, um an den Schlaf der Menschen rühren zu können. Wir schlafen ja, sind Schläfer, aus Furcht, uns und unsere Welt wahrnehmen zu müssen."

Sind wir wach genug, um einer Sprache zu misstrauen, die tagaus, tagein zur Anfertigung von schönfärbenden Lügen missbraucht wird?

Poesie hält uns wach. Die Sprache der Poesie darf – nein, muss! – auch dann schön genannt werden, wenn sie Bitteres aussagt: Schmerz, Klage und Anklage – so wie Michelangelos *Pieta Rondanini* schön ist, auch wenn der Schmerz die Liebe übermannt.

Ohne Poesie sehen wir zu oft schwarz-weiß, unterscheiden nach Logik und Nützlichkeit und wollen die Dinge in eine uns passende Ordnung bringen.

Aber: „Haben wir das Auge erst einmal in die Dunkelheit eingelassen, an die Dunkelheit gewöhnt", schreibt Friederike Mayröcker, „wird es bald die außerordentliche Fähigkeit entwickeln, mit großer Leichtigkeit und steigendem Wohlgefallen SCHWARZES VON SCHWARZEM zu unterscheiden."

Gedichte und Gebete

Das Gedicht fühlt sich nahe verwandt dem Gebet. Beide erfahren sich als Fremdlinge in einer Informations- und Eventgesellschaft, und beide können sich nur vom Adressaten her verstehen. Gedichte und Gebete sind nicht zweckgebunden, aber beide sind beziehungsgebunden. Beide sind wie Paul Celans berühmte Flaschenpost, „aufgegeben in dem – gewiss nicht immer hoffnungsstarken – Glauben, sie könnte irgendwo und irgendwann an Land gespült werden, an Herzland vielleicht.“ So wie das Gebet hofft, seiner Intention entsprechend erhört zu werden, so hofft auch das Gedicht darauf, erhört zu werden und sich schließlich im Geheimnis der Begegnung bergen zu dürfen.

„Schreiben als Form des Gebetes“ – Paul Celan hat diese fünf Worte nahezu zusammenhanglos in den Tagebüchern von Franz Kafka gefunden und für sich extra notiert, sie erinnern an das kabbalistische Auflesen der Buchstaben zur Wiederherstellung der zerbrochenen Gefäße der Welt.

Simone Weil, die Philosophin und Mystikerin, findet eine weitere Verwandtschaft zwischen Gedicht und Gebet. Sie habe oft Gebete ihrer Schönheit wegen wie Gedichte auswendig vor sich hergesagt, so das *Vater unser* und das *Salve Regina* – und viele Gedichte wie Gebete!

Droht uns eine trostlose Verödung von Herzland, wenn Kinder keine Gebete und keine Gedichte mehr auswendig lernen?

„Sakramentale“ Gegenwart

Der amerikanische Kunsthistoriker James Elkins hat für sein Buch „Pictures and Tears“ in hunderten von Interviews Menschen nach ihrer emotionalen Erfahrung mit Kunst gefragt, beispielsweise: „Wann haben Sie zum letzten Mal vor einem Kunstwerk geweint – und warum?“ Im Kommentar zu den unterschiedlichen Antworten nennt er das, was uns im Innersten bei der Erfahrung mit Kunst – gleich ob bei einem Bild, einer Skulptur, einem Musikstück oder einem Text – anrührt (wenn wir uns anrühren lassen!), *presence* – Gegenwart. Elkins drückt mit diesem Begriff unzweifelhaft religiöse

Erfahrung aus und meint, es könnte auch *grace* – Gnade dafür stehen. In seinem Buch beklagt der „religionslose" Autor, wie er sich selbst einschätzt, dass sich die Wege von Kunst und Religion so rigoros getrennt haben und dass die Kulturgeschichte es nahezu dogmatisch vermeidet, religiöse Begriffe in ihre Erörterungen einzubeziehen.

Von Simone Weil lernen wir, dass Schönheit und Kunst sakramentalen Charakter haben können. Sie konnte ein Gedicht von Sappho ebenso mystisch erfahren wie das *Salve Regina* und konnte sich vor einem Fresko von Giotto ebenso in die Knie gezwungen fühlen wie von einem Hymnus im gregorianischen Gesang. Kunst, Poesie und Musik wecken Erinnerung und Sehnsucht nach der „Vollkommenheit des Ursprungs" und schicken den Menschen „auf die Suche nach der Schönheit", die ihn – nach einem Wort von Joseph Ratzinger – „aus der Zufriedenheit des Alltags heraus reißt. Sie macht ihn leiden."

Es ist das Unbegreifliche des Schönen, das nach Rilke ja „nichts als des Schrecklichen Anfang" ist, das den Menschen gleichermaßen in der Natur wie in der Kunst überfallen kann und wir es „noch grade ertragen". In der Ästhetik unterschied man einst zwischen Naturschönheit und Kunstschönheit. Und man stritt darüber, welche von beiden wohl höher stehe. Befanden sich doch Natur und Kunst immer im Widerstreit und wetteiferten darum, welche von beiden dem Menschen besser zur Erkenntnis der Wahrheit verhelfen könnte. Inzwischen gilt, dass das Erkennen des Schönen gleichermaßen der inneren Wahrheit aufhilft, ob es sich nun in der Natur ereignet, in der Kunst oder in der Poesie. Zudem: Wie oft erlebt nicht der empfängliche Mensch, dass eins das andere sogar herbeirufen kann.

Man erinnere sich, wie es Goethe in den „Leiden des jungen Werther" beschreibt: „Wir traten an's Fenster, es donnerte abseitwärts und der herrliche Regen säuselte auf das Land, und der erquickendste Wohlgeruch stieg in aller Fülle einer warmen Luft zu uns auf. Sie stand auf ihrem Ellenbogen gestützt und ihr Blick durchdrang die Gegend, sie sah gen Himmel und auf mich, ich sah ihr Auge thränenvoll, sie legte ihre Hand auf die meinige und sagte – *Klopstock!* Ich versank in dem Strome von Empfindungen, den sie in dieser Losung über mich ausgoß. Ich ertrugs nicht, neigte mich auf ihre Hand und küßte sie unter den wonnevollesten Thränen." Lotte und Werther erinnern sich spontan an Klopstocks Ode „Die Frühlingsfeyer" und empfinden gemeinsam, wie sich das „Naturschöne" (Hegel) im „Kunstschönen" eines Gedichts spiegeln kann. Es soll ja einmal eine Zeit gegeben haben, als Dichternamen noch Losungsworte für Liebende waren – und Menschen in einer sternklaren Mondnacht Eichendorffs schönstes Gedicht im Herzen spürten – mit der Melodie von Robert Schumann im Ohr.

Es ist *presence,* Gegenwart, die auch ein Erschrecken vor der Schönheit bewirkt. Das kann in der Kunst sein und in der Natur. Es ist, was uns in der Natur wie in manchen Bildern oder Skulpturen so heftig anredet, dass wir tiefes Glück empfinden oder das dringende Verlangen nach Umkehr. Dass wir am liebsten weinen möchten, angerührt am offenen Herzen. Und wie Rilke angesichts der Skulptur „Archaischer Torso Apollos" in seinem gleichnamigen Gedicht erkennen: „Du musst dein Leben ändern!"

Hinweise

- Gerard Manley Hopkins: Journal (1866-1875) und frühe Tagebücher (1863–1866). In einer Übersetzung von Peter Waterhouse. Salzburg und Wien 1994.

Für die Kunst zu altern brauchen wir die Kunst

Eine Anregung

Ein griechischer Mythos erzählt von Tithonos, einem denkbar unglücklichen Menschen: Einst ein hübscher junger, sterblicher Mann, wurde er ein Opfer des Liebestreibens der griechischen Götterwelt. Denn als Aphrodite einst entdeckte, dass ihr außerehelicher Geliebter, der Kriegsgott Ares, mit der rosenfingrigen Eos, Göttin der Morgenröte, das nächtliche Lager teilte, bestrafte sie ihre Rivalin mit unersättlicher Begierde nach jungen Sterblichen. Zwei davon waren die schönen Brüder Ganymed und Tithonos, Söhne des Königs Tros, der Troja den Namen gab. An Ganymed hatte aber nicht nur die rosenfingrige Eos, sondern auch Zeus Gefallen gefunden. In der Gestalt eines Adlers entführte er den Jüngling auf den Olymp.

Eos tröstete sich mit dessen Bruder Tithonos, sie entführte den Jüngling und forderte von Zeus als Entschädigung für den ausgespannten Ganymed, diesen Jüngling Tithonos unsterblich zu machen. Zeus tat, worum Eos ihn gebeten hatte. Damit begann dessen Unglück: Eos hatte vergessen, für Tithonos auch ewige Jugend zu erbitten. Der wurde nun älter und älter, verfiel und schrumpfte, konnte aber nicht sterben. Als die ewig junge Göttin Eos seiner überdrüssig geworden war und ihn auch nicht mehr pflegen wollte, sperrte sie ihn einfach weg. Zur Zikade geschrumpft, fand er schließlich Platz in einer Zündholzschachtel, aus der man ihn endlos keifend zirpen hört.

Albrecht Dürer
Barbara Dürer, geb. Holper,
1514

„Ewige Jugend" als erstrebenswerter Zustand? Auf unser menschliches Maß gebracht stelle ich mir dabei alles vor, was uns seelisch nicht austrocknen lässt und einem geistigen Schrumpfungsprozess Einhalt gebietet – kurz: uns nicht in der geistigen Enge einer Zündholzschachtel landen lässt. Denn wir haben zwar einen fatalen Hang zum Austrocknen, aber ebenso jenes Potential, das uns wenigstens geistig „zeitlos" jung erhalten kann. Es wächst die Überzeugung, der Mensch müsse sich nur seiner vielleicht verschütteten Imaginations- und Intuitionskräfte bewusstwerden und sie pflegen, üben und ausbilden. Kunst, aktiv wie passiv, ist eine Möglichkeit dafür.

Geist ist die Jugend des Alters

In ihrem bemerkenswerten Buch „So viel Energie – Künstlerinnen in der dritten Lebensphase" erzählt die Autorin Hanna Gagel von ihrer Mutter, die ihr Alter mit Lebenslust zu erfüllen wusste. Nach ihrem Tod fand die Tochter im Küchenschrank einen Zettel, auf dem offenbar zur eigenen stetigen Erinnerung stand: „Geist ist die Jugend des Alters." Für die Autorin ein Anstoß, sich nach ihrer Pensionierung als Kunsthistorikerin erneut auf eine Forschungsreise zu begeben und an Originalen die Werke von Künstlerinnen zu studieren, die ihre vielleicht sogar wichtigste Schaffensperiode im Alter zwischen 60 und 80 Jahren hatten, also in der dritten Lebensphase.

Was kann oder muss geschehen, damit der Reichtum der Kunst, der auch für alte Menschen da ist, erschlossen und empfunden werden kann? Welches Bild vom alten Menschen begegnet uns überhaupt in der Kunst?

Mutterbilder

Der alte Mensch in der Kunst. Ein weites Land, eine weite Reise durch Jahrhunderte, durch Epochen und Stile. Da ist Albrecht Dürer, der im Jahr 1514 die berühmte Kohlezeichnung von seiner Mutter anfertigte. Die Zeichnung gilt als das erste Realporträt der alten Mutter eines Künstlers, in dem sich naturalistische Wahrhaftigkeit mit Anteilnahme und liebender Zuwendung vereint: „daz yst albrecht Dürers Mutter si waz 63 jahr alt." In den letzten zehn Jahren ihres Lebens nahm Dürer seine Mutter in seinem Haus auf. Sie wurde dreiundsechzig Jahre alt und hat achtzehn Kinder geboren, von denen nur drei das Erwachsenenalter erreichten.

Mit Dürer beginnt in der Kunstgeschichte die seltene – und daher kostbare – individuelle Darstellung vorbehaltloser Annahme weiblichen Alterns und Alters ohne abwertende Absicht. Pietätvoll wird das Andenken festgehalten, denn, so Dürer: „awch behelt daz gemell dy gestalt der menschen nach jrem sterben".

In der Kunst des Mittelalters und der Renaissance finden sich Bildnisse alter Frauen auffallend oft und überwiegend in einem negativen Zusammenhang. Dürer selbst hat mit der Darstellung des „Alten Weibes mit Geldbeutel" 1507 eine der üblichen und unzähligen weiblichen Alterskarikaturen geschaffen, Sinnbilder für Vergänglichkeit, Geiz und Raffgier.

Viele Künstler nach Dürer malten ihre Mutter oder ihre Eltern: Repin und Renoir, Liebermann bis van Gogh, Toulouse-Lautrec und Schiele, um einige Namen zu nennen. Wer in diesen Bildern zu lesen vermag, der empfängt ein eindrückliches Bild sozialer Verhältnisse und Umbrüche. Je weiter man aber zurückgeht, umso spärlicher werden die bildlichen Zeugnisse.

Die Antike hatte überhaupt ein gespaltenes Bild vom Alter. Einerseits sind Briefe und philosophische Schriften voll von Klagen über Beschwerden und Verluste des Altwerdens, zum anderen stand das Alter in hohen Ehren, so die *gerousia* bei den Spartanern, der *senatus*, der Rat vornehmer Greise, bei den Römern. Die Alten im Komödien-Theater hingegen waren ein besonders beliebtes Ziel des Spotts, vor allem die alten lebensgierigen Frauen – übrigens von Männern gespielt …

Die wohl grausigste Karikatur des Alters ist ein Bild von Francisco Goya „Zwei Alte Suppe essend" (*dos vijeos comiendo sopas*) aus den Schwarzen Gemälden, den „Pinturas Negras", 1920. Goya malte sie im Alter von fast siebenundsiebzig Jahren. Seit Jahrzehnten völlig taub und wegen seiner politischen und religiösen Ansichten bei Hof in Ungnade gefallen, machte er sich Luft mit den schrecklichen „Schwarzen Gemälden". Darin prangert er die Gier des Menschen an, eine Gier, die sich im Alter noch verstärkt zeigt: Die Unersättlichkeit ist selbst an der Schwelle zum Tod nicht bereit, „den Löffel abzugeben".

Und die „schönen" Alten?

Dazu gehören natürlich vorwiegend religiöse Bilder, die der Verehrung dienen. Gottvater wird – nach der Vision des Ezechiel vom „Alten der Tage" – meist mit weißem Haar und Bart dargestellt. Ehrfurcht gebietend, manchmal zornig, manchmal gütig. Dann die greisen und weisen Patriarchen und Propheten, die Kirchenlehrer und Kirchenväter, allesamt hehre, mitunter wunderschöne würdige Greise. Altersschöne Frauen sind fast nur in der Verwandtschaft Jesu zu finden: Anna, die Großmutter Jesu, oder Elisabeth, die betagte Kusine der Maria.

Als vor ungefähr 2600 Jahren die griechische Dichterin Sappho an sich das beginnende Alter verspürte, dichtete sie: „… weiß sind die Haare geworden, die schwarzen / schwer ist mir die Seele geworden; die Knie tragen nicht mehr." Und weiter: „Darüber seufze ich oft jetzt. Aber was soll ich machen? Alterslos zu werden als Mensch, der man ist – nicht möglich, dass dies geschähe.“ Die frühgriechische Dichtung ist voll ähnlicher Klagen. Doch Sappho wandelt Resignation in eine neue Qualität. Sie beschließt, in der Freude am „Sang der Leier“ der Jungen und in der Liebe zum Schönen neue Lebensfreude zu finden:

Ich liebe den Glanz, dies wird mein Teil jetzt im Leben ...
Hell, strahlend und schön: dem füg ich mich,
weil ich die Sonne liebe.

In Jean Pauls Roman „Leben Fibels“ erfreut sich der alte Mann an der Schönheit glänzender Kugeln, die er im Garten aufgestellt hatte: „Und in dies Farbenklavier von Silberblicken, Goldblicken, Juwelenblicken, blickte er unbeschreiblich hinein. [...] Aber am meisten vergnügte sich der Mann an den nachschillernden Landschaften auf diesen Weltkügelchen, gleichsam der nachfärbende Verkleinerungsspiegel der beweglichen Aussichten. ‚Ach‘, sagte er, ‚wenn ich so recht in die Farben hineinschaue, die Gott der dunklen Welt gegeben und zu welchen er immer seine Sonne gebraucht, so ist mir, als sei ich gestorben und schon bei Gott.‘“

Ist die Fähigkeit des Schauens von etwas, das bislang den Augen verborgen geblieben war, somit ein Vorzug des Alters?

Oskar Kokoschka malte 1913 als 24-Jähriger auf Vermittlung von Otto Wagner das Porträt des Schweizer Psychiaters Auguste Forel, auch bekannt als Entdecker des Hörnervs. Der Porträtierte selbst reagierte damals jedoch ziemlich verletzt, wurde er in dem Bild doch nur an seine Schwächen erinnert. Er verweigerte sogar den Ankauf. Als Forel zwei Jahre später einen Schlaganfall erlitt, sei er nach Auskunft seiner Familie dem Porträt überaus ähnlich geworden.

Tote Pflanzen

Die deutsch-amerikanische Künstlerin Cornelia Schmidt-Bleek forderte 1997 in Berlin per Inserat auf, sie zu verständigen, wenn jemand eine kranke, sterbende oder tote Zimmerpflanze zuhause habe. Solche Pflanzen holte sie ab und stellte sie in einer Galerie in Frankfurt mitsamt kurzen Kommentaren der vormaligen Besitzer aus. Später machte sie überdimensional große Fotos davon, Fotos von den Pflanzen wie Porträts: Vertrocknetes, Strähniges, welk Hängendes, hilflos Gestikulierendes. Eine Assoziation zu alten, vereinsamten und gebrechlichen Menschen stellt sich ein. Auch eigene Erfahrungen der Betrachtenden mit vertrockneten oder sterbenden Pflanzen. Ohne zu moralisieren gab die Künstlerin einen nüchternen Befund: Wer das Gefühl für andere – sprich für Erde, Pflanzen, Tiere, Menschen – verliert, verliert es schließlich auch für

sich selbst. Die Künstlerin wollte diese Erkenntnis: Man erkenne im Anderen den „Nächsten“, von dem es heißt, dass du ihn lieben sollst, „denn er ist wie du“. Das gilt auch für die Pflanzen, die Tiere, die Erde, auf der wir leben.

Joseph Beuys: „Jeder Mensch ist ein Künstler“

Ich erinnere mich an meine Mutter; eine einfache Frau. Solange ihre Augen mitspielten, stickte sie nach alten Mustern orientalische Teppiche. Sie erfreute sich an Farben und Ornamenten, die sie manchmal auch nach eigenem Geschmack variierte. Stolz zeigte sie das Ergebnis. Andere ältere Menschen lernen im Alter Aquarell- oder Ikonenmalen oder machen einen Kurs in Bauernmalerei. Und wer meint, gar kein künstlerisches Talent zu haben, nehme sich zu Herzen, was einer der bedeutendsten Künstler des vorigen Jahrhunderts, Joseph Beuys, feststellte: „Jeder Mensch ist ein Künstler!“ In jedem von uns schlummere etwas vom schöpferischen Funken

Gottes, der in jedem Lebensalter geweckt werden will und unser Leben reicher macht, zweckfrei und abseits vom Streben nach materiellem Gewinn. Joseph Beuys versuchte auf vielerlei Weisen den egoistischen und materialistischen Lebens- und Gesellschaftskonzepten der Wohlstandsgesellschaft der siebziger und achtziger Jahre des 20. Jahrhunderts entgegenzuwirken. Mit seiner Idee von der „Sozialen Plastik" wollte er zur Beseitigung der „Sozialen Kälte" in der Gesellschaft beitragen. Damit erklärte Beuys das soziale Miteinander der Menschen an sich zum Kunstwerk, an dem jeder Mensch teilhaben kann. „Jeder Mensch ist ein Künstler", mit diesem erweiterten Kunstbegriff wollte Joseph Beuys einen „gesellschaftlichen Heilungsprozess in Gang setzen", der das kreative Denken und Handeln jedes Einzelnen einschließt.

Ein Schlüsselbegriff bei Beuys ist Wärme: Filz und Fett, seine populärsten Materialien, sind wärmespeichernd, Wachs und Honig sind wärmespendend, dazu kommt Kupfer als das Leit- und Verbindungselement. Für seine Idee der „Sozialen Plastik" wählt Beuys das verständliche Bild des Bienenstaates. „Der Begriff des Wärmehaften verbindet sich bei der Biene mit dem Begriff der Brüderlichkeit und des gegenseitigen Zusammenarbeitens [...] Im Bienenstock geschieht die absolute Bereitschaft, sich selbst zurückzustellen und für andere etwas zu tun. [...] Jeder arbeitet für jeden, keiner arbeitet nur für sich. [...] Während ich selbst von den Leistungen anderer lebe, gebe ich wieder etwas an andere ab." Das Ergebnis auf menschlicher Gesellschaftsebene wäre demnach so etwas wie „Soziale Wärme". Als wichtigste Funktion der Kunst sieht Beuys ihre therapeutisch reinigende Funktion, als wesentliches Mittel dabei die Provokation: „Alles Verhärtete muß angestoßen werden, muß hochkommen, vielleicht durch Schimpfen und Schlagen", aber am Ende soll sich Interesse entwickeln, einfach nur Interesse, denn „das Interesse kann in gesteigerter Form zur Liebe führen."

Jeder Verlust ist auch Gewinn

Es ist wissenschaftlich erwiesen, dass die schöpferische Fähigkeit im fortgeschrittenen Lebensalter keinesfalls abnimmt. Im Gegenteil. Was abnimmt, das sind physiologische und mechanische, vielleicht auch speichernde Fähigkeiten, die aber sehr leicht durch Beschränkung und Kompensation wettgemacht werden können. Alter bedeutet nicht unbedingt Reife oder – negativ – Verfall, sondern Veränderung und Anpassung. Oder anders: Jeder Verlust ist auch ein Gewinn! Denn „das kreative Bestreben des alternden schöpferischen Menschen weist eine große Variabilität und oft erstaunliche Innovationskraft auf." Jugendwerk und Alterswerk großer Künstlerinnen und Künstler könnten leicht verwechselt werden, würden die biographischen Daten dahinter fehlen. Der Körper altert, das kreative Prinzip jedoch nicht.

Viele sogenannte Alterswerk-Phasen sind auf wunderbare Weise lichtdurchflutet, heiter, ja fröhlich. Beispiel Henri Matisse: Nach einer schweren Darmoperation konnte der Künstler nur mehr sitzend arbeiten, meist im Rollstuhl, ein herkömmliches Malen vor der Staffelei war unmöglich. 1947 – fast achtzigjährig – begann er mit seinen Scherenschnitten auf Papier, das er mit Gouache-Farben bemalen ließ. So entstanden die Entwürfe für die berühmte Rosenkranz-Kapelle des Dominikanerinnenklosters von Vence bei Nizza. Matisse erachtete sie als Erfüllung und Höhepunkt seines Lebenswerks.

Die Zeder von Versailles

Kann Kunst helfen, das Alter/n leichter zu ertragen, besser zu meistern, sinnvoller zu erfahren? Wir haben ein Recht darauf, uns von „schönen" Bildern trösten zu lassen. Vielleicht haben wir sogar erfahren, dass uns Kunst in etwas versetzen kann, was der amerikanische Kunsthistoriker James Elkins *presence* genannt hat, Gegenwart. Eigentlich, so schreibt er in dem Buch „Pictures and Tears", wollte er „Gnade" oder „Gott" sagen. Aber diese Wörter seien aus der Kunstgeschichte – oder Bildwissenschaft, wie man heute sagt – verbannt, daher sage er „Gegenwart" und meine damit nicht nur religiöse Kunst. Kunst kann trösten – und sie kann erschüttern.

Vor allem erspart uns Kunst nie Fragen, Fragen an uns selbst – so auch eine Skulptur des italienischen Bildhauers Giuseppe Penone, die „Zeder von Versailles". Als 1999 das legendäre Sturmtief Lothar eine mächtige Zeder im Park von Versailles entwurzelte, kaufte sie der damals fünfzigjährige Künstler Penone. Er nahm die Rinde ab und erforschte den mächtigen Stamm der sicher hundert Jahre alten Zeder behutsam nach innen und legte im Inneren des alten Baumes das junge Bäumchen frei, das die alte Zeder einmal gewesen war. Er hatte das früher schon mit weniger mächtigen Bäumen ausprobiert. Penone durchlief in diesem alten Stamm alle Stadien des Wachstums rückwärts, bis er auf die Gestalt des vielleicht zwanzig Jahre jungen Baumes gelangt war. Allen Abzweigungen der folgenden achtzig Jahre, jedem Ansatz eines Astes, musste er nachspüren. Die Skulptur, die daraus entstand, gleicht einem Fenster, das den Blick freigibt auf das, was einmal war – und noch immer ist. Jeder Baum trägt seine Geschichte als Gegenwart in sich. So wie auch jeder Mensch. Die Jugend ist im Alter präsent. Man kann sie behutsam freilegen.

Frank Schirrmacher, der früh verstorbene Autor und Herausgeber des wichtigsten deutschsprachigen Feuilletons, schrieb zu Beginn des 21. Jahrhunderts den visionären Bestseller „Das Methusalem-Komplott", dessen Prophezeiungen immer mehr in Wirklichkeit umschlagen. In diesem Buch findet sich der Satz: „Menschen, die alt werden und kreativ bleiben, glauben an ihr Bewusstsein." Wir müssen lernen, was es heißt, siebzig, achtzig oder auch neunzig Jahre alt zu werden, ohne zu verstummen. Schirrmacher wollte eine Verschwörung anzetteln gegen alle Kräfte, die versuchen, unser Selbstbewusstsein zu erobern und zu kolonialisieren. Gegen die

Werbung und die Medien, gegen die Bürokraten einer sozialstaatlichen Entmündigung, die glauben, die Lebensarbeitszeit definieren zu können. In uns allen steckt immer der junge Baum, der noch immer die schöpferischen Säfte in die grünenden Blätter steigen lässt. Wir müssen an ihn glauben, an seine Gegenwart in unserem Bewusstsein.

Hinweise

- Hanna Gagel: So viel Energie. Künstlerinnen in der dritten Lebensphase, Berlin 2005.
- James Elkins: Pictures and Tears. A History of People Who Have Cried in Front of Paintings, N.Y. 2004.

Der Kuss unter der Goldenen Pforte

Betrachtungen über die heilige Anna, ihre Tochter Maria – und was die Legenden über beide erzählen

Dem Andenken meiner Mutter Anna gewidmet

Ein älteres Paar umarmt und küsst sich zärtlich. Es sind Anna und Joachim, die Eltern von Maria, gemalt vor siebenhundert Jahren von Giotto di Bondone in der Arenakapelle in Padua. Unmittelbar hinter dem sich küssenden Paar ist auf der Gesamtansicht der Szene der prächtige Torbogen der Pforte zu sehen, schön wie ein Regenbogen, der einen neuen Bund zwischen Gott und den Menschen verspricht.

Nach alter Überlieferung kann man in diesem Kuss den Kern des Festes Mariä Empfängnis sehen, das in der katholischen Kirche am 8. Dezember gefeiert wird. Dieser Kuss unter der Goldenen Pforte ist das Symbol für den Augenblick, in dem Maria im Schoß ihrer Mutter Anna empfangen wurde. Die Goldene Pforte ist eines der acht Tore in der Altstadt von Jerusalem und befindet sich im östlichen Teil der Stadtmauer. Es ist das einzige Tor, das direkt auf den Tempelberg führt. Auf Hebräisch heißt es *Scha'ar ha Rachamim* „Tor des Erbarmens", auf Arabisch *Bāb ar-Raḥma,* „Tor der Barmherzigkeit".

Wie die Überlieferungen erzählen, lebten Anna und Joachim, die Eltern der Maria, in Jerusalem. Joachim war ein reicher Viehzüchter und ein frommer Mann. Die Ehe der beiden war kinderlos geblieben. Diese Schande war weitum bekannt und auch der Priester des Tempels in Jerusalem erfuhr davon. Als Joachim wie jedes Jahr zum Fest der Tempelweihe vor den Altar treten und sein

Opfer darbringen wollte, wies ihn der Priester aus dem Tempel: Ein Unfruchtbarer, der das Volk Gottes nicht vermehren hilft, habe im Heiligtum nichts verloren, so die Legende. Ausgeschlossen aus der Gemeinschaft der Erwählten wagte Joachim sich nicht mehr unter die Menschen und auch nicht vor die Augen seiner Frau Anna. Er verkroch sich bei seinen Schafen.

Doch da geschah, wovon in den heiligen Schriften oft erzählt wird, wenn etwas Besonderes beginnt. Einem kinderlosen Paar wird trotz fortgeschrittenen Alters ein Kind verheißen. Der Engel des Herrn verkündet es Joachim in den Bergen, während Anna in ihrem Gemach saß und weinte, denn sie wusste nicht, wo ihr Mann so lange geblieben war. Da erscheint auch ihr der Engel des Herrn mit derselben freudigen Botschaft. Als Zeichen dafür, dass das angekündigte Mädchen im Heilsplan Gottes eine besondere Rolle spielen wird, schickt der Engel Joachim und Anna zur Goldenen Pforte, dort sollten sie einander begegnen. Sie treffen sich und umarmen einander voller Freude.

Bei dem sonst recht nüchternen Maler Giotto sieht man die beiden in wirklich zärtlicher Umarmung. Wo andere Maler einen berührungsscheuen Friedenskuss bestenfalls andeuten, werden hier die Liebenden im schönsten Sinn des Wortes handgreiflich. Dieses ältere Paar kann zärtlich sein nach so vielen Jahren des gemeinsamen Alltags, auch des Streits, der Enttäuschungen und Krisen, der Gewohnheit und des körperlichen Verblühens. Unter der Goldenen Pforte, dem Tor der Barmherzigkeit, wird ihre Liebe wieder lebendig und die Frucht dieser Liebe ist Maria.

Neun Monate nach diesem Kuss, so wird erzählt, gebar Anna ein Kind. Und die Hebamme sagte zu ihr: „Du hast ein Mädchen geboren!" „Welch ein großer Tag!", antwortete Anna. Und sie nannte das Mädchen Mirjam – Maria.

Anna, die Großmutter Jesu

Anna – oder Hanna – ist ein Name aus dem Hebräischen und bedeutet die Anmutige, die Begnadete. Der Name ist uns schon aus dem Ersten Testament vertraut, so heißt eine ebenfalls kinderlose ältere Frau. Auch sie wird in späten Jahren noch ein Kind empfangen, den Propheten Samuel.

In den kanonischen Schriften der Bibel kommen Joachim und Anna, die Großeltern Jesu, nicht vor. Dennoch zählt Anna zu den populärsten und liebenswürdigsten Heiligen in Ost und West. Allein in Österreich sind ihr dreiundsechzig Kirchen geweiht. Noch vor hundert Jahren war Anna der häufigste Vorname für Mädchen, beliebter noch als Maria. Die heilige Anna ist keine Märtyrerin, keine Jungfrau, keine Mystikerin und auch keine Kirchenlehrerin. Sie ist nicht in der Bibel verankert, dafür umso fester im Herzen des gläubigen Volkes. Anna ist die Schutzheilige der Großeltern, die sonst in der Theologie keinen Platz haben. Mit Anna, der Großmutter Jesu, zeigt uns die Tradition eine Großmutter, wie wir sie uns wünschen, vorstellen, erträumen. Gute Großmütter – und mitunter auch Großväter – lassen ihre Kinder und Kindeskinder in deren ganz eigene Welt ziehen, voll Vertrauen und ohne Angst. Sie hüllen sie in den wärmenden Mantel ihres Segens ein und sind auf eine ganz eigene Weise die *Wir sind da.*

Anna, Maria und das Buch

Wovon die Bibel hingegen wohl erzählt, das ist der Besuch Mariens bei ihrer Kusine Elisabet. Aus dem biblischen Bericht darüber kann man schließen, dass Maria eine gute Kenntnis der jüdischen Bibel hatte. Wie sonst hätte sie bei der Begrüßung mit Elisabet mit dem Magnificat ein Gebet sprechen können, das stellenweise wörtlich dem Lobgesang der Hanna im Ersten Buch Samuel nachgebildet ist.

Giotto di Bondone
Joachim und Anna am Goldenen Tor,
1305/06

Fresko in der Arenakapelle, Padua

Dort heißt es: „Aus dem Staub richtet er den Schwachen auf und zieht den Armen aus dem Schmutz." Vielleicht ist es ja diese Stelle im ersten Buch Samuel, die aufgeschlagen auf vielen Bildern zu sehen ist, wenn Anna und Maria gemeinsam in einem Buch lesen. Den Mädchen in der Familie die heiligen Schriften nahezubringen, war ja Frauensache; während die Knaben im Cheder von ihrem Melamed, dem Religionslehrer, unterrichtet wurden.

Das Buch gehört als Attribut zur heiligen Anna wie der Schlüssel zum heiligen Petrus. Ob allein oder mit dem Mädchen Maria oder mit der ganzen heiligen Sippe, bei fast jeder bildlichen Darstellung der heiligen Anna ist das Buch dabei. Als gute Großmutter alten Stils liest Anna vor, leitet Töchter und Enkelkinder zum Lesen an und lässt sich von ihnen übungshalber auch vorlesen.

Das war sogar den humanistisch-reformatorischen Herren von Wittenberg um 1510 gefällig. Ein Holzschnitt von Lucas Cranach, entstanden kurz vor Luthers Reformation, zeigt die heilige Sippe, in der Mitte die Großmutter Anna mit dem Buch in der Hand. Darunter steht ein Sprüchlein, von Philipp Melanchthon geschrieben, in dem es unter anderem heißt: „Deshalben kommt studiert zugleich / helft uns vermehren Gottes Reich / denn unsre Schul glaub mir fürwahr / den Weg zu Christo weiset klar."

Das Gebet der Hanna

Zwischen Anna – der Mutter der jungen Maria und folglich Großmutter Jesu – und Hanna, der Mutter des alttestamentlichen Propheten Samuel, der nach Gottes Anweisung das Königshaus Israels begründet hat, liegen ungefähr tausend Jahre. Nicht nur ihre Namen gleichen einander, sondern auch ihr Frauenschicksal. Beide können lange Zeit keine Kinder bekommen – eine Schande für eine jüdische Frau. Die Männer schämen sich oder bieten spöttischen Trost: Kränk dich nicht, sagt Hannas Mann, du hast ja mich, was brauchst du noch Kinder, bin ich nicht mehr wert als sieben Söhne? Hanna sagt kein Wort, steht auf und geht in den Tempel. Sie ist in ihrer Seele verbittert, heißt es, sie weint sehr und schüttet ihr Herz aus vor Jahwe. Und sie tut es so hemmungslos, dass der Priester im Tempel sie für betrunken hält. Dreimal nennt sie sich Magd in ihrem Gebet – δούλη auf Griechisch; keine Stallmagd mit umgebundener Schürze also, sondern leibeigene Sklavin – sie gehört dem Allmächtigen: Und siehe, sie bekam ein Kind, das sie dem Herrn weihte, und sie pries Gott. So lesen wir es im 1. Buch Samuel 2,1–11. Die Satten verdingen sich um Brot, doch die Hungrigen können feiern für immer. Am Anfang der Geschichte des Königreichs Israel steht eine Frau, die ihre Stimme findet und sie auch erhebt.

Was wir über die Kindheit Mariens wissen

Worüber die Evangelien schweigen, darüber gibt die Phantasie der Volksfrömmigkeit und der Kunst umso bereitwilliger Auskunft. Den Legenden apokrypher Schriften zufolge, also jenen außerbiblischen Quellen, die auch der bildenden Kunst als Vorlagen dienten, wurde Maria bereits in sehr jungen Jahren von ihren Eltern in die Obhut des Tempels gegeben. Anna hatte es Gott ja versprochen, dass ihre ersehnte Tochter wenigstens bis zur obligaten Verheiratung als Tempeljungfrau dienen sollte.

Auch im Koran – man lese und staune – wird die Kindheit Mariens sehr liebevoll beschrieben. Da heißt es zum Beispiel, dass die Vornehmheit und Frömmigkeit ihrer Familie so bekannt war, dass sich die Priester im Tempel darum stritten, wer die Ehre erhalten sollte, das kleine Mädchen aufzuziehen. Sie zogen das Los und kein Geringerer als Zacharias, der Vater von Johannes dem Täufer, wurde ausgewählt.

In den zahlreichen Darstellungen des Tempelgangs Mariens in der Kunst ist Maria schon als aufblühendes junges Mädchen zu sehen, das selbstbewusst die Stufen hinaufschreitet. Sie trägt meist ein weißes, ein hellblaues oder rotes Kleid und langes offenes Haar. Weiß soll ihre Reinheit symbolisieren, Blau den Himmel, Rot den Opfertod Christi und die unendliche Liebe. Am unteren Ende der Stiege stehen ihre Eltern Anna und Joachim. Sie wissen, dass sie ihr Kind freigeben müssen. Der Hohepriester im oberen Bereich symbolisiert den göttlichen Bereich.

Im Tempel selbst sind Besuche von Engeln Zeichen der Erwählung. Und immer wenn Zacharias das Zimmer der Maria betritt, um nach ihren Bedürfnissen zu sehen, findet er reichlich Obst vor, für das meist gerade gar nicht Saison ist – so ist es in der apokryphen Jakobusschrift zu lesen. Ähnlich auch ein kurzer Dialog in der Dritten Sure des Koran: „Zacharias sagte: ‚O Maria, woher hast du das?' Maria antwortete ihm: ‚Es kommt von Gott; Gott versorgt, wen Er will, ohne zu berechnen.'"

Und dann wird in den christlichen apokryphen Schriften und Legenden von der Erwählung eines Bräutigams für die zwölfjährige Maria erzählt – die Geschichte mit den Rutenzweigen der Brautwerber. Josefs Zweig oder Stab – so die Tradition – beginnt zu blühen. In einer anderen Schrift heißt es, eine Taube sei aus der Blüte aufgeflogen und habe sich auf Josefs Haupt gesetzt zum Zeichen seiner Erwähltheit. Josef habe allerdings gezögert, denn er war alt; der Hohepriester aber ermahnte ihn, ein göttliches Zeichen nicht zurückzuweisen.

Bald darauf sollte ein neuer Vorhang für den Tempel gewebt werden. Nur Jungfrauen aus dem Stamm Davids durften das Garn dafür spinnen und einen Vorhang daraus weben. Man holte sieben Jungfrauen zusammen, darunter auch Maria. Das Los bestimmte, welcher Jungfrau welche bestimmte Farbe zugeteilt wurde. Maria bekam die Wolle mit dem echten Purpur und dem Scharlachrot. Also hatte sie alles Garn mit den Farben der Liebe und des Leidens zu spinnen und zu weben. Deshalb zeigen die ostkirchlichen Ikonen die Jungfrau bei der Verkündigung oft mit der Spindel und dem roten Faden in der Hand. Sie sind ein symbolischer Hinweis darauf, dass Maria mit ihrem Sohn Jesus das Leben, das Leiden und die Liebe teilen wird.

Hinweise

- Über die Eltern, die Geburt und die Kindheitsgeschichte von Maria ist im apokryphen „Protoevangelium des Jakobus" (Die apokryphen Schriften zum Neuen Testament, Köln 2013) und in der „Legenda Aurea" (Gütersloh 1999) zu lesen.
- In Krems an der Donau befindet sich außen in der Nordostecke an der Stadtpfarrkirche St. Veit eine barocke Kapellennische mit einer gotischen heiligen Anna mit dem Kind Maria auf dem Arm und einem großen Buch. Die kostbare Figurengruppe aus Sandstein stammt aus der ersten Hälfte des 14. Jahrhunderts.

Und ich in großer Angst

Der Maler Pontormo (1494–1557) und die Angst eines Jahrhunderts

Als Michelangelo ein Fresko des kaum zwanzigjährigen Pontormo sah, soll er für dessen Malerei einen Platz im Himmel prophezeit haben: *porrà quest'arte in cielo!* Irdisch gesehen ist Pontormos Malerei allerdings ein lebenslanges Zeugnis künstlerischen Ringens zwischen Schwermut und Anmut.

Zwanzig Kilometer westlich von Florenz liegt die Stadt Empoli, mit dem gesichtslosen Vorort Pontorme. In der Via Pontorme Nr. 97 steht noch immer das einstöckige Haus mit den schmucklosen Fenstern: das Geburtshaus des Jacopo Carrucci da Pontormo, den man später einfach Il Pontormo nannte. Auf einer Gedenktafel zum fünfhundertsten Geburtstag liest man vom einsamen, stets nach neuem Ausdruck suchenden Genie, verwandt dem Geist unserer Moderne. Und wirklich wird Pontormo von Kunsthistorikern und Malern des angehenden zwanzigsten Jahrhunderts neu entdeckt und – wie manch anderer Maler des Manierismus – zu einem frühen Vorläufer der Moderne erklärt.

Von Kindesbeinen an Vollwaise, wurden er und sein kleines Vermögen dem Mündelgericht in Florenz unterstellt; bei einem Schuster war er in Kost. Verbürgt sind vorerst Lehrzeiten bei Leonardo da Vinci, später beim exzentrischen Piero di Cosimo, dessen Bildern immer ein geheimes Grauen anhaftet, und schließlich bei dem streit- und eifersüchtigen Andrea del Sarto. Trotz früher

Anerkennung für seine Arbeiten wird Pontormo zunehmend einsam und grüblerisch.

Das Leiden an sich selbst

Drei Jahre vor seinem Tod beginnt Pontormo eines der ungewöhnlichsten Tagebücher zu führen: *Il libro mio* ist ein Zeugnis von hypochondrischer Ängstlichkeit und von existenzieller Angst. Darin vermerkte er akribisch, mit wem er was und wie viel er gegessen und wie er sich entleert hatte, wie er das Wetter empfand, wen er getroffen und wen er respektlos stehen gelassen hatte. Besondere Aufmerksamkeit galt seinem Körper, vor allem, wenn er mit ihm nicht zurechtkam: „[…] ich habe Halsweh, kann etwas, das mir immer im Munde klebt, nicht ausspucken". An den Rand dieser Notizen setzte er winzige Skizzen von Gliedmaßen jener Figuren, die er gerade beim Ausmalen des Chorraumes von San Lorenzo, der Familienkirche der Medici, in Arbeit hatte. Sie erscheinen wie graphische Kürzel der Anstrengung und der Überwindung aller leiblichen Unzulänglichkeit.

In San Lorenzo war es sein Auftrag, ein ebenbürtiges Gegenstück zu Michelangelos „Jüngstem Gericht" zu malen, so wollte es Herzog Cosimo I. de' Medici. Pontormo hatte vor dem Malgerüst im Chor einen hohen Verschlag anbringen lassen, hinter dem er seine Arbeit vor den Zeitgenossen verbarg. Niemand sollte sehen, was da mit unglaublicher künstlerischer und theologischer Gewagtheit entstand – „ohne Ebenmaß noch irgendwelcher Ordnung", befand Giorgio Vasari kritisch in seinen „Lebensbeschreibungen der berühmtesten Maler, Bildhauer und Architekten". Über dem apokalyptischen Unheil, den ineinander verkrallten verwesenden Leibern schwebt der „Christus in der Glorie", mit den weit geöffneten Segenshänden, nicht als Richter, sondern als Erlöser.

Von der Wohltat Christi

Vasari, der Biograph und Malerkollege, hatte nicht verstanden, „was er in jenem Teil ausdrücken wollte, wo oben Christus ist, der die Toten auferweckt, und ihm zu Füßen Gottvater, der Adam und Eva erschafft". Welch visionäre Vereinigung von Sündenfall, Brudermord, Sintflut und der Auferstehung des Fleisches bei der Wiederkunft Christi am Ende der Zeit! Vasari, der Rechtgläubige, witterte Ketzertum. Nicht ganz zu Unrecht, denn vieles weist darauf hin, dass Pontormo – wie übrigens auch Michelangelo und andere Künstler der Zeit – den Kreisen der „Nikodemiker" oder der „Spirituali" zuzurechnen war, Anhängern gewisser von der Römischen Inquisition als gefährlich eingestuften randkatholischen Reformbewegungen. Über die guten Werke und die Vermittlerrolle der Institution Kirche stellten diese geheimen Bewegungen den Glauben, „dass der Sohn Gottes all unsere Sünden durch sein teuerstes Blut ausgetilgt hat". Das ist ein Kernsatz ihres Breviers, des *Utilissimo trattato del beneficio di Gesù Cristo crocifisso* – „Überaus nützlicher Traktat über die Wohltat des gekreuzigten Jesus Christus", ein schmales Büchlein, anonym verfasst von einem gewissen Fra Benedetto da Mantova, wie wir heute wissen. In mindestens fünfzigtausend Exemplaren kursierte es nach 1542 – kurz *Il beneficio* genannt – in Italien, bis es von der Inquisition mit unglaublicher Härte gesucht, konfisziert und in Rom „zu Tausenden auf Scheiterhaufen verbrannt" worden ist. Pontormos leider zerstörtes Freskenwerk von San Lorenzo soll geradezu die bildliche Paraphrase dieses Traktats gewesen sein, mit Farben „voll eindringlicher Leuchtkraft", wie sich Augenzeugen in alten Beschreibungen erinnern. In der Bibliothek von Pontormos theologischem Berater Pierfrancesco Riccio, einem Geistlichen im Dienste der Medici, fand man übrigens die einzige heute bekannte Abschrift dieses „klassischen Textes des italienischen Geheimprotestantismus" (G. Manganelli).

Elf Jahre dauerte die Arbeit an den Fresken von San Lorenzo –

Pontormo (Jacopo Carrucci)
Grabtragung (La deposizione),
1525–1528

Pontormo nannte sie seine „Geistesqual mit den Fresken“. Davon blieben lediglich zwei Dutzend Zeichnungen und Entwurfsskizzen erhalten. Die Fresken wurden im Zuge der Gegenreformation zuerst übermalt und dann, bei der Erneuerung des Chorraumes im Jahr 1742, zur Gänze vernichtet. „Ein Verlust, leicht zu verschmerzen“, urteilte damals ein verständnisloser Zeitgenosse.

Der rätselhafte Zauber der Blicke

Die meisten Werke Pontormos befinden sich in Florenz oder im näheren Umkreis. Drei davon seien ausgewählt:

Das erste findet sich in der Certosa San Lorenzo del Galluzzo, auf einer Anhöhe wenige Kilometer südlich von Florenz. Als Pontormo 1523 vor der Pest aus Florenz geflohen war, boten ihm die Mönche in der Kartause Zuflucht. Zum Dank malte er in fünf Arkadenbögen des Kreuzganges die Passion Christi. Überraschende motivische Anklänge lassen darauf schließen, dass Pontormo Albrecht Dürers Holzschnittpassionen gekannt haben muss. Heute zeigt man im Refektorium der Kartause, was Witterungsschäden und stümperhafte Restaurierungsversuche übrigließen: Ruinen von Fresken, deren Seele dennoch lebendig geblieben ist. In manchmal nur schemenhaften Umrissen kühner, expressionistischer Farbkontraste werden Stationen des Leidens Christi erzählt.

Drei Jahre später malt Pontormo für die Familie Pinadori in Carmignano *La Visitazione* – „Die Heimsuchung“, ein großes Altarbild handelnd vom Besuch Marias bei ihrer Verwandten Elisabet: Maria hatte vom Engel erfahren, dass auch die ältere Elisabet endlich ein Kind erwartet, und ging daraufhin „eilends in das Gebirge in eine Stadt Judas“.

Carmignano, ein Städtchen etwa zwanzig Kilometer von Florenz entfernt, ist bekannt für sein Olivenöl und seinen Wein – und bei Kunstbegeisterten für eben dieses Bild. Als wir es in der Kirche

San Michele e San Francesco zum ersten Mal aufsuchten, war es so schlecht beleuchtet, dass wir Mühe hatten, Details zu erkennen. Doch nach und nach gewöhnten sich die Augen an den Lichtmangel. Und so völlig allein mit den vier lebensgroßen Frauengestalten, verfehlte der rätselhafte Zauber ihrer Blicke nicht seine Wirkung auf uns. Langsam erschloss sich auch die Szenerie des Hintergrundes, die mit der kalten Perspektive einer nächtlichen gewitterdunklen Gasse ein ferner Gruß der *pittura metafisica* des 20. Jahrhunderts ist: In der Gasse hocken zwei geisterhaft winzige männliche Gestalten vor einem Toreingang. Davor leuchtet das zärtliche Einverständnis der vier Frauen in herrlichen Farben. Was hat man an ihren reigenhaft sanften Gesten und an den eindringlichen Blicken nicht schon herumgedeutet! Von der ikonographischen Assoziation zu Dürers „Vier Hexen" bis zu jenen Vermutungen, die in dieser Begegnung eine Anspielung auf die Verbindung zwischen Altem und Neuem

Testament sehen wollen oder gar die Vision einer Versöhnung der Kirche Roms mit der heraufkommenden jungen reformatorischen Bewegung. Als genüge es nicht, darin nur zu sehen, was man sieht: Wie sich hier Anmut der Jugend und Milde des Alters vor einem so trostlos erscheinenden Hintergrund zärtlich umarmen, wissend um das Geheimnis der Menschwerdung, das sich in ihnen ereignet.

Farben, die in die Brust leuchten

Weiter nach Santa Felicità, in jene unscheinbare Kirche in Florenz auf der winzigen Piazza Santa Felicità 3, in der sich in der ersten Seitenkapelle rechts Pontormos wohl berühmtestes Bild befindet: *Il trasporto di Cristo* – „Die Grabtragung". Da steht man am schmiedeeisernen Gitter der kleinen Kapelle, die Hände umklammern das kalte Gestänge, der Lichtautomat frisst eine Euromünze um die andere, bis sich der Wärter am Kassentischchen weigert, noch einmal zu wechseln, und einfach das Licht auf unbegrenzt schaltet.

So viel helle Angst ist in diesem Bild! So viel stumme Verzweiflung in einem gnadenlos-gnädigen Licht. Die Mitte bildet nicht die Mutter Maria und auch nicht ihr lebloser Sohn. Die Mitte bildet das Tuch in der unschlüssigen Geste der linken Hand der Maria Magdalena. Die angstvoll fragenden Blicke der zwei Jünglinge, die Jesu Leichnam tragen, finden im Bild keine Antwort.

Pier Paolo Pasolini, der Regisseur und Schriftsteller, war ein großer Verehrer Pontormos, er sah in diesem Licht „Farben, die mitten in die Brust leuchten".

Pontormo, wenig über dreißig Jahre alt, malt sich selbst an den Rand, vielleicht als Nikodemus, der ein diskretes Gespräch mit Jesus in der Nacht gesucht hatte. Folgt man nun seinem wehmütigen Blick, trifft man ins Zentrum der jetzt leeren Kuppel der kleinen Kapelle: Gottvater, der einst dort auf die Heimkehr des Sohnes wartete, ist nicht mehr da. Weggetüncht, abgeschlagen. Nur die vier Evangelisten schauen noch mahnenden Blicks aus den Tondi der Ecken der Kuppel. Die Zeit hat das ganze Bildensemble verstümmelt: 1766 wurde mit der Absenkung der Kuppel nicht nur Brunelleschis architektonisches Konzept, sondern auch Pontormos theologisch-malerische Vision zerstört. Pontormos Selbstporträt blickt heute auf den weißen, leeren Verputz.

Unruhe des Herzens

Nicht nur Pontormo, auch andere italienische Maler der ersten Hälfte des Cinquecento reagieren wie Seismographen auf die Beben neuer religiöser Ideen, in denen die Sehnsucht brennt, „dass der Mensch der Gnade Gottes völlig gewiss sein könne". Dem spirituellen Anarchismus der toskanischen Maler wie Pontormo, Rosso Fiorentino und Beccafumi stehen in Oberitalien Lorenzo Lottos ironische Frömmigkeit, Correggios himmelstürmender und mitunter nur schwer erträglicher Liebreiz und die verrätselte, extravagante

Schönheit Parmigianinos gegenüber. In allen Malern vibriert dieselbe Unruhe des Herzens, die verzweifelte Suche nach einem Entkommen aus dieser Zeit voller Pest, Krieg und einer verlotterten Religiosität. Der Kunsthistoriker Giulio Carlo Argan, Politiker und erster kommunistischer Bürgermeister Roms, vergleicht diese Künstler mit Hochseilakrobaten, deren eleganter Schritt zu tanzen scheint, wo sie doch nur versuchen, nicht abzustürzen.

In einem Brief an einen Freund und Dichter bekennt Pontormo die Vermessenheit des Malers, der durchdrungen sei vom Willen, „die Natur zu übertreffen". Und als wolle die Natur sich für diese Kampfansage rächen, stürze sie den Künstler nahezu täglich in seelische und körperliche Ängste. Im Frühling des Jahres 1555 schrieb Pontormo in sein Tagebuch: „Den Frost gab es nicht im Januar / und er tobte sich aus in diesem Märzmond / wo eine giftige Kälte sich gnadenlos niederschlug / mit der angewärmten Luft [...] dass es war wie Feuerprasseln im Wasser / und ich in großer Angst."

Künstler als Ketzer

Nördlich der Alpen hatte inzwischen die aufbegehrende Unruhe der Reformation die Künstler viel unmittelbarer erfasst. So hatte in der Nacht vom 7. auf den 8. Juni des Jahres 1525 Albrecht Dürer jenes Traumgesicht von einer neuen Sintflut, das ihn am Morgen veranlasste, es in einer bedrohlichen Aquarellskizze festzuhalten. Das Wasser stürzt „mit einer solchen grausamkeitt mit einem uber großem raüschn und zersprützn und ertrenckett das gannz lant", so hielt Dürer es schriftlich auf der Skizze fest und fügte die Bitte an: „Got wende alle ding zu besten."

Es war dies im selben Jahr, in dem man die genialen Kupferstecher Barthel und Sebald Beham, beide wahrscheinlich Schüler Dürers, wegen irrgläubiger Ansichten aus Nürnberg vertrieben hatte. Es war im selben Jahr, in dem man in Würzburg den genialen Bildschnitzer und Bürgermeister Tilman Riemenschneider so „hart gewogen und gemartert“ hat, dass er kein rechtes Werk mehr schaffen konnte. Er hatte die Partei der Bauern ergriffen und war für die Abschaffung der Leibeigenschaft eingetreten – habe Christus doch alle Menschen aus der Knechtschaft befreit. Aber so wörtlich wollten nicht einmal die Reformatoren ihre neue Lehre verstanden wissen. Bis zu achttausend Bauern wurden allein in der Schlacht bei Würzburg am 4. Juni 1525 innerhalb weniger Stunden erschlagen und ihr Mitstreiter Jörg Ratgeb, der Maler eines der ausdrucksstärksten Bilder des auferstandenen Christus, wurde wegen Hochverrats angeklagt und ein Jahr später von vier Pferden in Stücke gerissen.

Den Malerkollegen im Italien des Cinquecento genügte es, sich von der Herrschaft der ästhetischen Gesetze, den malerischen Idealen der Hochrenaissance und vom Zwang des ständigen Wettstreits mit der Natur zu befreien. Politisch hielten sie sich von eindeutiger Parteinahme fern. Jeder Potentat, ob klein oder groß, weltlich oder geistlich, war ja ein möglicher Auftraggeber. Allzu wählerisch durften sie also nicht sein. So malte in eben diesem Jahr 1525 der empfindsame Rosso Fiorentino, neben Pontormo der zweite Revolutionsführer des Florentiner Manierismus, sein gewaltstrotzendes Bild „Moses verteidigt die Töchter Jethros“. Auftraggeber war wahrscheinlich ein notorischer Raufbold und mehrfacher Duellmörder namens Giovanni Bandini. Die Darstellung exzessiver nackter Gewalt zeigt sich uns heute von unglaublicher Modernität.

Keine Reformation in Italien

Es war die Zeit endloser Kriegswirren, Wetterkatastrophen, Pestepidemien und Unglücksprophetien. Manche dieser Prophetien erfüllten sich grausam, etwa im berüchtigten *Sacco di Roma:* Im Mai 1527 verwüsteten wilde Söldnerhorden Rom, rissen das Gold aus den Kirchen und warfen zahllose unschuldig Erschlagene in den

Tiber. Für die einen war die plündernde und mordende Soldateska Karls V. der leibhaftige Antichrist, andere sahen darin das längst fällige Instrument in der strafenden Hand Gottes gegen den wahren Antichrist, nämlich das Papsttum in Rom. Schon waren manche Schriften Luthers ins Italienische übersetzt und das *Enchiridion*, das „Handbüchlein eines christlichen Ritters" des Erasmus von Rotterdam, erfreute sich mit seiner am Evangelium orientierten Milde größter Beliebtheit. Es war – knapp vor Einführung der Römischen Inquisition durch Papst Paul III. – die Zeit ungezählter religiöser Vereinigungen und Geheimbünde. Das Spektrum reichte von naiv-schwärmerischen Gruppen bis zu den intellektuellen Spirituali in reformkatholischen Kreisen.

Inmitten der aufkeimenden religiösen Reformbewegungen in Italien spielten auch Frauen eine wichtige Rolle. Frauen, die sich durch ihre humanistische Bildung, eine emanzipierte Frömmigkeit und eine sensible Empfänglichkeit für einen neuen Geist auszeichneten. Vittoria Colonna zum Beispiel, die Marchesa von Pescara, eine Dichterin von Rang, war mit Michelangelo in einer innigen Seelenverwandtschaft verbunden und wechselte mit ihm Briefe und Gedichte.

Auf ihre Bitte hin fertigte Michelangelo jene Zeichnung einer „Pietà" an, die einen Vers aus Dantes „Göttlicher Komödie" als versteckte Botschaft enthält. Auf dem Kreuzesbalken über dem Haupt von Maria ist zu lesen: *non vi si pensa quanto sanque costa* – „Nicht auszudenken, wie viel Blut es gekostet hat."

Die neuen Ideen in den Zirkeln, die sich für eine Reform der spirituell heruntergewirtschafteten katholischen Kirche in Italien gebildet hatten, sind leider wirkungslos geblieben. Unter dem massiven Druck der Inquisition arrangierten sich viele ehemals Reformwillige oder verließen das Land; manche Standhafte bezahlten ihre Gesinnung sogar mit dem Leben. Viele begaben sich in eine innere Emigration, während nahezu alle reformatorischen Ideen in Italien konsequent und gewaltsam ausgelöscht worden sind.

Die Künstler versteckten die Ideen, mit denen sie sympathisiert hatten, in ihren Werken – wie Pontormo in seinen Fresken von San Lorenzo. Die gefährliche Ambivalenz der Bilder wurde von der gegenreformatorischen Überwachung jedoch bald erkannt. Zensoren überprüften die Kunst in den Kirchen auf ihre Rechtgläubigkeit hin. Pontormo muss das geahnt haben: Sogar dem Herzog verwehrte er den Zutritt zum Chor, während er ganz allein an den Fresken arbeitete. Nach seinem Tod, vermutlich zu Silvester 1556 oder am darauffolgenden Neujahrstag, stellte sein Schüler und Vertrauter Agnolo Bronzino das Freskenwerk fertig. Pontormo war so unglücklich und erlösungssüchtig gestorben, wie er gelebt und gearbeitet hatte. Der Malerbiograph Vasari vermutet, dass neben allgemeiner Erschöpfung eine „völlige Unzufriedenheit mit sich selber" seinen Tod beschleunigt haben könnte. Seinen Nachruf über den unverstandenen Maler beschließt er mit dem Satz: „Pontormo hatte wunderschöne Gesichtszüge."

Hinweise

- Der Traktat „Il Beneficio" ist unter dem Titel „Von der Wohltat Christi. Das hochberühmte Römische Zeugniß aus dem Zeitalter der Reformation", Leipzig 1856, in einer broschierten Ausgabe antiquarisch zu finden.
- IL LIBRO MIO Aufzeichnungen 1554–1556 von Pontormo – mit den Zeichnungen zu den Chorfresken in San Lorenzo – ist in einer deutschsprachigen Ausgabe 1988 in München erschienen.
- Eine künstlerische Umsetzung des Traktats „Über die Wohltat des gekreuzigten Jesus Christus" (*Beneficio*) findet sich auch im Lorenzo-Lotto-Kabinett des Kunsthistorischen Museums in Wien. Es ist das Andachtsbild „Der sein Blut spendende Erlöser in der Glorie", entstanden zur selben Zeit wie Pontormos zerstörte San-Lorenzo-Fresken.

Ich brauche einen Menschen – bis ich Gott habe

Über die Schriftstellerin Christine Lavant (1915–1973)

Lieber hätte sie ein ganz normales Leben geführt, hätte eine Familie gehabt, wäre Mutter geworden vielleicht vieler Kinder – aber dies war ihr nicht geschenkt und nicht gestattet. Ihre Kunst wäre nur verstümmeltes Leben, meinte sie, eine Sünde wider den Geist. Die Liste ihrer lebenslangen seelischen und körperlichen Leiden ist hinlänglich bekannt. „Ich bin biologisch nicht 48, sondern 68 Jahre alt", schreibt sie 1963 an einen Freund, „nirgends ohne körperliche und seelische Beschwerden."

Halt, Ermutigung und Stütze gaben ihr wohlwollende Menschen, vor allem Ludwig von Ficker, Publizist, Essayist und Herausgeber der legendären Zeitschrift „Der Brenner". Sein Vermächtnis ist noch lebendig im Brennerarchiv an der Universität Innsbruck. Ficker war Mittelpunkt eines geistigen Netzwerkes. Sein umfangreicher Briefwechsel spiegelt vielfach das österreichische Kulturschaffen und Geistesleben des 20. Jahrhunderts. Er war Entdecker, Förderer und Herausgeber der Werke von Georg Trakl, der wiederum – neben Rilke – die große literarische Erweckungsgestalt der Christine Lavant war. Trakls Gedichte waren für sie später wie „Salomonis Seide", während sie in ihren eigenen „Raisten oder Rupfen oder gewürfeltes Armen-Leuten-Bettzeug" sah. Dass Ludwig von Ficker vielen seiner Entdeckungen mehr war als nur ein wichtiger Umschlagplatz in der Literaturszene, belegt beispielhaft ein Zitat aus einem Brief der Christine Lavant an ihn vom Juli des Jahres 1955, also am Höhepunkt ihrer Schaffenszeit. Der Brief gibt Einblick in die seelische Grundstimmung einer empfundenen zwischenmenschlichen Bedürftigkeit der Dichterin, die sie dem Förderer bekenntnishaft anvertraut: „Für Geschöpfe meiner Art ist es sehr weit bis zum Herzen Gottes, deshalb mangelt es ihnen dann so sehr, so am allermeisten, an der wichtigsten Nahrung des Gemüts – an Ehrfurcht und Vertrauen. [...] Um es noch einmal und ganz klar zu sagen: Kreaturen meiner Art, die sich erst entkrampfen müssen, um endlich eine Mitte zu bekommen, welche kein Knoten ist, brauchen als Erstes und Wichtigstes einen Menschen, der in ihnen Ehrfurcht und Vertrauen auslöst. [...] Ich brauche einen Menschen, bis ich Gott habe."

In einem späteren Brief an Ficker, vom April 1956, kommt schließlich jene Eigenschaft zur Sprache, die für die Schriftstellerin Christine Lavant von allergrößter Bedeutung war: die Fähigkeit, Erbarmen zu empfinden. Sie findet darin das eindrucksvolle Bild vom Strohhalm, den wir jeden Tag aus der Erde stampfen müssten, um ihn einem Ertrinkenden hinzuhalten – und schreibt, wie hart es ist, den „wirklich Nächsten" zu erkennen. Dann die Bitte, ihrer zu gedenken, und zwar in dem Sinn, „dass ich nie aufhören möge, Erbarmen zu empfinden, reines – von keinem Vorwand maskiertes – Erbarmen."

Ohne Zweifel war Christine Lavant eine „große Mystikerin des 20. Jahrhunderts", so hat sie Lotte Tobisch, eine enge Freundin, einmal genannt. Sie war innen und außen gezeichnet von Krankheit, ausgesetzt wie Hiob, hin und her gerissen zwischen dem Gott der Bibel und dessen Widersacher.

Wie groß ihre Sehnsucht nach Erfüllung und Heilung war, zeigt auch ihr übermäßiger Konsum von Genussmitteln wie Tee, Kaffee, aber auch Alkohol, von Medikamenten und von Nikotin. Auf einem Foto ist deutlich die Zigarettenschachtel zu sehen: *PLAYERS Navy Cut*, die damals wohl stärkste erhältliche Marke mit dem süßlichen Geruch.

Wie aus der Zeit gefallen geistert „die Lavant" über die literarische Bühne der fünfziger und sechziger Jahre des letzten Jahrhunderts. Festgehalten ist ihre Erscheinung in den expressiven Holzschnitten von Werner Berg – manche sind so scharf geschnitten, als hätte sich der Künstler vertan und hätte zu viel vom Gesicht weggeschnitten. Dazu die unvermeidlichen Kopftuch-Fotos, asketisch und apokalyptisch. Selten sind die Fotos, die sie ohne Kopftuch zeigen. Ihre äußere Erscheinung war bestimmt von dieser dörflich antimodischen Kleidung, ordentlich, aber Bedürftigkeit signalisierend und Ausdruck der Ablehnung städtisch-zeitgeistiger Moden. In ihrer mönchischen Ortsfestigkeit spürte und beklagte sie das säkulare Aufsteigen jener öden Leere, die eine zusehends schwindende Religiosität zurücklässt. Bereits in ihrem ersten vollgültigen Gedichtband „Die Bettlerschale" lässt sie ihre Verzweiflung spüren über das Auseinanderfallen von Gott und Welt: „Das Glas ist nicht mehr zu heilen, / nie mehr wird die Welt eine Kugel sein". Sie verbat sich die Entheiligung des Namens Gottes, wie ihn Gewohnheitschristen so gern und leichtfertig gebrauchen, auch wenn – oder gerade weil – sie diesen Gott anklagen und attackieren will. Einer Gemeinschaft heuchlerischer Frömmigkeit, die ihr nach der Verheiratung mit einem geschiedenen Mann („eine Todsünde!") zu dörflich-infamer Bösartigkeit geworden war, will sie weder im Diesseits noch im Jenseits angehören: „Gott, sag das nicht nach, / sag keins der lauen Worte deiner Frommen! / Ich will ja nicht in ihren Himmel kommen."

Ich habe Christine Lavants Gedichte zwar gelesen, damals, Ende der 1950er, Anfang der 1960er Jahre, aber allzu nahe wollte ich ihnen nicht kommen. Vielleicht aus Angst, ich könnte mich daran verletzen. Wahrscheinlich suchte ich gerade in Gedichten Bestärkung und vermied es, die Sicherheitszonen zu verlassen. Christine Lavants Gedichte führen aber durch vermintes Gelände. Wie die alttestamentlichen Prophetinnen und Propheten, wie Hiob musste sie aufbegehren und blasphemisch fluchen: „Wenn es kommt, kann man nichts dagegen tun. Ich schreib aus Verzweiflung." Schreiben scheint ihr – schon als Kind – als Ausweg aus Enge und Isolation. Ein erster Veröffentlichungsversuch der Siebzehnjährigen scheitert; sie verlegt sich aufs Stricken und Lesen. Liest, was ihr in die Hände kommt, was sie anspricht: die großen Romane der Weltliteratur ebenso wie religiöse und esoterisch-okkulte Literatur. 1937/38 sterben innerhalb von sechs Monaten Vater und Mutter. Christl, wie sie von nahestehenden Menschen genannt wurde, heiratet – vielleicht sogar aus Mitleid – den um dreißig Jahre älteren mittel- und erfolglosen Maler Josef Benedikt Habernig. Bezieht mit ihm eine Dachkammer. Den Lebensunterhalt verdient sie mit Stricken. Zu schreiben beginnt sie wieder in den Nächten, den Kerzenverbrauch muss sie mit dem Mann aushandeln. Sie ist schon dreißig, als ihr ein Bändchen mit den späten Rilke-Gedichten in die Hand gedrückt wird. Da geht in ihr etwas auf, als habe man ihr „einen Brunnen geschlagen". Nach einer Übungs- und Imitationsphase findet sie ihre eigene Sprache: sinnlich, magisch, bilderreich und bitter.

Kunst aus Kraft – nicht aus Gebrechlichkeit

Auf den Rat ihres ersten Verlegers hin wählt sie als Dichterin den Namen Lavant. Bald folgen öffentliche Auszeichnungen, so 1954 der Georg-Trakl-Preis, bei dessen Verleihung sie Ludwig von Ficker persönlich kennenlernt, der auch die Laudatio für sie hält. Von nun an kommt es immer wieder zu Lesungen und Auftritten im Kreise von Künstlern und Literaten. Sie lernt den Maler Werner Berg kennen, mit dem sie eine heftige und für ihre literarische Produktion schmerzhaft befruchtende Beziehung eingeht. 1970 erhält sie den großen Österreichischen Staatspreis für Literatur.

Das noch immer herrschende Lavant-Bild war entstanden durch manche mythenbildende Übermalung und Übertreibung.

So ist im Klappentext eines recht einflussreichen biographischen Erinnerungsbuches von 1989 noch von einer Dichtung zu lesen, die aus „dieser armen und todnahen Existenz heraufbrach". Christine Lavant verstärkte dieses Bild mit einem gewissen Hang zur Selbstinszenierung, vielleicht auch zum Selbstschutz. Nach und nach wird es allerdings im Zuge neuerer Publikationen bereinigt: Ihre Kunst entstamme der Kraft und nicht der Gebrechlichkeit, wird anlässlich der jüngsten Werkausgabe ein etwas schief geratenes Bild zurechtgerückt. Zunehmend entdeckt man den Kopf unter dem Kopf-Tuch. Immer habe sie „mit erhobenem Haupt geschrieben", habe „klug und sorgfältig" gearbeitet und die Gedichte seien allesamt „Kunst und keine Beichtformeln". Allzu lange assoziierte man mit ihrem Namen ja vorrangig Katholisches. Aber ihre vielhundertfache Anrede „Herr" in den Gedichten changiert mehrdeutig zwischen einer Klagerede vor dem christlichen Gott und einer Wutrede gegen ihn, der ja oft für den geliebten peinigenden Ersatzgott Mann steht: „Alles meinem Gott zu Diensten / dem Ersatzgott der fast echt ist / jedenfalls ein echter Quäler."

Ganz und gar nicht zum Klischee der leidenden Seherin passt Christine Lavants charmante Geselligkeit, wenn sie einen Gesprächskreis mit Schlagfertigkeit und großer Belesenheit überraschte. Michael Guttenbrunner, Mit-Preisträger des Trakl-Preises 1954, hat sogar einmal kritisch angemerkt, sie sei in gewissen Kreisen „bald Salonfigur" gewesen, „es wurde mit ihr Hof gehalten". Und sie habe „virtuos auf ihre Vergötzung" reagiert.

Als ihr wichtigster und bekanntester Lyrikband gilt „Die Bettlerschale" (1956). Ihm folgten „Spindel im Mond" (1959) und „Der Pfauenschrei" (1962). Heute wiedergelesen, nach mehr als einem halben Jahrhundert, schmerzt der Stachel unvermindert, der in den Geheimnissen der Gedichte sitzt. Der Lyrik gegenüber geriet ihre Prosa bei Kritik und Verlagen ins Abseits. Ein eklatantes Fehlurteil, das erst in den letzten Jahren mit Erst- und Neuausgaben revidiert wird. Spät hat man erkannt, von welch großer Qualität die autobiographisch durchwirkten Erzählungen „Das Wechselbälgchen", „Das Kind" oder „Aufzeichnungen aus einem Irrenhaus" sind.

Dem Briefwechsel mit der deutsch-jüdischen Dichterin Hilde Domin im Sommer 1960 verdanken wir einen kleinen Exkurs über die Gnade. Lavant:

„Als Gnade könnte ich mir am ehesten noch den Zustand denken, wo man so gründlich zusammengeschlagen ist. [...] Also völliges Passiv-sein. Vermutlich bin ich im Kern trotz meiner Hilflosigkeit verdammt aktiv, viel zu viel, als dass ich einmal in den Zustand der Gnade käme." In Hilde Domins Antwort kommt es zu einer bemerkenswerten Metamorphose von Gnade – entsprechend der Doppelbedeutung von *gratia*: „Vielleicht gehen wir nur in der Benennung auseinander: Gnade ist gerettet werden, das Geschenk, wenn man ganz an der Grenze ist: ‚Ich setzte den Fuß in die Luft und sie trug!' Das bezeichne ich als Gnade, [...] sehe nicht in die Wolken, ob ein Geber zu sehen wäre, und als ich es bekam, war ich dankbar." Drauf antwortet Christine Lavant, die sich gerne Selbstbezichtigende, sehr unumwunden und ohne Scheu: „Oft bin ich dankbar. Ganz plötzlich wegen nichts mitten beim Aufräumen oder Geschirrwaschen u. immer aus dem tiefsten Sein heraus gedankenlos u. doch mit Scheitel und Herz u. oft mit dem ganzen Leib. Dann sage ich manchmal ‚Danke' – manchmal mach ich auch bloß das Kreuzzeichen für meine Eltern, für mich, für alle Wesen der Welt. Aber das alles ohne Adresse. Ohne gerade Linie zu irgendwem, sondern strahlenförmig nach Überall. (Also auch zu Ihnen.)"

Kerstin Hensel hat eine schmale Anthologie mit ausgewählten Gedichten unter dem Titel „Kreuzzertretung" herausgegeben. Im Nachwort formuliert sie einen eindringlichen Befund: „Das Liebste (der Liebste), das Christine Lavant besitzt, heißt Gott. Ein anderer findet sich nicht, der erfüllt, was sie braucht: ein Minimum an Geborgenheit, kreatürliche Wärme. Also besitzt sie nichts. [...] In höchster Liebe flucht sie den Liebsten, denn Fluchen ist Heilmittel gegen Jammerei und Phlegma. [...] Christine Lavant bekennt sich zu Gott, indem sie sich von ihm lossagt. [...] Wenn sie flucht, tut sie es in tiefer Frömmigkeit. Sie ist, bei allem *De profundis*, eine Beterin."

Geboren wurde Christine Lavant am 4. Juli 1915, es war ein Sonntag. Gestorben ist sie am 7. Juni 1973, es war der 130. Todestag von Friedrich Hölderlin.

Hinweise

- Seit 2012 erscheint das Werk von Christine Lavant im Verlag Wallstein, Göttingen.
  Band 1 (hrsg. v. Doris Moser und Fabjan Hafner 2014) präsentiert das zu Lebzeiten veröffentlichte lyrische Werk Christine Lavants;
  Band 2 (hrsg. v. Klaus Amann und Brigitte Strasser 2015) sämtliche zu Lebzeiten veröffentlichte Erzählungen.
  Band 3 (hrsg. v. Doris Moser und Fabian Hafner 2017) beinhaltet eine Auswahl von rund 500 bisher unveröffentlichten Gedichten aus dem Nachlass der Dichterin.
  Band 4 (hrsg. v. Klaus Amann und Brigitte Strasser 2018), die Erzählungen aus dem Nachlass.
- Thomas Bernhard schätzte die Gedichte von Christine Lavant und gab 1987 eine Auswahl in einem schmalen Bändchen der Bibliothek Suhrkamp heraus, Berlin 1987.

Auf der Suche nach der verlorenen Seele Europas

Eine Betrachtung

Am Anfang steht der Mythos vom liebestollen Zeus, der in Stiergestalt die phönizische Königstochter Europa schwimmend nach Kreta entführt und damit einem Kontinent seinen Namen gibt. Das ist eine mythische Gewissheit, in der eine geschichtliche Wahrheit steckt: die Wiege der europäischen Kultur liegt in Asien. Von der syrischen Mittelmeerküste, wo sich einst die Hochkulturen Babyloniens und Ägyptens berührten und überschnitten, übernahmen schon im dritten Jahrtausend v. Chr. die Bewohner Kretas ein Verwaltungssystem, das auf der Verwendung der Schrift beruhte und das von stadtartig befestigten Palästen aus gesteuert wurde.

Die Sage erzählt, dass Europa die Tochter des Königs von Phönizien war. Der König selbst war aus Ägypten gekommen – dem Land am Nil, das blühende Handelsbeziehungen mit den Phöniziern hatte. Eifersüchtig wachte er darüber, dass kein Mann seiner schönen Tochter zu nahe kam und sie vielleicht gar entführte. Also musste der griechische Göttervater Zeus, der sich in Europa verliebt hatte, besonders einfallsreich zu Werke gehen. Er verwandelte sich in einen nach Moschus duftenden Stier, betörte die schöne Prinzessin und trug sie als ahnungslose Beute auf dem Rücken nach Kreta: Europa.

Für die etymologische Herkunft des Namens Europa gibt es zwei Erklärungsversuche. Die einen Etymologen meinen, der Name käme aus einer semitischen Sprache, rühre vielleicht vom akkadischen *erebu* her, mit der Bedeutung für „sinken“ und „untergehen“ – oder vom phönizischen erob für „dunkel“ oder „Abend“; daher auch „Abendland“.

Aus dem Griechischen kommend könnte es „die Frau mit der weiten Sicht“ bedeuten, zusammengesetzt aus ευρύς – weit, und ὄψις – die Sicht. Der bedeutende Altphilologe und Mythenforscher Karl Kerényi vertritt diese These. Die Botschaft wäre demnach, wir könnten Europäer sein, mit weiblicher Schau und weit geöffnetem Blick – uns selbst und den anderen gegenüber.

Odysseus oder Aeneas?

Wer von den griechischen Helden könnte dem Urbild „des Europäers“ entsprechen? Der listenreiche Dulder Homers vielleicht, Herrscher auf einer griechischen Insel? Als Heerführer zog er gemeinsam mit anderen Provinzfürsten nach Mannes Art in den Krieg. Es galt, die Ehre des Menelaos wiederherzustellen, dem Paris die Gattin, die schöne Helena, gestohlen hatte. Ein Krieg war entbrannt, angestiftet von Missgunst und Eifersucht unter Göttinnen, er endete mit der Zerstörung eines Stadtstaates in Kleinasien. Troja. Nach zehnjährigem Krieg war es dem Erdboden gleichgemacht. Sklaverei bei den siegreichen Griechen erwartete die Überlebenden. Nur wenige Trojaner konnten sich in die Freiheit retten. Inmitten der Sieger der listenreiche Odysseus, Erfinder des trojanischen Pferdes – ein Vorbild? Nicht unbedingt.

Vielleicht eher der Trojaner Aeneas, einer der Unterlegenen im Krieg? Auch von ihm erzählt vor allem der lateinische Dichter Vergil. Aeneas floh mit seinem Vater Anchises auf den Schultern und seinem Sohn Askanios an der Hand aus dem brennenden Troja. Bei Vergil wird er dafür der „pius Aeneas“ genannt. Der fromme, gottesfürchtige.

Ihm, der im vollen Besitz seiner Kräfte war, wurde die Aufgabe übertragen, den alten Vater und den Sohn in Sicherheit zu bringen, um Geschlecht und Nachkommenschaft zu retten. Der Sage nach war die Göttin Aphrodite seine Mutter. In jener Nacht, in der der Grieche Odysseus mit seinem hölzernen Pferd die Trojaner überlistet, erschien dem Aeneas der gefallene Hektor im Traum. Der forderte ihn auf, eilig die Stadt zu verlassen und seine Familie und seine Hausgötter mitzunehmen. In weiter Ferne werde er eine neue Heimat finden.

Da erwacht Aenas. Er sieht die Stadt in Flammen und Erschlagene in allen Gassen. Aeneas eilt zurück ins Haus, um seine Familie zu retten, den Sohn Ascanius und die Gattin Kreüsa, doch sein alter Vater Anchises weigert sich zu gehen. Da drückt ihm Aeneas die Hausgötter in die Hand und nimmt den Vater kurzerhand auf seinen Rücken. Aphrodite bahnt ihnen hilfreich den Weg. Im Gewirr der brennenden Gassen verliert Aeneas seine Gattin Kreüsa jedoch aus den Augen. Er soll sie nicht mehr wiedersehen.

Mit wenigen Gefährten, die sich um ihn scharten, gelangte Aeneas in eine kleine Hafenstadt am Meer. Dort zimmerten sich die Flüchtlinge Boote zusammen, um eine neue Heimat in der Fremde zu finden. Aeneas, der Stammvater der Römer, ein Flüchtling aus Kleinasien.

Es war nicht leicht, die Fahrt glücklich zu beenden. Lange irrten sie umher und viele Freunde büßten das Wagnis der Reise mit ihrem Leben. Auch Vater Anchises starb unterwegs und Aeneas begrub ihn, vermutlich auf dem Berg Eryx in Sizilien. Nach einem Zwischenspiel im nordafrikanischen Karthago fand Aeneas endlich die Küste des verheißenen Landes: dort, wo der Fluss Tiber sich nach Westen in das große Meer ergießt.

Aeneas kehrt, wie wir wissen, nicht zurück in die Heimat seiner Kindheit, auch nicht, als der Krieg längst vorbei ist. Höhnend beschimpft man ihn später als einen fahnenflüchtigen, pflichtvergessenen Deserteur. Der Mythos hält fest: Rom wird nicht gegründet von einem Sieger, sondern von einem Besiegten. Aeneas, der Seefahrer wider Willen! Tief in der mythischen Antike wurzelt das Verhältnis unseres Kontinents zum Mittelmeer. Denn schon zu Zeiten der großen Epen – Ilias, Odyssee, Aeneis – formt sich dieses Verhältnis kulturell, politisch und wirtschaftlich. Zu diesen Zeiten beginnen die Küstenbewohner, Gebrauch vom Meer zu machen, es sich anzueignen. Die Pioniere der Antike nutzen es wirtschaftlich und migratorisch: Griechen besiedeln Sizilien, gründen Marseille; Cádiz in Südspanien und schon am Atlantik gelegen, geht auf Phönizier zurück, die aus dem heutigen Libanon kamen. Das alte Athen wie auch das Römische Reich versorgen sich über das Meer mit Getreide. Während der ersten Jahrhunderte der christlichen Zeitrechnung war das Mittelmeer ein vielbefahrenes Gewässer, Austausch- und Begegnungsraum. Die Römer haben den Namen gefunden: *Mare nostrum*. Seit damals ist es „unser Meer" geblieben – bis auf Weiteres.

Heute ist es eine Grenze. Der Graben zwischen dem Norden der Reichen und dem Süden der Elenden. Die Schärfe der Gegensätze hat sich ins schier Unerträgliche gesteigert und wird sich nicht mildern, solange Europa seine dunkle Schwester Afrika so empathielos anblickt. Klimawandel, politische Instabilität und fortgesetzte Ausbeutung lassen in großen Teilen Afrikas nicht auf nachhaltige Verbesserung hoffen. Junge Menschen werden sich weiterhin auf die Reise machen. Nicht das Massengrab *mare nostrum* und kein Zaun der Welt werden sie davon abhalten, immer wieder ihre verzweifelten Versuche zu wagen.

Europa – Humanität oder seelenloser Hochmut?

Seit Vergil die Aeneis schrieb, kennen wir den Generationenvertrag des *pius Aeneas*. Jahrhundertelang wurde dieses Epos, die „Aeneis" des Vergil, von den Gebildeten gelesen wie die Bibel, auch sogar als

Stech- und Losungsbuch. Theodor Haecker, der Philosoph christlich-abendländischen Geistes in einer dunklen Zeit, sieht in Vergil den Schlüssel für das Verständnis der verschlungenen Wege und Irrwege durch Mythos, Geschichte und Literatur. Angefangen mit Homer, über die griechischen Tragiker, insbesondere Euripides, der schon für Aristoteles der verständlichste und menschennächste unter ihnen war, bis hin zu Dante, Shakespeare, Racine. „In Aristoteles“, so Theodor Haecker, „war schon zu vollem Bewusstsein erwacht dieser westliche Humanismus, der unser Herz ist, das wir klopfen hören wollen. Die Humanität ist da von Homer an und am tragischesten in Euripides.“

Die Kultur Europas wird so lange leben, wie sie zu ihren mythischen und religiösen Wurzeln ebenso steht wie zu den Errungenschaften von Aufklärung und Menschenrechten. Bereits vor mehr als sechs Jahrzehnten, als Europa wieder eine Vision war, sahen Dichterinnen und Denker wie Reinhold Schneider eine europäische Krise voraus, die jetzt, nach einer kurzen Phase der Euphorie, schmerzhaft eingetreten ist. Ende der fünfziger Jahre des vorigen Jahrhunderts hat Schneider am Deutschen Goetheinstitut in Lissabon einen Vortrag über Europa gehalten. Schon die ersten Sätze dieser „Seelenbeschreibung“ lesen sich, als wären sie gestern geschrieben worden:

„Europa ist ein bestimmter Blick auf die Welt – es ist Bekenntnis zur lateinisch-griechischen Kultur und Widerspruch dazu. [...] Europa ist eine Gemeinschaft von ‚Volkspersönlichkeiten‘, deren jede zwar ihre besondere Sendung hat, aber nur solange sie sich in ihrer Einheit behaupten, ist Europa da. [...] Wir sind eins in der Schicksalsgemeinschaft, sind eins im Denken, Forschen und Fragen, das in diesen Jahren vielleicht an äußerste Grenzen gestoßen ist. [...] Europa in seiner eigentlichen Gestalt ist ein leidenschaftlicher Protest gegen jegliche Vereinfachung, jede plausible Lösung. [...] Europa, das ist ein Leben an der Küste. – Das ist unser Leben: Europa über Europa hinaus.“

Adam Elsheimer
Aeneas rettet Anchises aus dem brennenden Troja,
um 1599/1604

Die Seele Europas – ein Europa der Seelen

Dabei könnte ein Europa durchaus liebenswert sein: Als reiches Wurzelwerk, das tief im Inneren seiner Geschichte lebendige Säfte unterschiedlicher Herkunft sammelt, könnte es als Konfluenz derselben geistiges Zentrum und Quelle in der allgemeinen und globalen Weltvernetzung sein. Vor hundert Jahren sprach man noch von „Seelen“, wenn man Menschen meinte, heute vergisst man notorisch, dass hinter Statistiken und Zahlen Menschen – also Seelen – verdeckt, ja mutwillig unsichtbar gemacht werden. Sogenannte „christliche“ Parteien müssen sich heute von Agnostikern daran erinnern lassen, dass die „Globalisierung der Gleichgültigkeit“ – wie Papst Franziskus die Pest unserer Zeit immer wieder benennt – mit dem verschämten Verschweigen der Zugehörigkeit zu einer Wertegemeinschaft der Nächstenliebe beginnt. Zweifellos zieht sich eine tiefdunkle Spur des Ungeistes durch das Myzel europäischen Geistes in seiner Perversion: Es waren die Europäer, die Nord-, Mittel- und Südamerika besetzten und die indigene Bevölkerung zum Teil grausam umbrachten und unterdrückten. Sie drängten ihr ihre Sprachen – Englisch, Spanisch, Portugiesisch – auf, ihre Kultur und ihre Religion. Es waren Europäer, die Australien besetzten und europäische Denk- und Lebensart gegenüber den Aborigines gewaltsam durchsetzten. Und was alles hat nicht Europa in Afrika verbrochen! Immer, wenn der Kontinent auf Macht, Einfluss, Gewinn und Reichtum setzte, missachtete er, worauf er noch immer vorgibt, stolz zu sein: Humanität. Folgen davon sind heute das Elend der Welt.

Averroes oder: Gehört der Islam zu Europa?

In seinem Gemälde „Die drei Philosophen“ hat der Maler Giorgione um 1508 eine Veranschaulichung davon geschaffen, was wir „Seele Europas“ nennen wollen. Das Bild ist eines der schönsten Beispiele venezianischer Malerei am Höhepunkt der Renaissance, ein Glanzlicht, das zum Urbestand der größten Habsburger-Kunstsammlung, des Wiener Kunsthistorischen Museums, gehört.

Wer diese drei Philosophen sind, darüber gibt es immer wieder unterschiedliche Erklärungsversuche, jeder scheint auf seine Art plausibel. Besonderes Augenmerk wird dabei immer auf die mittlere Gestalt gelegt, die mit Turban und dunklerer Hautfarbe ganz eindeutig arabisch-islamisch gekennzeichnet ist. Vielleicht – so lautet eine Vermutung – spielt der Maler auf den Philosophen und Übersetzer Averroes an, auch bekannt als Ibn Ruschd. Ihm verdankt die europäische Philosophie und Theologie die Kenntnis der Schriften von Aristoteles, einem Fundament des europäischen Geistesgebäudes. Averroes (oder Ibn Rushd) war der große Vermittler für Europas metaphysischen Überbau. Im 12. Jahrhundert in Córdoba geboren, schlägt er Brücken zwischen griechischer, arabischer und

lateinischer Kultur und beeinflusst den gesamten lateinischen Kulturkreis, bis in die Renaissance und weit darüber hinaus.

Sein zentrales Anliegen war, die Menschen zu überzeugen, dass Vernunft und Religion keine Gegensätze sein müssen. So wie schließlich ein verträgliches Miteinander der mittelalterlichen christlichen Theologie mit dem an der Antike orientierten Humanismus der Renaissance und der Aufklärung des 19. Jahrhunderts im Laufe der folgenden Jahrhunderte entstand – nicht zuletzt dank Averroes –, so hätte das auch im Islam geschehen können. Doch Averroes' Forderung an die Menschen, ihre Vernunft zu gebrauchen, brachte ihn in Konflikt mit den Sichtweisen der islamischen Orthodoxie.

Zur Entwicklungsgeschichte Europas gehört es ganz wesentlich, dass es auf der Iberischen Halbinsel bis Ende des 11. Jahrhunderts ein Zusammengehörigkeitsgefühl gab, das viele Gegensätze überbrückte: Religiöse Feste der unterschiedlichen Religionen wurden gemeinsam gefeiert, Ostern und Fastenbrechen vereinte gastfreundlich Muslime und Christen. Man spricht sogar von einer gemeinsamen „Lebensbehausung" – *morada vital* –, welche damals die Religionsgrenzen überwunden hatte. Ja, der Islam gehört zu Europa. Er ist Teil der ebenso semitisch wie griechisch-römisch geprägten Welt, in und von der wir bis heute leben. Die *Mezquita-Catedral* von Córdoba erinnert daran: eine Moschee, auf antiken Säulen ruhend, umgewandelt in ein christliches Gotteshaus. Nur im Bewusstsein dieser Einheit als Dialog ist auf längere Sicht Frieden möglich. Keine andere Epoche legt von diesem Ziel besser und schöner Zeugnis ab als Andalusien, *al-Andalus.*

Ein Fresko europäischen Geistes

Der Weg dahin führt in den Vatikan, in die *Stanza della Segnatura,* den Saal „der Gnade und des Rechts", wie ihn Papst Julius II. genannt haben wollte. Die *Stanza della Segnatura* beherbergt die berühmtesten Fresken Raffaels: Es sind die ersten Arbeiten des gerade fünfundzwanzigjährigen Malers im Vatikan und kennzeichnen bereits einen Höhepunkt der Hochrenaissance. Das ikonographische Programm soll die drei höchsten Prinzipien des menschlichen Geistes darstellen: das Wahre, das Gute und das Schöne. Gewissermaßen die Dreieinigkeit in der Seele Europas.

Das Gute ist an der Nordwand in den Tugenden und dem Gesetz dargestellt, das Schöne wird im Süden auf dem Parnass mit Apoll, den Musen und den Künsten symbolisiert. Dem Wahren aber werden gleich zwei Wände der Stanza gewidmet: Einmal im Osten der göttlichen Wahrheit – sie findet ihren Ausdruck in der *Disputa* (der Verherrlichung der Eucharistie in der theologischen Erörterung, der Disputation); und schließlich im Westen die menschlich-vernünftige Wahrheit, in der sogenannten *Schule von Athen,* einer grandiosen Erzählung europäischen Denkens.

In ihrem Mittelpunkt stehen Platon und Aristoteles. Der Erste deutet mit dem Finger nach oben, zur Welt der Ideen, zum Himmel könnten wir sagen; der Zweite streckt die Hand nach vorne, auf den Betrachter zu, zur Erde, der konkreten Wirklichkeit. Ein Bild, das Europa und seine Geschichte gut beschreibt, die aus der fortwährenden Dialektik zwischen Himmel und Erde besteht. Der Himmel bietet die Öffnung zum Transzendenten – und die Erde fordert das praktische und konkrete Handeln.

Seel-Sorge

Papst Franziskus liebt dieses Fresko. Zum Thema „Europa" äußerte er sich mehrfach, so auch anlässlich der Verleihung des Karlspreises im Mai 2016: „Als Sohn, der in der Mutter Europa seine Lebens- und Glaubenswurzeln hat, träume ich von einem neuen europäischen Humanismus: Es bedarf eines ständigen Weges der Humanisierung, und dazu braucht es Gedächtnis, Mut und eine gesunde menschliche Zukunftsvision. […] Ich träume von einem Europa, das sich um das Kind kümmert, das dem Armen brüderlich beisteht und ebenso dem, der Aufnahme suchend kommt, weil er nichts mehr hat und um Hilfe bittet. […] Ich träume von einem Europa, in dem Migrantsein kein Verbrechen ist, sondern vielmehr eine Einladung zu einem größeren Einsatz mit der Würde der ganzen menschlichen Person." Jorge Mario Bergoglio wählte als Papstnamen Franziskus. Damit zeigte er, was als Seele Europas aufscheint, ist keineswegs so glanzvoll wie die Philosophen in ihren Togen, sondern kommt im schlichten Habit des Minderbruders: franziskanischer Geist. Er stellt mehrfach die Frage: Sieht man denn nicht die Armen endlich auch als die Seele Europas?

Der tschechische Philosoph Jan Patočka, der erste Sprecher der Charta 77 und Weggefährte von Jiri Hajek und Václav Havel, sieht im sokratisch-platonischen Grundmotiv der „Fürsorge für die Seele", der *epimeleia tes psyches,* das eigentliche Grundmotiv der authentischen Idee für die Entstehung Europas: „Die Sorge um die

Seele hat Europa geschaffen. Sie ist das europäische Erbe. […] Seit dem 16. Jahrhundert wird sie in immer größerem Ausmaß verdrängt durch die Sorge um das Haben. Europa standen zwei Wege der Erderschließung offen, der äußere der Welteroberung, der zur Katastrophe führte, und der innere der Welterschließung, auf dem die Lebenswelt zur Welt wird. Letzteren gilt es zu gehen." Nämlich Lebenswelt für alle. Lebenswelt für die Welt. Jan Patočka präzisiert: „Das Abendland und die Geschichte sind im Grunde aus der Sorge um die Seele erwachsen, das heißt um dasjenige, was über der Region der Lebensfristung liegt." Egon Friedell formulierte es in seiner „Kulturgeschichte der Neuzeit" einmal noch drastischer als Kritik an der Inhumanität einer wirtschaftgesteuerten Gesellschaft: „Nicht die ewige Tatsache, dass der Mensch eine Seele besitzt, gilt als seine Legitimation zum Dasein, sondern die zufällige, ob er in einen angemessenen Freßraum hineingeboren ist." Pech für die Afrikaner!, antwortet blinder Sarkasmus darauf.

Zwei Reden über die Seele Europas

Die erste Rede – gehalten von einer damals dreiundfünfzigjährigen Frau, die bekennt: „Mein ganzes Leben habe ich in Europa verbracht. In der Europäischen Union aber bin ich noch eine Jugendliche. Denn aufgewachsen bin ich in der ehemaligen DDR." Das sagte Angela Merkel im Jänner 2007 vor dem Europarat. Merkel, von November 2005 an deutsche Bundeskanzlerin, beginnt mit dem berühmten Satz von Jacques Delors „Wir müssen Europa eine Seele geben." Und sie korrigiert den ehemaligen Präsidenten der Europäischen Kommission gleich: „Wir müssen Europas Seele *finden*. Denn eigentlich brauchen wir sie Europa nicht zu geben, weil sie schon bei uns ist." Angela Merkel tastet die Begriffe Vielfalt und Freiheit auf deren Seelengehalt ab und landet bei Voltaires wohl bekanntestem Satz: „Ich mag verdammen, was Du sagst, aber ich werde mein

Leben dafür einsetzen, dass Du es sagen darfst.“ Angela Merkel: „Ich finde, Voltaire hat die Seele Europas in sich getragen. Denn Voltaires Satz zeigt: Das, was Europa auszeichnet, das, was seine Seele ausmacht, ist der Umgang mit unserer Vielfalt.“

Und sie kommt zu dem Schluss: „Europas Seele ist die Toleranz. [...] Toleranz, so wie wir sie in Europa brauchen, heißt nicht bloß Gewaltverzicht, heißt nicht bloß, das Andere zu dulden, sondern verlangt, das Andere zu wollen. Es gibt einen einfachen Weg zur Seele Europas: Man muss auch mit den Augen des anderen sehen.“

Die zweite Rede. Mitte November des Jahres 1799 verwirrte ein junger Mann beim Jenaer Romantikertreffen mit folgenden Worten seine Dichterkollegen und provozierte damit eine heftige Kontroverse. „Es waren schöne glänzende Zeiten, wo Europa ein christliches Land war, wo eine Christenheit diesen menschlich gestalteten Weltteil bewohnte. Ein großes gemeinschaftliches Interesse verband die entlegensten Provinzen dieses weiten geistlichen Reiches.“

Der junge Mann war Freiherr Georg Philipp Friedrich von Hardenberg, ein bildschöner Jüngling, der sich Novalis nannte und mit 29 Jahren an Tuberkulose starb. Er war das einzige wirkliche Genie unter den Romantikern. Bei seiner Rede „Das Christentum oder Europa“ handelt es sich um den ersten Text in deutscher Sprache, der – in romantisch-poetisierender Gestalt – eine umfassende Vision einer europäischen Gemeinschaft entwirft. Dieser Vision steht entgegen, so die Erkenntnis von Novalis, dass Menschen „Glauben und Lieben“ gegen „Wissen und Haben“ getauscht haben. Novalis hat als Therapie eine merkwürdige Vision anzubieten: „Nur die Religion kann Europa wieder aufwecken und die Völker versöhnen und die Christenheit mit neuer Herrlichkeit sichtbar auf Erden in ihr altes friedenstiftendes Amt installieren.“ Und noch provokanter heißt es: „Die andern Weltteile warten auf Europas Versöhnung und Auferstehung, um sich anzuschließen und Mitbürger des Himmelreiches zu werden.“

Etwas leichter verständlich wird Novalis’ schwärmerische

Vision, wenn wir seine Definition von Religion akzeptieren können, die auch gilt, wenn er von „Christentum" spricht: „Religion ist Sinn und Geschmack fürs Unendliche. In wessen Inneren nicht eigene Offenbarungen aufsteigen, wenn seine Seele sich sehnt, die Schönheit der Welt aufzusaugen, wer nicht hier und da fühlt, dass ein göttlicher Geist ihn treibt und dass er aus heiliger Eingebung redet und handelt, der hat keine Religion."

„Christliches" Europa?

Sätze aus dem letzten Interview mit Erich Fromm, geführt kurz vor seinem Tod im März 1980, erschienen in der deutschen Wochenzeitung DIE ZEIT. Ein Kontrapunkt zu dem Befund von Novalis – und gleichzeitig eine Bekräftigung seiner Vision.

„Herr Fromm, Sie schreiben an einer Stelle: Europa ist bis heute nicht christlich gewesen. Eigentlich eine ungeheure Aussage."

Erich Fromm: „Nun, sie ist gar nicht so ungeheuer, sie ist vielleicht nur etwas überraschend, weil man sich einer Illusion hingegeben hat. Was heißt Christentum? Jesus war ein Mann, der war arm, der wollte nichts haben, der wollte keine Macht, er wurde versucht zur Macht, und gerade die hat er abgelehnt. Er war ein Mann voll Liebe, der sein Leben hingegeben hat für die Menschen. Demgegenüber steht das heidnische Prinzip der alten Teutonen, das sagt: Worauf es ankommt, ist Macht, Überlegenheit, und es ist schön, zu sterben, wenn man weiß, dass man siegt. Nun, jetzt fragen wir einmal: Wo ist denn der christliche Geist in Europa? Wen bewundern wir denn heute? Bewundern wir den Armen? Den Aufopfernden? Den Liebenden? Und das waren für mich doch von früh an die Propheten und speziell die Begriffe wie: Hoffnung auf die messianische Zeit, die Hoffnung, dass der Messias eine bessere Welt aufrichten würde. Und diese Hoffnung war für die traditionellen Juden eine sehr starke. Das hat nichts mit Zionismus zu tun, sondern das war ein Glaube: Die Welt wird erlöst werden, nicht durch Katastrophen, sondern in einer großen Weltverbesserung. So finden Sie das bei den Propheten.

Dieses messianische Motiv hat zwei Dinge in sich: nämlich einmal ein Religiöses, die Vollendung des Menschen, die Perfektion des Menschen, die Konzentrierung des Lebens auf geistige, religiöse, moralische Normen, und ein Politisches, nämlich die wirkliche Änderung der Welt, eine neue Gesellschaftsverfassung, die diese religiösen Prinzipien durchsetzt. Nun also, ich sage, diese messianische Vorstellung, die war die erlösende und beeindruckende Vorstellung, und die ist es eigentlich bis heute geblieben, nämlich damals wie heute eine Vorstellung, in der das Religiöse und das Politische voneinander gar nicht zu trennen sind."

Poesie ist die Seele Europas!

Wir verdanken diese Behauptung Johann Gottfried Herder, dem Oberpfarrer und ersten Prediger an der Stadtkirche St. Peter und Paul zu Weimar. Herder war Dichter, Übersetzer und Erforscher der Poesie der Völker, plädierte für eine „echte Humanität in einer glücklichen Völkerverbindung", seine Vision ist eine „Europäische Republik". Auf dem Weg dahin sieht er – in seinen „Briefen zur Beförderung der Humanität" – eine wichtige Transmission in der Poesie, der Dichtung und der Volkssprachen. Nach Herders Ansicht liegt ein fruchtbarer Keim der Seele Europas im poetischen Reichtum der Araber, der den Südeuropäern ein nachahmenswertes Vorbild war:

„Welch andres Volk in Europa hielt die Sprache für eins seiner edelsten Heiligthümer und feierte Wettkämpfe des schönsten poetischen Ausdrucks in ihr? Kein andres als die Araber. Die angrenzenden Christen, zuerst vielleicht auch nur aus Nachahmungssucht, folgten ihnen nach. Ihre Großen und Edlen thaten aus Mode, was die Araber seit Jahrhunderten aus Trieb und aus Nationalstolz gethan hatten, sich der Wissenschaften anzunehmen und in der Sprache der Dichter selbst zu glänzen."

Johann Gottfried Herder sieht im Provençalischen, der romanischen Edelsprache im Mittelalter, wenn nicht die Wiege, so doch die Kinderstube europäischer Poesie. Selbst Franz von Assisi sang Lieder der provençalischen Troubadours, ehe er mit dem „Sonnengesang" seine umbrische Volkssprache auf die Höhe der Weltliteratur führte. Herder entdeckt im Provençalischen noch eine Dimension, „nämlich Freiheit der Gedanken. Durch die Provençalpoesie ward zuerst das Joch der lateinischen Sprache zerbrochen. Sollten Europas Völker denken lernen, so mußten ihre Landessprachen gebildet werden. [...] Den besten Erweis, daß durch die Ausbildung der Provençalsprache für ganz Europa Freiheit der Gedanken bewirkt worden, zeigt die in ihr entstandene erste Reformation (der Waldenser), die sich von den Pyrenäen und Alpen nachher in alle Länder verbreitete. In dieser Sprache nämlich wurde die edle Unterweisung (*la noble leyçon*), der erste Volks- und Sittenkatechismus geschrieben; in sie wurde zuerst die Bibel übersetzt, in ihr das apostolische Christenthum erneuert." Schließlich fragt Herder mit aufrichtigem Pathos: „Sind wir also den Provençalen und ihren Erweckern, den Arabern, nicht viel schuldig?"

Ein Europäer: Erasmus von Rotterdam

Jeder Student kennt Erasmus. Der Name steht für ein Studienaustausch- und Förderprogramm der Europäischen Union. Mehr als neun Millionen junge Menschen aus ganz Europa hat das beliebte EU-Programm bisher bewegt. Doch wer war der Mensch Erasmus? Desiderius Erasmus wurde um 1468 in Rotterdam geboren und starb in Basel 1536. Sein Leben lang lernte, schrieb und lehrte er in den geistigen Zentren Europas, Europa war seine Welt. Er war befreundet mit Thomas Morus, stritt mit Martin Luther, wurde von Dürer und Holbein mehrfach porträtiert. Vor einem halben Jahrtausend veröffentlichte Erasmus die erste kritische Ausgabe des griechischen Neuen Testaments – mit eigenwilligen Deutungen. So übersetzte er in den ersten Worten des Johannesprologs *logos* nicht mit *verbum* – Wort, sondern mit *sermo* – Gespräch. *Sermo*: Das bedeutet mehr als das gesetzte, monolithische Wort. Sermo ist Wechselrede, Unterhaltung, eben Gespräch. Sermo ist trinitarisch.

Lebt Erasmus? Wenigstens im studentischen Förderprogramm ist der Name Erasmus noch lebendig. Wie schön wäre es, wenn man sich der Mühe unterzöge, auch aus den durch und durch humanistischen Schriften seines Namensgebers für unsere Zeit zu gewinnen, was die Seele Europas wieder leuchten lässt.

Wir können an dieser Stelle bedenkenlos die Worte Sir Winston Churchills anfügen, auch wenn dessen politischer Pragmatismus unendlich weit außerhalb der Gedankenwelt des sanften Erasmus steht. Mehr als vierhundert Jahre nach dessen Tod die lapidaren Worte von Churchill, 1946 in einer großen Nachkriegsrede:

„*We must build a kind of United States of Europe* – Wir müssen eine Art von Vereinigten Staaten von Europa gründen. Nur auf diese Weise werden Hunderte Millionen von Mühseligen und Beladenen die einfachen Freuden und Hoffnungen wiedergewinnen können, die das Leben lebenswert machen. Der Vorgang ist einfach. Alles, was es braucht, ist die Entschiedenheit von Hunderten Millionen von Männern und Frauen, das Rechte anstelle des Falschen zu tun, und als Belohnung Segen statt Fluch zu gewinnen.“

Hinweise

- Novalis: Die Christenheit oder Europa. Ein Fragment. Hgg. v. O. Heuschele, Stuttgart 1962.
- Jan Patočka: Ketzerische Essays zur Philosophie der Geschichte, Berlin 2010.
- Jan Patočka: Europa und Nach-Europa, Verlag Karl Alber bei Herder, Freiburg/Br. 2019.
- Franziskus (Papst): Ansprache von Papst Franziskus an den Europarat in Straßburg, Internet-Bulletin Der Heilige Stuhl.

Zerreißt den Mantel der Gleichgültigkeit

Über die Flugblätter der „Weißen Rose"

Eine weiße Rose gilt als Symbol einer unbefleckten und heilbringenden Zukunft, des Neuanfangs und des guten Wandels in der Welt. Es waren sechs Flugblätter, mit denen eine Gruppe junger Menschen im Sommer 1942 und im Februar 1943 zum Widerstand gegen die Diktatur des verbrecherischen Nationalsozialismus aufrief. Ihre Mitglieder wurden mit dem Tod durch das Fallbeil bestraft. Diese Gruppe hat unter dem Namen *Die weiße Rose* einen festen Platz in unserem Nachkriegsgedächtnis. Zum inneren Kreis, der sich in München zusammengefunden hatte, gehören die Medizinstudenten und Sanitätsfeldwebel der Wehrmacht Hans Scholl, Alexander Schmorell, Christoph Probst und Willi Graf sowie der Philosophie-Professor Kurt Huber.

Die Ikone der *Weißen Rose* ist das nachdenkliche Gesicht der Sophie Scholl geblieben. Ihr charismatisch und idealistisch gesinnter Bruder Hans war die geistige Triebfeder der Gruppe. Während seiner Frontfamulatur in Russland notiert Hans Scholl im August 1942 in seinem Tagebuch: „Dass die Menschen gerade das nicht sehen, was sie zu Menschen macht: die Hilflosigkeit, das Elend, die Armut!"

Gemeinsam mit seinem Studienkollegen und Freund, dem russisch-deutschen Alexander Schmorell, verfasste er im Sommer 1942 die ersten vier Flugblätter der *Weißen Rose*. Auf Schreibmaschine getippt und mit einem Vervielfältigungsapparat abgezogen wurden sie per Post an etwa hundert ausgewählte Adressaten im Raum München geschickt, an Akademiker, Intellektuelle, Multiplikatoren. Mit langen Zitaten von Schiller und Goethe sollten sie die Zivilgesellschaft daran erinnern, dass ein Land der Dichter und Denker Widerstand zu leisten hätte gegen Willkür, Verbrechen und Mitläufertum. Jedem Einzelnen gilt im ersten Flugblatt die Aufforderung: „Leistet Widerstand wo immer Ihr auch seid, ehe es zu spät ist. [...] Vergesst nicht, dass ein jedes Volk diejenige Regierung verdient, die es erträgt!"

Der Wandel

Am Morgen des 18. Februar 1943, es war der Tag, an dem Reichspropagandaminister Goebbels im Berliner Sportpalast zum totalen Krieg aufrief, gingen die Geschwister Hans und Sophie Scholl – wie gewöhnlich – in die Ludwig-Maximilians-Universität in München. Nur diesmal mit einem Koffer voller Flugblätter, die während der letzten Tage und Nächte zu Tausenden hergestellt worden waren. Bevor noch die Hörsäle geöffnet wurden, eilten sie durch die Gänge der Universität und legten, wo sie konnten, die Flugblätter aus. Das letzte Bündel warfen sie von der Galerie im zweiten Stock in den Lichthof, wurden dabei von einem Universitätsdiener gestellt, eingeschlossen und der Gestapo übergeben.

Mit Worten und mit Papier kämpfte die *Weiße Rose* gegen ein verbrecherisches Unrechtssystem. Die Geschwister Scholl und ihre Freunde „fochten gegen das Riesenfeuer mit bloßen Händen", schrieb der Historiker Golo Mann.

Hans und Sophie Scholl stammten aus einem liberal-christlichen, protestantischen Elternhaus. Beide waren anfänglich selbst Mitglieder von nationalsozialistischen Jugendorganisationen – HJ und BDM – sehr zum Missfallen der Eltern. „Ich möchte, dass ihr gerade und frei durchs Leben geht", hatte der Vater gesagt. Nach und nach entdeckten die Geschwister die Widersprüche zwischen parteigesteuerter Fremdbestimmung und eigenem Denken. Zwischen Diktatur und Freiheit. Es kam zu ersten Konflikten mit gerichtlichen Konsequenzen. Drei Jahre später heißt es im dritten Flugblatt, jeder einzelne Mensch solle die Möglichkeit haben, „nach Gottes Willen frei und unabhängig im Zusammenleben und Zusammenwirken der staatlichen Gemeinschaft sein natürliches Ziel, sein irdisches Glück in Selbständigkeit und Selbsttätigkeit zu erreichen".

Der Schock

Zitat aus dem vierten Flugblatt der *Weißen Rose:* „Wer hat die Toten gezählt, Hitler oder Goebbels – wohl keiner von beiden. Täglich fallen in Rußland Tausende. Es ist die Zeit der Ernte, und der Schnitter fährt mit vollem Zug in die reife Saat. Die Trauer kehrt ein in die Hütten der Heimat und niemand ist da, der die Tränen der Mütter trocknet." Es ist das einzige Mal, dass unter den rund fünftausend Wörtern der sechs Flugblätter der *Weißen Rose* das Wort „Heimat" fällt: „Die Trauer kehrt ein in die Hütten der Heimat." Das Wort „Vaterland" kommt überhaupt nicht vor.

Kurz nach Fertigstellung und Verteilung der ersten vier Flugblätter wurden die Medizinstudenten Hans Scholl, Alexander Schmorell und Willi Graf zur Frontfamulatur an die Ostfront nach Russland geschickt. Der künstlerisch begabte Alexander Schmorell war deutsch-russischer Abstammung, russisch-orthodoxer Konfession. In seiner Kirche wird er als Märtyrer verehrt. Im zweiten Prozess gegen die *Weiße Rose* wurde er zum Tod verurteilt und mit Kurt Huber am 13. Juli 1943 hingerichtet.

Alex, wie man ihn nannte, hat wichtige Passagen der ersten vier Flugblätter formuliert. Von ihm stammt wahrscheinlich jene Passage des zweiten Flugblatts, in der der Massenmord an den Juden angeprangert und als „fürchterlichstes Verbrechen an der Würde des Menschen" verurteilt wird, „dem kein ähnliches in der ganzen Menschheitsgeschichte an die Seite gestellt werden kann".

Damit war die *Weiße Rose* die erste und einzige Widerstandsgruppe, die den Massenmord an den Juden öffentlich anklagte.

Voll Entsetzen wurden die Freunde am Tor des Warschauer Ghettos und in den besetzten russischen Gebieten Zeugen der Unmenschlichkeiten. Mit seinen Sprachkenntnissen konnte Alex den Freunden zu wertvollen Begegnungen mit den Menschen und der Seele Russlands verhelfen. Man teilte das Essen, sang sogar miteinander.

Sophie

Sophie Scholl wurde vermutlich erst nach der Versendung der ersten vier Flugblätter ins Vertrauen gezogen. Sie hatte gerade den Arbeitsdienst beendet und ein Philosophie- und Biologiestudium an der Münchner Universität begonnen. Es war eine Zeit intensiven religiösen Ringens und Suchens. In der „Gottvergessenheit" erkannten die beiden Geschwister eine Ursache für die inhumane Ideologie des Nationalsozialismus.

Sophies Lieblingslektüre in dieser Zeit waren die Bekenntnisse des Augustinus. Ende Juni 1942 schreibt sie in ihr Tagebuch, wie sie versucht, zu Gott Vater zu sagen: „Ich tue es, in ein großes Unbekanntes hinein, ich weiß ja, dass Du mich annehmen willst, wenn ich aufrichtig bin, und mich hören wirst, wenn ich mich an Dich klammere."

Hans und Sophie Scholl sowie ihre Freunde liebten die „Brandenburgischen Konzerte" von Bach und die „Blauen Pferde" von Franz Marc; sie lasen viel, steckten sich mit ihrer Lektüre gegenseitig an, mit Kierkegaard und Newman, Berdjajew und Claudel, Reinhold Schneider, Werner Bergengruen und vielen anderen. Einer ihrer Mentoren war der katholische Existenzialist Theodor Haecker. Aus seinem Mund hörten sie bei einem gemeinsamen Leseabend den Satz: „Das Persönlichste des Menschen ist das Gewissen, das in sich über den Tod hinausgeht."

Sophie hätte sich vor ihrer Verurteilung mit der Unterschrift unter eine kleine Unlauterkeit retten können. Sie tat es nicht.

Alle Augenzeugen berichten, dass Sophie Scholl am 22. Februar 1943 in gläubiger Zuversicht, aufrecht, ja mit Glanz in den Augen zum Schafott ging, so wie es von den frühchristlichen Märtyrern erzählt wird. „Was liegt an meinem Tod, wenn durch unser Handeln Tausende von Menschen aufgerüttelt und geweckt werden", schrieb sie in ihren letzten Zeilen.

Wider die Gleichgültigkeit

Das fünfte Flugblatt, diesmal unter dem Titel „Flugblätter der Widerstandsbewegung in Deutschland", erschien im Jänner 1943.

Die Sprache ist knapper und manifestartig. „Zerreißt den Mantel der Gleichgültigkeit, den ihr um euer Herz gelegt!" Auch nach mehr als 75 Jahren gilt dieser Satz gegen jede Art der Unmenschlichkeit.

Unter dem Eindruck der Katastrophe von Stalingrad erweiterte die Gruppe Anfang Februar ihren Aktionskreis. Blätter wurden in Höfe und auf Straßen gestreut, Parolen an Wände öffentlicher Gebäude gemalt: „Freiheit" und „Hitler Massenmörder".

Im „Fünften Flugblatt" wird für eine neue Zukunft weltweite Solidarität gefordert: „Jedes Volk, jeder einzelne hat ein Recht auf die Güter der Welt!"

Bei der Erstellung und Verteilung dieses fünften Flugblatts spielte Willi Graf eine zentrale Rolle. Aus der verbotenen katholischen Jugendbewegung kommend, studierte er ebenfalls Medizin und hatte sich im Sommer 1942 dem Kreis der *Weißen Rose* angeschlossen. Um diese Zeit schrieb Willi Graf in einem Brief an seine

Schwester Anneliese: „Jeder Einzelne trägt die ganze Verantwortung.“ Im Februar wurde er mit den Scholls verhaftet, zum Tod verurteilt, unzählige Male verhört, auch unter Folter, und erst am 12. Oktober 1943 hingerichtet.

Aus Anlass seines 100. Geburtstages wurde in der Johannes-Basilika von Saarbrücken seiner feierlich gedacht – Willi war einst dort Ministrant gewesen. Seine Schwester Anneliese war bis ins hohe Alter nicht müde geworden, die Botschaft ihres Bruders in Schulen und damit in unsere Gegenwart zu tragen: „Hinsehen, wo andere wegsehen; politisch wachsam und sensibel sein […]. Aufpassen, Erkennen, Nein sagen.“

Ein einziger Weg

Im Dezember 1942 suchten Hans Scholl und Alexander Schmorell den unter den Studenten äußerst beliebten Philosophieprofessor Kurt Huber auf und berichteten ihm von den Massenmorden in Polen und Russland. Kurt Huber, ein gebürtiger Schweizer, war – aus Liebe zu seiner Lehrtätigkeit – NSDAP-Mitglied geworden, allerdings mit massiven Vorbehalten gegen das Regime. Er trat der *Weißen Rose* bei, war alleiniger Autor des „Sechsten Flugblatts“. Darin rief er mit patriotischer Emphase zur „Abrechnung der deutschen Jugend mit der verabscheuungswürdigsten Tyrannis“ auf. Kurt Huber wurde am 27. Februar 1943 verhaftet und am 13. Juli 1943 hingerichtet.

Eigentlich sollte ein siebentes Flugblatt folgen. Christoph Probst, ebenfalls Medizinstudent in München und mit gerade 23 Jahren bereits Vater von drei Kindern, verfasste den Entwurf für ein siebtes Flugblatt, der bei der Verhaftung bei Hans Scholl gefunden wurde. Der Text gipfelte in dem Satz „Hitler und sein Regime muß fallen, damit Deutschland weiterlebt.“ Wie Hans und Sophie Scholl wurde Christoph Probst am 22. Februar verurteilt und hingerichtet.

Christoph liebte Literatur, Kunst, Musik. Gemeinsam mit seiner Schwester wurde er von Emil Nolde, einem Freund der Familie, porträtiert. Er hatte infolge verworrener Beziehungsgeschichten der Eltern eine unruhige Jugend. Was er suchte, war Geborgenheit in einer Familie. Über Alexander Schmorell fand er Anschluss an die Gruppe der Weißen Rose, nahm aber aus Rücksicht auf Frau und Kinder nicht an gefährlichen Aktionen teil. Christoph war nicht getauft, entwickelte aber – inspiriert durch die Gruppe – eine hohe religiöse, nahezu mystische Sensibilität. Eine Stunde vor seiner Hinrichtung schrieb er an seine Mutter: „Ich empfange jetzt die Taufe und die heilige Kommunion." Sein kurzes Leben deutete er am Ende so: „Wenn ich es recht überblicke, war es ein einziger Weg zu Gott."

Allein in den letzten beiden der insgesamt sechs Flugblätter ist zehnmal von der Besinnung auf den Geist Europas die Rede, vom Aufwecken der Seele, von der Notwendigkeit großzügiger Zusammenarbeit der europäischen Völker, vom Trugbild einer alles beherrschenden Wirtschaft. Freiheit der Rede, Freiheit des Bekenntnisses, Schutz des einzelnen Bürgers vor der Willkür verbrecherischer Gewaltstaaten, das seien die Grundlagen des neuen Europa: In der *Weißen Rose* blühte und blutete die Seele Europas.

Hinweise

- Detlef Bald/Jakob Knab (Hg.): Die Stärkeren im Geiste. Zum Widerstand der Weißen Rose, Essen 2012.
- Inge Jens (Hg.), Hans Scholl und Sophie Scholl, Briefe und Aufzeichnungen, Taschenbuch, Frankfurt a. M. 1988.
- Hermann Vinke: Das kurze Leben der Sophie Scholl, Ravensburg 1980/1994. Für junge Menschen ab zwölf noch immer sehr empfehlenswert.

Die Rede des toten Charles Péguy vor dem Thron Gottes

Mein Name ist Charles Pèguy. Geboren in Orleans.
Schriftsteller, Buchhändler und Verleger.
Ja, mein Herr: und Sozialist!
Als ich am 5. September des Jahres 1914 an der Spitze meiner

Kompanie an der Marne über ein abgeerntetes Weizenfeld stürmte,
wurde ich von einer deutschen Gewehrkugel
mitten in die Stirn getroffen.

Ja, mein Herr,
seitdem bin ich tot.
Aber tot ist ja nicht tot, wer wüsste dies besser als Sie.

Ich bin jetzt nur auf der anderen Seite des Weges.

Ja, mein Herr, hier stehe ich,
nicht wie einst der blinde Ödipus,
der die Hand des Mädchens Antigone in seiner Hand hält,
ich halte die Hand des kleinen Mädchens Hoffnung –
oder besser: sie hält meine Hand.

Ja, mein Herr, meine Antigone heißt Espérance – Hoffnung,
und sie ist meine kleine Schwester,

die, die mich begraben hat auf dem Schlachtfeld,
auf der anderen Seite des Weges …

Ja, mein Herr, als ich jung war,
habe ich eine konfessionslose Frau geheiratet.
Die Kinder nicht getauft. Kirche, Klerus, Katechismus abgelehnt.
Dann plötzlich, eines Tages,
überkam es mich – wie ein Schuldbekenntnis:
Ich habe den Glauben wiedergefunden.
Den Glauben, mein Herr!
Nicht das Dogma, nicht den Klerus, nicht den Katechismus!
Aber das Katholische, ja, das liebe ich, solange die Kleriker
ihm die Mystik nicht austreiben.
Und die Hoffnung, die Hoffnung, die Hoffnung.

Ich habe mir meine Hoffnung nicht zusammengedichtet,
ich habe sie mir nicht zusammengereimt,
ich habe sie mir zusammen-geglaubt!
Denn der Glaube, den ich am liebsten mag, ist die Hoffnung.
Wer das gesagt hat?
Sie, mein Herr, erinnern Sie sich nicht?

Sie haben dieses kleine Mädchen mit einem Kopfschütteln
betrachtet,
nein sowas, haben Sie gesagt:
Das wundert mich über die Maßen,
diese kleine Hoffnung, die so nach gar nichts aussieht,
dieses kleine Mädchen Hoffnung. – Unsterblich!

Aber schauen Sie doch:
Jetzt macht es sich gerade fertig, dieses Mädchen Hoffnung,
für die Prozession,
für die Prozession der lebendigen Worte.

Lässt sich von ihren großen Schwestern, dem Glauben und der
Liebe, eine Krone ins Haar flechten, eine Krone aus grünem Laub.
Ganz ohne Dornen, ganz für das Heute,
geflochten, aus Knospen und Blüten,
wie ein schöner Apfelbaum sie trägt.
Ganz duftend, ganz ewig, ganz künftig,
für diese Prozession der lebendigen Worte:

An der Spitze der Prozession die drei Gleichnisse:
vom verlorenen Schaf,
von der verlorenen Münze,
vom verlorenen Sohn.
Jene Parabeln, in denen alles auf den Kopf gestellt wird:
Die eine verlorene Münze ist so viel wert,
dass das ganze Haus umgekrempelt wird;
das eine verirrte Schaf mehr als neunundneunzig fromme;
der eine Sohn, der herumvagabundiert war, mehr als jener, der
zuhause geschuftet hat.

Sehen Sie nur, wie das kleine Mädchen Hoffnung
zwischen diesen Gleichnissen umherspringt,
vertraut nimmt sie einmal dieses an der Hand, dann jenes –
und dann nimmt sie wieder mich an die Hand,
das kleine Mädchen Hoffnung!
In seine warme, kühle Hoffnungshand.

Wo steht denn geschrieben
(habe ich mit dieser meiner Hoffnungshand geschrieben),
wo steht denn geschrieben,
dass Gott den Menschen in der Sünde verlässt,
wo steht denn das geschrieben, dass er das verirrte Schaf
in den Dornen oder in der Grube blöken lässt?

Egon Schiele
Charles Péguy,
1914

Nein, mein Herr, ich habe mich von meiner Frau,
der Mutter meiner Kinder, wegen der Religion nicht trennen lassen,
nicht von ihrem laizistischen Starrsinn.
Und nicht von dem klerikalen Eifer meiner Freunde,
die sagten: Wie kannst du nur …

Ja, mein Herr:
So sind mir die Sakramente eben verwehrt.

Aber besser, der Mensch kommt ohne Sakramente,
aber mit seinem Nächsten beim lieben Gott an,
als mit den Sakramenten und ohne seinen Nächsten.

Als mein Kind sterbenskrank lag, bin ich zu Fuß und in der Hitze
drei Tage lang zu Unserer Lieben Frau nach Chartres gepilgert.

Und mein Sohn wurde gesund.
Ja, mein Herr.

Nein, mein Herr:
Die Gebete kann uns ja doch keiner verwehren.
Das Vater Unser, das Ave Maria, das Salve Regina.
Die gebe ich nicht her. Nicht für den ganzen Thomas von Aquin.

Es ist die Hoffnung, diese herrliche, unerhörte Unordnung,
die sich gegen die Gerechtigkeit auflehnt.
Es geht doch nicht darum, wie sehr Gott dem Menschen fehlt,
sondern wie sehr der Mensch Gott fehlt!

Was ich geschrieben habe, mein Herr, steht nicht im Katechismus:
Dass es Gott ist, der damit angefangen hat,
angefangen zu hoffen,
angefangen, auf den Menschen zu hoffen.

Sodass es nun am Menschen liegt,
ob Gottes Hoffnung
enttäuscht wird
oder erfüllt …

Bringen wir es auf den Punkt:
Gott – mein Herr, also Sie! – Gott hofft auf uns, die Menschen.
Das heißt: Es hängt von uns ab,
dass wenigstens die Hoffnung nicht lügt in der Welt.

Und so habe ich geschrieben und geschrieben,
damals, vor 100 Jahren, da hat es eigentlich keiner lesen wollen.
Doch nicht nur von der Hoffnung habe ich geschrieben, sondern
auch von der Angst, von der größten Angst, von der Angst Gottes.

Von Gottes Angst, einmal das verirrte Schaf nicht mehr zu finden,
von Ihrer Angst, mein Herr,
von Ihrer Angst.

Und von meiner Angst.

Ich, mein Herr, ich habe Angst,
Angst vor einer Zeit,
in der diese Worte und Parabeln vielleicht noch in Bibliotheken
bewahrt werden, geschützt vor Luftzug und Feuchtigkeit,
aber nicht mehr am Leben sind.

Er, von dem diese Worte und Parabeln stammen,
er hat seine Worte nicht in einem Safe hinterlassen,
keine Relikte, Reliquien, die wir einbalsamieren müssten.
Er hat uns lebendige Worte gegeben,
damit wir sie nähren, diese Worte, in uns wärmen und nähren.
Er hat sie uns „ans Herz gelegt".

Ja, mein Herr, in seinem Namen stehe ich vor Ihnen
mit meinem Manifest an die Menschen:
Wir müssen Gott retten aus seiner Angst,
dass er uns verlieren könnte!

Schließlich haben wir doch ein Recht auf die Vision,
dass die Erde die Pforte zum Himmel sei.
Wir haben ein Recht darauf, dass das Tor zum
Geheimnis der Hoffnung nicht länger verrammelt bleibt.

Dass wir das aufstrahlende Licht aus der Höhe sehen
– Osterlicht!
Und den Saum Ihres Gewandes, mein Herr,
die bebenden Torflügel und die Serafim:
die einander zurufen: *Sanctus* – Heilig, heilig, heilig ist der Herr.
Von seiner Herrlichkeit – *Kabod* –
ist die ganze Erde erfüllt.
Ja, mein Herr,
Ja, mein Herr,
Ja, mein Herr.

Hinweise

- Der Text ist ein erdachter Monolog unter Verwendung von Motiven aus dem Leben und den Schriften von Charles Péguy.
- Péguy war ein unkonventionell gläubiger Katholik, der sich aus Solidarität zu seiner atheistischen Frau der Teilnahme an den Sakramenten enthielt. Ursachen der fortschreitenden „Entchristlichung" seines Landes sah er vor allem im starren Auftreten des Klerus. Am 5. September 1914 kam er in einer der ersten Schlachten des Ersten Weltkriegs ums Leben. Jahre später traten seine Frau Charlotte und die Kinder der katholischen Kirche bei.
- Das bekannteste Werk von Charles Péguy ist das fast 200 Seiten lange Gedicht „Le Porche du Mystère de la Deuxième Vertu", in der deutschen Übersetzung von Hans Urs von Balthasar auch „Das Mysterium der Hoffnung" oder „Das Tor zum Geheimnis der Hoffnung", Johannes Verlag Einsiedeln 2011.

Der Engel weiß den richtigen Weg

Gedanken zum Buch Tobit – eine Nacherzählung

Für fromme Jüdinnen und Juden gibt es drei Leitworte zu einem guten Leben: wahrhaftige Treue, gelebte Gerechtigkeit und liebende Barmherzigkeit. Zusammen bilden sie den Weg, der zu Gott führt.

Tobit lebte als frommer Jude in Ninive, am linken Ufer des Tigris, gegenüber dem heutigen Mossul. Sein Name bedeutet „Gütig ist der lebendige Gott". Wegen seiner großen Verlässlichkeit war Tobit auch in der Diaspora beruflich erfolgreich, er war sogar Einkäufer am Hofe des assyrischen Königs. Weil es aber unruhige Zeiten waren, hinterlegte Tobit bei einer seiner Dienstreisen eine größere Summe – zehn Talente Silber – bei einem Verwandten im entfernten Rages, nächst dem heutigen Teheran.

Die folgende Geschichte erzählt, wie Gott auf wunderbare Weise Gebete erhört. Sie findet sich in der jüdisch-christlichen Bibel, im sogenannten *Buch Tobit*. Die Handlung dreht sich um zwei jüdische Familien im Exil des assyrischen Neureichs, heute Irak und Iran, wohin im 8. vorchristlichen Jahrhundert Juden der Nordstämme Israels zwangsumgesiedelt worden waren.

Tobit, seine Frau Hanna und ihr Sohn Tobias waren im Exil ihrem Glauben treu geblieben, während sich viele Stammesbrüder schon längst von den jüdischen Jahwe-Geboten und Speisegesetzen abgewendet hatten. Nachdem der König Salmanassar, bei dem Tobit in Gunst stand, gestorben war, kam sein Sohn Sanherib an die Macht und mit ihm eine Terrorherrschaft, die sich vor allem gegen die Juden richtete. Tobit verlor sein Amt – aber nicht seine Rechtschaffenheit. Er gab weiterhin den Hungernden Brot und den Nackten Kleider; und wenn er sah, dass man den Leichnam eines Erschlagenen aus seinem Volk hinter die Stadtmauer geworfen hatte, begrub er ihn, wie es eine Mitzwah, ein jüdisches Gebot, vorschreibt.

Doch einen Geächteten zu begraben, galt als Hochverrat. Tobit wurde denunziert und musste fliehen. Treu seinem Glauben betete er auch auf der Flucht jeden Morgen: „Gelobt seist du, Ewiger, der die Seelen zurückgibt den toten Leibern." – Und Gott hörte alle seine Gebete: Der Engel, den der Ewige schicken wird, macht sich schon langsam auf den Weg.

Als der tyrannische König ermordet wird, kehrt Tobit aus seinem Versteck zu seiner Familie zurück. Ein bescheidenes Freudenmahl wird aufgetischt. Tobits Sohn, der junge Tobias, soll dem Brauch entsprechend einen Armen von der Straße zum Essen einladen. Der kommt jedoch alleine zurück und ruft schon von weitem: „Sie haben wieder einen aus unserem Volk umgebracht!" Da steht Tobit, der Vater, vom Essen auf; er geht und versteckt den Leichnam, bevor man ihn über die Stadtmauer werfen würde. Nach Sonnenuntergang begräbt er ihn heimlich. Den Nachbarn bleibt das nicht verborgen: „Er kann es nicht lassen! Er wird schon noch sehen, dieser Gutmensch!"

Durch die Berührung mit dem Leichnam ist Tobit unrein geworden, weshalb er sich draußen an der Hofmauer hinlegt – zu seinem Unglück direkt unter ein Vogelnest. Warmer Vogelkot fällt auf seine Augen; Tobit bekommt weiße Flecken auf der Hornhaut. Kein Arzt kann ihm helfen. Er wird blind.

Seine Frau Hanna sorgt fortan mit Spinnen und Weben für den Unterhalt. Eines Tages bringt sie ein geschenktes Ziegenböckchen nach Hause. Aber Tobit, blind und misstrauisch, bildet sich ein, sie habe das Tier gestohlen. Der Streit steigert sich bis zu Hannas bitterem Vorwurf: „Wo ist denn jetzt der Lohn für deine Barmherzigkeit und deine Gerechtigkeit?" Härter kann sie Tobit nicht treffen. Niedergeschlagen betet er, Gott möge ihn nicht für seine Sünden bestrafen und sein Angesicht nicht von ihm abwenden. Lieber möge er ihn doch von der Erde nehmen. – Doch kein tröstender Engel erscheint. Nur Geduld. Manchmal lässt der Engel ganz schön lange auf sich warten.

Es folgt ein überraschender Schauplatzwechsel: In der Stadt Ekbatana, dem heutigen Hamadan an der traditionellen Handelsroute zwischen Bagdad und Teheran, lebt ein Vetter Tobits namens Raguel. Infolge der Deportation der Sippe in alle Himmelsrichtungen weiß man kaum mehr etwas voneinander. Gerüchteweise war wohl von einem großen Leid der Familie des Vetters zu hören gewesen: Dass nämlich die schöne Tochter Sara unter einer schrecklichen Verwünschung leide. Mit sieben Männern sei sie schon verheiratet worden, aber ein Dämon hatte jeden in der Hochzeitsnacht getötet, bevor die Ehe vollzogen war. „Du bringst alle deine Männer um", soll sogar ihre Dienerin die Unglückliche beschimpft haben.

Und so geschieht es, dass diese Sara im fernen Ekbatana sich in Richtung Jerusalem wendet und betet: „Gepriesen seist du, gütiger Gott; alles, was du geschaffen hast, muss dich ewig rühmen! Befiehl, dass ich von diesem Leben erlöst werde und keine Schmähungen mehr hören muss! Ich bin das einzige Kind meines Vaters, und niemand ist in der ganzen Verwandtschaft, der mich heiraten kann. Sieben Männer habe ich verloren; wozu ist mein Leben noch gut? Wenn ich aber nicht sterben soll, Herr, dann hilf mir doch aus dieser Schande!"

Jetzt schlägt die Stunde des Engels

Beide Gebete, das des blinden Tobit und das der unglücklichen Sara, steigen empor bis zum Thron Gottes und Gott erhört sie. Er sendet seinen Engel Raphael, damit er die beiden in der Not ihrer Seele und

Rembrandt Harmenszoon van Rijn
Tobias fragt den Engel aus,
um 1645/50

Der Engel antwortete dem Tobit: Ich will deinen Sohn begleiten, ich kenne alle Wege, alle Wege und Gebirge habe ich durchzogen und kenne alle Pfade.

ihres Leibes heile. Der Name des Engels bedeutet: Gott heilt. Die Betroffenen werden es aber erst am Ende der Geschichte erfahren.

Wir kehren zurück zum alten Tobit, der am liebsten sterben möchte. Zuvor aber ist noch das Erbe seines Sohnes Tobias zu regeln. Tobit erinnert sich, dass er einst in der Stadt Rages in Medien bei einem Verwandten zehn Talente Silber hinterlegt hat. Er will Tobias ausschicken, das Geld zu holen. Rages ist jedoch viele Tagreisen entfernt und der Weg dahin nicht ohne Gefahren. So wird sich der junge Tobias auf einer Reise in die Fremde bewähren müssen.

Die Ratschläge, die der Vater dem Sohn mitgibt, jetzt, auf der Schwelle zum Erwachsenwerden, sind Wegweiser für ein gelingendes Leben. Der Wichtigste ist wohl: „Was du selbst nicht erleiden möchtest, das füge auch keinem anderen zu!" Und ein anderer: „Siehst du einen Menschen in Not, so wende dich nicht ab. Tu, was in deinen Kräften steht; gib reichlich, wenn du viel hast, und wenn du wenig hast, dann gib von dem wenigen und mach dir keine Sorgen dabei."

Bevor Tobias aufbricht, schaut er sich auf dem Markt nach einem Gefährten für seine Reise um. Schon bald entdeckt er einen jungen Mann, der offenbar Arbeit suchte. Im Gespräch stellt sich heraus, dass dieser auch nach Rages reisen wolle, dass er in Medien alle Wege kenne, dass er Asarja heiße und – o Wunder! – dass er sogar aus demselben Stamm der Familie des Tobias sei.

Was Tobias noch nicht weiß, wir wissen es: Der gewonnene Gefährte ist kein anderer als der Erzengel Raphael, von Gott geschickt, um den jungen Tobias zu behüten auf allen seinen Wegen dieser ganz und gar besonderen Reise.

Und wirklich: Dieser Gefährte ist nicht nur des Weges kundig, vielmehr weiß er auch von Dingen, die den unerfahrenen Tobias verwundert staunen lassen. Tobias ist voll Vertrauen zu ihm und tut, was sein Begleiter sagt. Als er sich im Tigris den Staub und die Müdigkeit von den Füßen waschen will, erschrickt er fast zu Tode vor einem großen Fisch, der plötzlich aus der Tiefe des Wassers auftaucht.

Asarja befiehlt ihm, den Fisch zu packen und aufzuschneiden. Galle, Leber und Herz soll er herausnehmen und gut verwahren. Später braten und essen sie den Fisch. Tobias aber hat gelernt, dass die Angst schwindet, wenn man anpackt, wovor man Angst hat.

Auch erklärt Asarja, dass das Verbrennen von Herz und Leber des Fisches Menschen von der Besessenheit befreie und die daran schuldigen Dämonen in die Flucht schlage. Und dass, wenn jemand weiße Flecken auf der Hornhaut habe, man demjenigen die Galle auf die Augen streiche und er werde geheilt.

Und nun eröffnet der verkleidete Erzengel dem jungen Mann Tobias auch noch, dass sie auf dem Weg den Verwandten Raguel besuchen werden und dass er, Tobias, dessen Tochter Sara heiraten solle. Er erzählt auch deren Schicksal, dass schon sieben Männer in der Hochzeitsnacht von einem Dämon umgebracht worden wären. Da endlich regt sich Widerspruch in Tobias: Ich will aber noch nicht sterben! Ich bin das einzige Kind meiner Eltern! Wer soll die dann begraben?

Asarja erwidert: „Fürchte dich nicht. Gott hat Sara für dich bestimmt, schon bevor er die Welt geschaffen hat. Und alles wird gut sein." – Wir sehen also, wie Gott geradezu phantastische Wege findet und sich dabei der Engel bedient und aller angeblichen Zufälle, um die verworrenen Lebensgeschichten der Menschen in eine glückliche Ordnung zu bringen.

Tobias und der verkleidete Erzengel kehren nun im Hause der verwunschenen Sara ein. Ihr Vater Raguel, wie Tobit ein im Exil lebender Jude, freut sich, von seinem Vetter zu hören und dessen Sohn bei sich aufnehmen zu dürfen. Als Tobias, gehorsam seinem Begleiter, um die Hand Saras anhält, enthüllt ihm der Vater betrübt den Fluch, der auf seiner schönen Tochter liegt: Wie sieben unglückliche Vorgänger werde auch Tobias vom Dämon in der Hochzeitsnacht getötet werden.

Im Vertrauen auf Asarjas Verheißung bleibt Tobias bei seinem Vorsatz, Sara zur Frau zu nehmen. Und so geschieht es: In der Hochzeitsnacht verbrennt Tobias Herz und Leber des Fisches und vom Geruch des Verbrannten wird der Dämon in die Flucht geschlagen. Sara und Tobias sprechen daraufhin ein Gebet zum Herrn, er möge ihnen gemeinsam ein hohes Alter schenken. Und sie sprechen miteinander: „Amen! Amen! Amen!" Und sie schlafen miteinander.

Während der Hochzeitsfeier, die viele Tage dauert, macht sich Asarja auf den Weg nach Rages in Medien, um für Tobias bei dem Verwandten Gabael die zehn Talente Silber zu holen.

Am Ende ist alles gut. Tobias kehrt mit seiner jungen Frau und seinem Erbe zu den Eltern zurück, die voller Freude sind, ihn gesund wiederzusehen. Mit Hilfe des heilkundigen Asarja und der Fischgalle gelingt es auch, den Vater von seiner Blindheit zu befreien. Als Vater und Sohn dem Begleiter für seine treuen Dienste danken und ihm den versprochenen Lohn geben möchten, sagt ihnen der Engel, wer er wirklich ist: „Ich bin Raphael, einer von den sieben heiligen Engeln, die das Gebet der Gerechten emportragen und mit ihm vor die Majestät des heiligen Gottes treten." Er trägt ihnen auf, Gott für das, was sie erlebt haben, zu danken und ihn zu loben. Und von ihrer Freude allen zu erzählen.

Warum es für Menschen so schwer ist, den Engel an ihrer Seite zu erkennen? Vielleicht, weil wir Menschen immer mit einem Fuß in der Vergangenheit leben und mit dem anderen in der Zukunft.

Der Engel aber ist jetzt.

Hinweise

- Das Original des Tobit-Buches ist eine Erzählung in der Bibel, die sich im Ersten Testament im Anschluss an die geschichtlichen Bücher befindet. Es wurde vermutlich im 4.–3. Jahrhundert v. Chr. in Palästina oder im ägyptischen Exil in aramäischer Sprache verfasst. Reste ursprünglicher Handschriften wurden in Qumran gefunden.
- Im Wiener Kunsthistorischen Museum befindet sich im Saal der Italiener aus dem Cinquecento Andrea del Sartos berühmte Altartafel „Erzengel Raphael mit Tobias" aus dem Jahr 1512. Raphael, Schutzpatron der Ärzte und Apotheker, trägt in einem Arzneigefäß die heilkräftigen Innereien des Fisches. Tobias ist dargestellt mit dem Fisch und mit seinem Hund, der ihn in der biblischen Erzählung begleitet.

Ein Mittel gegen die Traurigkeit

Geduld – das Geheimnis von Johannes XXIII.

Angelo Giuseppe Roncalli machte weder als Erzbischof noch als Papst aus seinen Schwächen je ein Hehl. In den Briefen und im „Geistlichen Tagebuch“ kam er immer wieder selbstkritisch darauf zu sprechen. Zäh und ausdauernd – aber nicht immer erfolgreich – kämpfte er an gegen seinen unterdrückten Ehrgeiz, gegen die Angst vor Krankheit und Schmerzen, gegen sein Übergewicht und vor allem gegen seine Redseligkeit. Letztere empfand er wohl selbst auch als Kehrseite seiner charismatischen und spontanen Kontaktfreudigkeit. „Um einander zu verstehen“, sagte er einmal, „um einander lieben zu können, muss man sich vor allem zuerst einmal kennen. Solange man einander fernsteht, kann man sich höchstens – wie zwei Hunde – beargwöhnen. In jedem Menschen kann es eine unangenehme und ungefällige Seite geben, es gibt aber immer auch mindestens drei gute und erhebende Seiten.“

Einige der wichtigsten Leitsätze für sein Leben empfing er bereits in früher Kindheit von dem einfachen Dorfpfarrer von Sotto il Monte, seinem Taufpriester Don Rebuzzini. Lebenslang prägte sich jene mönchische Ermahnung ein, die eingerahmt an der Wand des Arbeitszimmers des Pfarrers hing. Der Blick des jungen Angelo fiel immer darauf, wenn er zum Ministrieren in das Pfarrhaus von Santa Maria in Sotto il Monte kam:

Glaub nicht alles, was du hörst.
Urteile nicht über alles, was du siehst.
Tu nicht alles, wozu du imstande bist.
Gib nicht von allem, was du hast.
Sag nicht alles, was du weißt.
Bete. Lies. Fliehe. Schweige. Ruhe.

Nur für heute

Kein anderer Text von Johannes XXIII. fand so weite Verbreitung wie die sogenannten „Zehn Gebote der Gelassenheit", die ihm zugeschrieben werden. *Solo per oggi* – Nur für heute.

„Nur für heute will ich mir ein genaues Programm vornehmen. Auch wenn ich mich nicht daran halten werde – ich werde den Tag planen. Ich werde mich besonders vor zwei Übeln hüten: vor der Hetze und vor der Unentschlossenheit."

Oder: „Nur für heute werde ich fest glauben – selbst, wenn die Umstände das Gegenteil zeigen sollten –, dass die gütige Vorsehung Gottes sich um mich kümmert, als gäbe es sonst niemanden auf der Welt."

Einmal empfahl er seiner Nichte Enrica, die sich in einer Krise befand, immer „eins nach dem anderen zu tun, aber gut, mit Aufmerksamkeit, vor allem mit großer Ruhe." Und er fügte an: „Für gewöhnlich kommen wir Roncallis etwas mühsam an unser Ziel. Aber wir kommen an." Und seinem Neffen Battista, bei dem es im Studium nicht recht weitergehen wollte, legte er dringend nahe, einfach „von einem Tag zum andern zu leben". Und stellte ihm die göttliche Vorsehung als Begleiterin vor, mit der wir auf unserem Weg gewissermaßen eingehängt „Arm in Arm" gehen sollen, „ohne ihr immer vorauseilen zu wollen".

Sein Vertrauen in die besondere Gnade oder Chance jedes einzelnen Tages, jedes einzelnen Augenblicks, war sein Rezept gegen

Pessimismus und Ängstlichkeit. „Weitaus besser ist es“, sagte er, „das Leben im täglichen Vorsatz zu veredeln, solange wir die Kraft zum beharrlichen Wirken besitzen, anstatt es mit Klageliedern über vergangene Zeiten oder über mehr oder weniger ferne Gewitterdrohungen verkümmern zu lassen.“

Es war am Sonntag des Guten Hirten im Jahre 1963, fünf Wochen vor seinem Tod, da schenkte Johannes XXIII. dem Generalsekretär des II. Vatikanischen Konzils, Erzbischof Pericle Felici, ein Buch mit der Widmung *Ubi patientia, ibi laetitia* – „Wo Geduld ist, dort ist Freude“. Diese Widmung war gewiss ein sanfter Wink für den Erzbischof. Denn Felici war einer jener Kurienbischöfe, die das Konzil rasch hinter sich bringen wollten, ohne viele Diskussionen, er rechnete anfänglich mit höchstens zwei Monaten. Doch schon bei der ersten Generalversammlung musste er zur Kenntnis nehmen, dass sich das Konzil von der Kurie nicht gängeln lassen würde. So wurde die von der Kurie vorbereitete Vorschlagsliste für Kandidaten für die verschiedenen Kommissionen von einer kleinen Gruppe von Konzilsvätern, darunter auch Kardinal Franz König, zurückgewiesen; vier Tage später wurde sie durch eine weltoffenere Vorschlagsliste ersetzt, die nunmehr Bischöfe und Theologen aus allen Kontinenten vorsah.

Die Widmung des Papstes hatte aber vermutlich noch eine weitere Botschaft. Er spielte damit sehr diskret auf das Stadium seiner Krankheit an, das bereits mit großen körperlichen Schmerzen verbunden war. Das geduldige Ertragen derselben konnte ihm nur in dem Sinn Ursache von Freude sein, als er darin seinen letzten persönlichen Beitrag zum Gelingen des Konzils sah. Mehrfach deutete er vor seinem Tod an: „Hier bin ich, ich bin bereit. Wenn Gott das Opfer des Papstes will, dann möge dieses dazu dienen, überreiche Gnade herabzurufen auf das Ökumenische Konzil, auf die heilige Kirche, auf die Menschheit, die sich nach Frieden sehnt.“ Während dieser letzten Monate war von Papst Johannes ein großes Ausmaß an Geduld gefordert, Geduld mit sich selbst, mit dem rapiden Verfall der Kräfte, Geduld im Ertragen von Schmerzen. Immer wieder, schon als Fünfzigjähriger, hatte er gesagt und geschrieben, dass er sich vor dem Tod nicht fürchte, wohl aber davor, „großen Schmerzen nicht standhalten" zu können. Jetzt, da es so weit war, bemühte er sich, sein Umfeld möglichst nicht mit seinem Leiden zu belasten.

Eine roncallische Tugend

Bei der treuen Erfüllung seiner diplomatischen Dienstverpflichtungen – auf nahezu verlorenem Posten am äußersten Rand Europas – hatte er in der Mitte des Lebens ausreichend Gelegenheit, sich die Tugend des geduldigen Ertragens anzueignen. „Es ist nicht immer leicht, so verschiedene Charaktere zu ertragen!" Er litt unter der empfundenen Ignoranz seitens nicht immer wohlgesinnter Menschen, unter der falschen Einschätzung seiner Initiativen und der ungerechten Behandlung durch „Beamte" der Kurie. Er reagierte nicht mit Verbitterung, sondern entwickelte die in seinen Augen wirksamsten Abwehrkräfte gegen Demütigungen und alles vergiftende Machtgelüste: Güte und Geduld. Vor allem Geduld, „die so bittere Wurzeln hat, aber süße Früchte trägt".

Von den vier „roncallischen Tugenden", wie ich sie nenne – Geduld, Sanftmut, Friedfertigkeit und Gehorsam – darf man der Geduld den ersten Rang einräumen. Auf die allerglaubwürdigste Art wurde sie Teil seiner Persönlichkeit und die Seele seines Wesens. Die Briefe und Aufzeichnungen sind randvoll davon; unermüdlich wies er darauf hin, je älter er wurde, umso eindringlicher.

Auch bei unzähligen Begegnungen und Audienzen war die Geduld ein Thema. So erzählt man, dass Johannes in seiner ersten Pressekonferenz nach der Papstwahl meinte, es gäbe zwar vierzehn Werke der Barmherzigkeit, aber man sollte eigentlich noch ein fünfzehntes Werk hinzufügen, nämlich die Geduld mit den Journalisten –

und die wolle er haben, doch umgekehrt werde auch er die Geduld der Journalisten nicht allzu sehr strapazieren und daher mit dem „kleinen Segen", wie er sagte, schließen und nicht mit der langen Formel der feierlichen Benediktion.

Als der griechische Kirchenhistoriker Emilios Inglessis 1959 seine deutsche Verlobte, eine Kunsthistorikerin, heiraten wollte, wagte er die zaghafte Anfrage, ob der Papst das Paar vielleicht trauen könnte. Emilios war schließlich einmal Ministrant, Laufbursche und Dolmetscher des Apostolischen Legaten Roncalli in der kleinen römisch-katholischen Gemeinde in Istanbul gewesen. Postwendend kam – in dankbarer Erinnerung daran – eine positive Antwort. Der Trauungsort war die Privatkapelle des Papstes in Castelgandolfo. Die Braut, Eva Maria Jung-Inglessis, erinnerte sich dreißig Jahre später: „Nach dem Evangelium ließ sich der Papst zu unserer Überraschung einen Faltstuhl bringen, setzte sich vor uns hin und hielt wie ein guter alter Dorfpfarrer eine Predigt. Er ließ sich Zeit dabei. Er sprach über die wichtigsten Tugenden in der Ehe, wie Gottesfurcht und Treue; schließlich fügte er noch mit Nachdruck die Geduld hinzu. Ich war fast ein wenig ungehalten darüber, dass er, statt über die Liebe zu sprechen, des Langen und Breiten über die nötige Geduld in der Ehe redete. Und sogar beim Abschied rief er uns nochmals eindringlich nach: ‚Und habt Geduld miteinander!' Heute, im Alter von einundachtzig Jahren, davon dreiundvierzig Ehejahre, weiß ich: Er hatte so recht."

Geduld mit den Verwandten

Für den Propheten Jesaja gehörte es zu einem guten Fasten, sich seinen „Verwandten nicht zu entziehen" (Jes 58,6–7). Für Roncalli war dies zeitlebens eine Selbstverständlichkeit – nicht nur zur Fastenzeit. So war einer seiner Neffen, Battista, sein Sorgenkind. Battista wollte Priester werden, tat sich aber als Seminarist auf dem Weg dahin recht schwer und stellte die Geduld des geistlichen Onkels mitunter gehörig auf die Probe. Studienmäßig wollte es nicht recht weitergehen, darüber hinaus fühlte sich der etwas schwermütig veranlagte junge Mann oft von den Vorgesetzten missverstanden und von den Studienkameraden gemobbt. Der Onkel zog immer wieder alle Register brieflicher Beredsamkeit, um zurechtzuweisen, anzuregen und zu ermuntern. Als Roncalli als Nuntius in Paris selbst gerade auf dem Höhepunkt seiner mitunter recht schwierigen Diplomaten-Karriere stand, riet er dem gerade Einundzwanzigjährigen „als gute christliche und noch mehr als priesterliche Übung, lästige Personen zu ertragen". Wir wissen aus dem „Geistlichen Tagebuch", dass Roncalli alle diese Ratschläge nicht nur anderen, sondern immer wieder auch sich selbst gab. Deshalb konnte man ihn als einen Menschen erleben, „in dessen Gegenwart man körperlich Frieden spürt", wie der französische Außenminister Robert Schuman in Paris einmal sagte.

Erzbischof Roncalli predigte seiner Familie in Sotto il Monte nicht nur ständig Geduld und Sanftmut, sie bot ihm auch ein Leben lang Gelegenheiten, selbst Geduld mit ihr zu üben. Er war nicht nur über finanzielle Nöte gut informiert, sondern auch über die Kümmernisse und spärlichen Freuden des ehelichen Zusammenlebens sowie der Erziehung der Kinder in den Familien seiner Geschwister. Seine oft recht direkten Ratschläge und Ermahnungen aus der Ferne entbehrten nicht der notwendigen Kenntnis der Umstände. Schließlich verbrachte er ja den alljährlichen Urlaub fast immer – aber nicht immer zu seinem ungetrübten Behagen – in Sotto il Monte, wo er vieles an Konflikten schmerzlich mit ansehen musste. In den Familienbriefen ist zu lesen, wie er oft recht unverblümt die Seinen zu Ordnung, Geduld und Sanftmut aufruft. Der Erzbischof konnte allerdings nicht umhin, den materiellen Unterstützungen auch priesterlich-brüderliche Ermahnungen folgen zu lassen. So wurde in der Familie seiner Schwester Assunta der finanzielle Notstand offenbar auch von einem pädagogischen begleitet: „Was im

Übrigen das Betragen Deiner Kinder angeht, lass nicht nach, Deine Pflicht zu tun! Verwechsle nicht Geduld mit schädlichem Gewährenlassen! Es müssen nicht viele Worte sein; es genügen ein paar, mit denen gesagt wird, was gesagt werden muss, auch unter Tränen, so dass sie sehen, wie es der Mutter ums Herz ist. Was Du heute säst, scheint nur zu verkümmern. Verloren ist nichts, zu gegebener Zeit wird es Früchte bringen. […] Grüße Deinen lieben Giovanni. Ich segne Euch alle. Bleibt weiter gut zueinander! Es ist der Anfang des Trostes."

Ein halbes Jahrhundert Ehe

Im November 1957 feierte Bruder Saverio Goldene Hochzeit. Angelo, inzwischen Patriarch von Venedig, stand aber kurz vor der Diözesansynode, einem pastoralen Unternehmen, „so schwer und delikat", dass er sich „unter gar keinen Umständen von Venedig entfernen" konnte. Die Zeit reichte gerade für einen kurzen Glückwunschbrief. „Ein halbes Jahrhundert Eheleben ist wohl mehr wert als Gold und Silber", schrieb er, „es ist geprägt von der gegenseitigen Liebe", vor allem aber „von der Geduld in den verschiedenen Prüfungen des Lebens". Man muss wissen, dass die Ehe von Bruder Saverio und seiner Frau Maria Carrara kinderlos geblieben ist, was das Paar und vor allem Schwägerin Maria im kinderreichen Roncalli-Clan ein wenig in eine Außenseiterposition gebracht hatte. Schon in einem früheren Brief findet sich daher der fast beschwörende Trost, der eigentlich der Schwägerin gilt: „Sie glaube nicht, nein, sie glaube nicht, dass ihre Ehejahre nutzlos gewesen seien. Eines Tages wird sie sehen, dass alles vielmehr schön und wertvoll für Euch Gatten war." Und er nennt das halbe Jahrhundert ihrer Ehe, gelebt vor allem im ständigen Bemühen um Geduld, „eine Gnade, eine Ehre und einen Segen".

Es gibt ein besonders anschauliches und berührendes Beispiel dafür, wie Roncalli selbst als Seelsorger auf eine sehr traurige Situation innerhalb der engsten Familie reagierte – und wie er dabei sogar seinen bischöflichen Rang ins Treffen führte, um das Gewissen seiner Verwandten zu beruhigen. Dazu braucht es die Fähigkeit zur ermutigenden Anteilnahme, aber auch die notwendige unsentimentale Nüchternheit. Roncalli verfügte über beides und wusste jeweils das Richtige zur rechten Zeit und am rechten Ort einzusetzen – das gehörte zu seinem Charisma. Der Anlass des Briefes vom Jänner 1938 bleibt letztlich im Dunkeln. Offenbar ist ein Kind von Bruder Giovanni und Schwägerin Caterina während oder kurz nach der Geburt gestorben, ohne getauft zu sein. Jedenfalls – so scheint es – sind Trauer und Schuldgefühle der Eltern, vor allem der Mutter, groß. Der Erzbischof schrieb: „Auch mir tat es leid, was Deiner guten Caterina zugestoßen ist. Doch was mir jetzt noch mehr leidtut, ist, dass sie sich übermäßig grämt. […] Es ist sicher, dass der Herr allen die Gnade gibt, das Heil zu erlangen; es ist sicher, dass keiner verloren geht, wenn nicht aus eigener Schuld. Am allersichersten aber ist, dass der Herr den Glauben der Eltern gnädig annimmt, als Anrecht auf Segen auch für die Geschöpfe, die nicht zur Vollendung kommen."

Roncalli sprach allerdings auch von „einem besonderen Schrei nach Gottes Barmherzigkeit", wenn er von einem jähen Todesfall oder einem Unfall mit tödlichem Ausgang erfuhr, die sich im Verwandten- oder Bekanntenkreis ereignet hatten. Die Frist einer Krankheit oder auch schon die späten Jahre eines Lebens, während deren sich ein Mensch auf das Sterben vorbereiten könne, bezeichnete er immer und immer wieder im besten Sinn des Wortes als eine „Gnadenfrist", als geschenkte, gesegnete Zeit. Aber auch alle, denen sie nicht vergönnt sei, hätten kraft des Gebets der Angehörigen „ein Anrecht" auf die Barmherzigkeit Gottes, auf den Segen für jene, „die nicht zur Vollendung" gekommen sind.

Briefeschreiben – und andere Friedensdienste

Angelo Giuseppe Roncalli war ein fleißiger und liebevoller Briefschreiber, getreu seiner Überzeugung, dass „auch das Briefeschreiben eine Form gegenseitiger Tröstung und Übung der Nächstenliebe ist“ und oft auch eine Form der Übung schier unerschöpflicher Geduld. Im Zeitraum seines geistlichen und bischöflichen Wirkens waren es insgesamt an die achttausend Briefe, die er geschrieben und viele davon sogar in Abschriften archiviert hat. Von jenen, die an die Familie oder an nahe Verwandte gerichtet waren, wurden fast alle, soweit auffindbar, von seinem Sekretär Loris Capovilla veröffentlicht – das sind ungefähr achthundert Briefe. 1993 kamen noch 152 Briefe dazu, die meisten davon an die ehelosen Schwestern Ancilla und Maria. Roncalli schrieb am liebsten mit der Schreibmaschine. Von seiner gesamten Korrespondenz fertigte er Durchschläge an.

Oft setzte sich der Erzbischof am Ende eines hohen Feiertages noch hin und schrieb bis tief in die Nacht hinein Briefe an die Familie oder an Verwandte; er wollte seine Botschaften, die ganz säkularen wie die geistlichen, nicht nur vom Licht der Schreibtischlampe, sondern auch noch vom inneren Schein des Festtagsgeheimnisses erleuchtet wissen.

So schrieb er in der Nacht vom Ostersonntag des Jahres 1947 noch sieben unterschiedlich persönliche Briefe an drei Brüder, zwei Schwestern, eine Nichte und einen Neffen. In jedem findet sich direkt oder indirekt die Ermutigung, „den guten Weg weiterzugehen, in Geduld, Güte gegen alle, Gottvertrauen!“ Für die Nichte Enrica, die einmal ins Kloster gehen und am liebsten in der Mission Heidenkinder bekehren wollte, hatte der geistliche Onkel einen besonderen Vorschlag. Er machte ihr klar, dass das beste Apostolat darin bestehe, mit Aufmerksamkeit, Anmut und vor allem Geduld dort Gutes zu tun, wohin „uns der Herr gestellt hat“. Und das müsse nicht Afrika oder Indien sein! Um zu erklären, was er damit meint, spielte er auf die große Sippe der Roncallis an, wo sich manchmal in den einzelnen Familien ein ebenso verdienstliches Apostolat ausüben ließe, „wie es der heilige Franz Xaver tat, als er Indien missionierte". Dass zwischen den Familien der Geschwister nicht immer die christlichste Eintracht herrschte, war eine der großen Lebenssorgen des geistlichen Bruders. Die Lieblingsnichte Enrica, die nach ihrer Enttäuschung im Kloster unverheiratet geblieben war, schien ihm die Richtige zu sein, im Familienclan immer wieder vermittelnd und in seinem Sinne ausgleichend zu wirken. „Die Gnade und Liebe Jesu im Herzen haben und sie um Dich herum, bei Deinen Tanten und Onkeln, verbreiten zu können, sodass Du unter ihnen durch Deine Liebenswürdigkeit und Geduld zum wahren Band des Friedens wirst – und Du glaubst, dass Du ein anderes Apostolat suchen sollst?"

Roncalli wusste, dass sich Friedensarbeit im eigenen Familienmilieu mit einem Missionseinsatz in fernen Landen durchaus messen kann. Und es dabei der Tugend der Geduld erheblich öfter bedarf.

Hinweise

- Johannes XXIII., Briefe an die Familie I und II, hg. von Loris Francesco Capovilla, Verlag Herder, Freiburg 1969/70.
- Hubert Gaisbauer, Ruhig und froh lebe ich weiter – Älter werden mit Johannes XXIII., Wiener Dom-Verlag, Wien 2011.
- Hubert Gaisbauer, Ein Heiliger kann jeder werden – Lebendig glauben mit Johannes XXIII., Tyrolia-Verlag, Wien - Innsbruck 2014.

Gott ist nicht zu haben

Der Bildhauer und Dichter Ernst Barlach (1870–1938)

Wer einmal vor einer Skulptur von Ernst Barlach gestanden ist, aus Holz, Bronze oder Keramik, wird vielleicht um den Wunsch wissen, diese Gestalten zu berühren, zu liebkosen, zu trösten oder zu besänftigen. Das kommt nicht so oft vor in der Kunstgeschichte, vielleicht bei mancher gotischen Pietà.

Barlach bekennt: „Meine künstlerische Muttersprache ist nun mal die menschliche Figur, […] wie der Mensch lebt, leidet, sich freut, fühlt, denkt. Darüber komme ich nicht hinaus."

Dieses Bekenntnis gilt auch für seine schriftstellerischen Arbeiten. Ernst Barlach war ja nicht nur Bildhauer und Zeichner, sondern auch Verfasser von Dramen, Prosaarbeiten und aufschlussreichen Selbstreflexionen. Religion spielt dabei immer eine Rolle, unorthodox, aufgeregt und aufregend, gegen den Strich gebürstet. Was Gott genannt wird, bleibt immer in Schwebe. Gott existiert für ihn nicht als Person, sondern als Erfahrung, unbestimmt, den Mystikern nahe.

Eine entscheidende Wende in Barlachs Leben und Schaffen war eine Reise des 36-Jährigen nach Russland im Jahr 1906. Was er dort sah, gewann in seinen Kohlezeichnungen und in vielen Skulpturen Gestalt und Form: Die Bettlerinnen, die Blinden, die Frierenden, die gegen den Sturm Ankämpfenden, sie sind bei ihm geblieben bis zum Ende, bis er selber mit seinem schwachen Herzen darniederlag, um im Oktober des düsteren Jahres 1938 zu sterben.

Wer einmal seinen Schöpfungen nahegekommen ist, will sie nicht nur berühren, sondern will sich von ihnen berühren lassen. „Zu jeder Kunst gehören zwei“, hat Ernst Barlach einmal geschrieben, „einer, der sie macht, und einer, der sie braucht.“

Nicht suchen – finden lassen

Am liebsten hätte Ernst Barlach das Wort GOTT „unter Naturschutz“ gestellt, „das Wort ist zu groß für meinen Mund“, lässt er eine Figur in einem seiner Dramen sagen. Zugleich ist das Wort so verloren in einer Gesellschaft des „Habeglücks“, die nichts vom „Gebeglück“ wissen will.

In rührend-naiver Weise verleiht er in der Holzschnittserie „Wandlungen Gottes“ aus dem Jahr 1921 dem Schöpfergott am siebenten Tag seine eigenen – Barlachs – Züge. Da sitzt einer, zum Ausruhen müde, nicht so sehr von der Sechstagearbeit, sondern von der unermüdlichen Suche nach dem Menschen und nach der Menschlichkeit. Immer wieder ist vom „Gottsucher Barlach“ die Rede, was er selbst als anmaßend empfand. In den Holzschnitten der „Wandlungen Gottes“ sitzt, wenngleich müde, der wahre Sucher, der „Barlachsucher“ – Gott. Glauben heißt wohl, es Gott nicht allzu schwer zu machen und sich endlich von ihm finden zu lassen.

„Glaube ist Wohltat, Glück und Gnade“, schreibt Barlach an Pastor Schwarzkopf, den mutigen Domprediger von Güstrow, „aber niemals das Ergebnis eines Willensaktes, eines Zuspruchs oder von Ermahnungen.“ Bereits zwanzig Jahre früher, während des Krieges, schreibt er im Güstrower Tagebuch: „Gott ja, sich freuen ist die größte Frömmigkeit, denke ich oft. Ich rechne es mir so an, dass ich im letzten Grunde dankbar bin und Vertrauen habe, worin? Ins Ganze, ins Allgemeine, in das Geheimnis des Daseins, mein Schöpfervater mag mich missliebig ansehen, aber doch, ich danke ihm im Innersten. Wie einmal das Rätsel aufgeht, es muss gut sein.“

206

Ernst Barlach
Der singende Mann,
1928

Dieses Einverständnis spricht aus einer der schönsten Skulpturen Barlachs: Ein junger Mann sitzt mit geschlossenen Augen, in gespannter Hingabe – und singt.

Schauen und Lauschen

„Barlach ist die Witterung des Kosmischen und der Schrecken davor", schrieb der Dichterfreund Theodor Däubler in einem Essay, dessen letzte Zeile lautet: „Wir haben viel Schweres zu tragen, viel Schweres zu träumen. Alles das steht bei Barlach im Holz vor uns."

Ernst Barlachs Vater, der Landarzt, starb, als der Junge vierzehn Jahre alt war. Die Mutter, niemals müde, seine „tausend Ungebärden mit Geduld zu umhegen", wie er später dankbar schrieb, hatte angegriffene Nerven und wenig Sinn für Kunst. Sie ermöglichte ihm trotzdem Studien bei guten Lehrern in Hamburg und Dresden.

Schon als Kind lernte er ein „übermächtiges Gefaßtwerden" kennen, wie er es in seinen Erinnerungen nannte. „An einem Abend widerfuhr mir eine Erschütterung, die im Augenblick durch mich ging und ganz sinn- und gegenstandslos war – und vielleicht doch das heftigste Erleben, das mir beschieden gewesen ist." Barlach wusste um Visionen, um das „Schauen", dem sich die „unbegreifliche Herrlichkeit im Geschehen" eröffnet, während es dem Sehen verborgen bleibt. Gerade dieses Schauen, gleich ob mit offenen oder mit geschlossenen Augen, ist vielen seiner Skulpturen eigen und verleiht ihnen eine unerklärliche Aura. Da ist das Wunder der neun Holzskulpturen, genannt „Fries der Lauschenden". Es ist diesem inneren Schauen ergeben, das sich ja ebenso im „Lauschen" ereignen kann. Im Romanfragment „Seespeck" plädiert Barlach – dem Schauen und Lauschen zuliebe – für das schlechte Gewissen: „Sollte ein gutes Gewissen ein sanftes Ruhekissen sein? Meinetwegen, aber ein schlechtes Gewissen schläfert nicht ein, mit einem schlechten Gewissen fangen wir an, Hellhörer und Hellseher zu werden."

Im leeren Raum

Ernst Barlach bekannte sich vorbehaltlos zur prophetischen Sendung des Künstlers. „Meine Figuren wissen mehr als ich“, hat er 1914 in einem Brief geschrieben. Seinen Beruf sieht er „in einer großen Leidenschaft, die doch immer das Absolute eines Glaubens hat“. Doch dieser Glaube schreibt nicht vor, erklärt nicht und kann nicht erklärt werden. Mit den Worten einer seiner Dramen-Figuren bekennt Barlach: „... ich begreife, dass Gott nicht zu begreifen ist, das ist all mein Wissen von ihm.“

In der berühmten Kaiser-Wilhelm-Gedächtniskirche in Berlin, nahe dem Kurfürstendamm, steht heute – in der Kapelle neben dem Turm – in schlichtem Rahmen auf dem Altar eine einfache Kohlezeichnung Barlachs, signiert und datiert vom 15. Mai 1915: „Christus am schrägen Kreuz“. Ein dunkler Balken – und daran hängt Christus, Arme und Beine durch den Bildausschnitt abgetrennt. Dazu gibt es einen Text von Barlach, einen Dialog des Künstlers mit seinem Sohn; vor sich haben die beiden diese Zeichnung. „Sieht es nicht so aus, als ob er schwebt?“, fragt der Vater. „Das nicht“, antwortet der Sohn. „Er fliegt.“ Der Vater stimmt zu: „Ja, er und sein Kreuz hängen und fliegen im leeren Raum über alles hin.“ Der Sohn möchte aber wissen, wo denn die Erde geblieben wäre. Wohl unten, vermutet er. „Kann schon sein, sagt der Vater, man weiß ja nicht, was man macht.“ Doch der Sohn drängt so lange auf eine Antwort, bis der Vater seine Deutung preisgibt: „Ich kann mir vorstellen, daß Christus am Kreuz hängt und im Angesicht der Erde fliegt und leiden muß solange die Menschen bleiben, wie sie sind. Aber sie werden eher meinen, daß er sich endlich davonmachen möge, denn sie feiern bald ihr zweitausendjähriges Jubiläum, und das feiert sich ohne Zweifel bequemer ohne Christus als in seiner Gegenwart.“

Irren und verlieren

Zu Beginn des Ersten Weltkrieges war Ernst Barlach durchaus von nationalem Pathos ergriffen – wie übrigens viele Künstler. Aber der Krieg wandelt seine Einstellung vom Patrioten zum Pazifisten. Seine späteren „Ehrenmale“ wären besser „Mahnmale“ zu nennen. Sie lassen Trauer und Erschütterung, aber keine Spur von Heldenverehrung aufkommen. Von den Nationalsozialisten wurden sie deshalb später von öffentlichen Plätzen entfernt. Das Original des berühmten „Schwebenden Engels“ im Dom zu Güstrow wurde sogar „für die Wehrwirtschaft“ eingeschmolzen. Barlach spürte, dass seine Arbeiten „den Blickgewohnheiten der Leute zuwider“ sind, Hetzkampagnen wurden gegen ihn, den „Kulturbolschewiken“, initiiert.

Barlach war ein zutiefst moralischer, gleichzeitig aber ein politisch naiver Mensch. 1933 protestierte er zwar in einer Rundfunkrede mutig gegen den Ausschluss von Käthe Kollwitz und Heinrich Mann aus der Preußischen Akademie – unter anderem mit den Worten: „Erniedrigend ist beides, das Schweigen sowie die Erzwingung des Schweigens“. Aber kaum ein Jahr später unterzeichnete er mit anderen Künstlern, darunter Emil Nolde und Mies van der Rohe, eine Solidaritätserklärung für Hitler. In der naiven Annahme, dann vielleicht doch in Ruhe weiterarbeiten zu können. Ein doppelt tragischer Irrtum. Als „Gift für das Volk“ wurden viele seiner Arbeiten auch aus Kirchen und Museen entfernt. Die berührende Skulptur aus Nussbaumholz, genannt „Das Wiedersehen“, vielleicht Jesus und den ungläubig-gläubigen Thomas darstellend, wurde 1937 zu einer Hauptattraktion der nationalsozialistischen Propagandaausstellung „Entartete Kunst“ in München. Für Barlach war es ein Griff ans Herz. In seinem Güstrower Tagebuch ist einmal zu lesen: „Alles verlieren, nichts sein, nichts haben, und doch wissen, dass Gott Gott ist, darauf käme es an.“

Gott ist nicht zu haben

Am 24. Oktober 1938 starb der Bildhauer und Schriftsteller Ernst Barlach in einer Klinik in Rostock, im 69. Lebensjahr. Bei der Totenfeier am darauffolgenden Donnerstag, in seinem Atelier in Güstrow, wurde Musik von seinem Lieblingskomponisten Anton Bruckner gespielt. Dem norddeutschen Protestanten und dem österreichischen Komponisten ist gemeinsam, dass sie – jeder auf seine Weise – ein Leben lang um Gott kreisen. Bruckner als ängstlich-ekstatischer Beter, Barlach als gläubiger Zweifler.

Über dem offenen Sarg Barlachs war ein Abguss vom Kopf des „Schwebenden Engels" angebracht, jener ursprünglich im Dom zu Güstrow hängenden Figur, die Barlach als Ehrenmal für die Toten des Ersten Weltkriegs geschaffen hatte.

Allen, denen beim Namen Ernst Barlach nur der expressionistische Bildhauer einfällt, sei auch der brillante Kohlezeichner und der ausdrucksstarke Dichter Barlach ans Herz gelegt. Seine acht Dramen sind eigentlich Selbstgespräche mit verteilten Rollen. In seinem letzten Schauspiel, „Der Graf von Ratzeburg", wandert Heinrich, die zentrale Figur, durch christliche Mythen und Legenden. Im Herzen aber brennt die bittere Bilanz, dass seine Taufe nur „ein Name und ein Schall" war, denn wirklich erzogen habe man Heinrich nicht zu einem Christen, sondern nur zum „Haben und Raffen".

Aber Gott ist nicht „zu haben". Am Ende seiner Pilgerschaft spricht Heinrich dann jenen Satz, den man das Barlach'sche Axiom nennen könnte: „Ich habe keinen Gott, aber Gott hat mich."

Ernst Barlach ist auf dem Friedhof von Ratzeburg begraben, der Stadt seiner Kindheit in der Nähe von Lübeck.

Hinweise

- Ernst Barlach: Ein selbsterzähltes Leben. Güstrower Fragmente, Wiesbaden 2009.
- Naomi Jackson Groves: Ernst Barlach – Leben im Werk: Plastiken, Zeichnungen und Graphiken, Dramen, Prosawerke und Briefe (Die Blauen Bücher), Königstein 2013.

Meine Wärme geht ihre eigenen Wege

Über die Malerin Paula Modersohn-Becker (1876–1907)

„Ich bin ein schlechter Briefschreiber", so schrieb Paula Modersohn-Becker in einem ihrer letzten Briefe an Rainer Maria Rilke, kurz vor der Rückkehr aus dem geliebten Paris und nach einem schmerzhaften Abschied von den Cézannes, den van Goghs und Gauguins, die gerade die Kunstmetropole erobert hatten. Paula musste zurück in die Enge ihrer Ehe. Dass sie sich einen „Briefschreiber" nannte, lag wohl noch sehr an der Zeit. Dabei war sie ganz und gar Frau, lebendig, geistreich, poetisch, mitunter auch recht ironisch, immer offen und dem Anderen zugetan. „Meine Briefe müssen aus dem Herzen kommen", schrieb Paula mit sechzehn der Mutter.

Briefe schreiben war in der Familie Becker eine selbstverständliche Gewohnheit. Kein Sonntagsfrühstück, bei dem nicht die Mutter, die Tonangebende und Entscheidungsfreudige, die Briefe der gerade abwesenden Familienmitglieder feierlich geöffnet und vorgelesen hätte!

Paulas Adressaten sind überschaubar: die Eltern, die Geschwister, ein paar Verwandte und Freunde, das Ehepaar Rilke zum Beispiel. Und natürlich ihr Verlobter und späterer Ehemann, der Maler Otto Modersohn. Dem verbot sie sogar einmal, ihre Briefe Dritten zu zeigen: „Lies überhaupt meine Briefe niemandem vor und gib sie nicht aus den Händen! Ich schreibe nur für Dich!"

Rilke lernt von Paula

Rilke verdanke ich, dass Paulas Name für mich überhaupt zu einem Begriff wurde. In der ersten Rilke-Biographie, die ich erstehen konnte, fand sich nämlich das Porträt des Dichters von ihrer Hand. Ich war regelrecht schockiert, dass eine junge Malerin den sanften Blick meines geliebten Dichters mit rot geränderten Augen darstellte!

Für Rilke war Paula „ein großer Klang", auf den er ein Echo sein wollte – so schrieb er es jedenfalls. Und sie sagte ihm einmal, dass er so schön mit den Augen hören könne. Das war in dem so innig erinnerten Gespräch beim Tee im Herbst des Jahres 1900 in Paulas kleinem Atelier beim Bauern Brünjes in Worpswede, das sie ihr Lilienatelier nannte.

Unverständlich, dass sich in Rilkes berühmter Monographie über die Worpsweder Maler – 1903! – kein Wort über Paula findet. Ebenso überraschend, dass er Paula bei ihrem zweiten Parisbesuch 1903 dem Bildhauer Rodin als *femme d'un peintre allemand très distingué* vorstellte, als „Frau eines ganz ausgezeichneten deutschen Malers". Erst später bekannte Rilke, dass er von Paula „Bilder schauen" gelernt habe. Und als er spürte, dass sie nach der vorübergehenden Trennung von ihrem Mann dringend Geld brauchte, war er der Erste, der ein Bild von ihr kaufte, den „Säugling mit der Hand der Mutter". Besonders im Krisenjahr 1906 war er eine große Stütze, als sie sich von ihrem Mann Otto Modersohn und von dessen patriarchalem Eheverständnis abzunabeln versuchte.

Ein Jahr nach Paulas Tod stimmte Rilke den berührenden Klagegesang „Requiem für eine Freundin" an, in dem er „das wirre Leiden von der falschen Liebe" beklagt und fragt: „Wo ist ein Mann, der Recht hat auf Besitz?" Und als Schuld erkennt, „die Freiheit eines Lieben nicht zu vermehren". Dabei meinte er wohl auch seine eigene gescheiterte Ehe mit Clara Westhoff im Rückblick.

Apropos Clara: Von Februar 1902 stammt jener bemerkenswerte Brief Paulas, in dem sie ihrer Enttäuschung darüber Luft machte, dass sich Clara, ihre einzige und beste Freundin, nach ihrer Heirat mit Rilke von ihr, Paula, zurückgezogen hatte. Schonungslos machte sie den beherrschenden Einfluss Rilkes dafür verantwortlich. „Mit tausend Zungen der Liebe“ wollte sie gegen dessen vormundschaftliches Verhalten hetzen! Und hetzte dabei wohl auch gegen ihre eigene Ehe, von der sie nach kaum einem Jahr ziemlich desillusioniert war. In einem Ehebund, so beschwor sie die Freundin, „müßten Beide herrschen und Beide dienen!“ Clara, nunmehr ebenfalls fast ein Jahr Rilkes Frau, habe viel „von ihrem alten Selbst“ abgelegt und „als Mantel gebreitet, auf dass ihr König darüber schreite. Ich möchte, dass Sie, Clara, den güldenen Mantel wieder trügen.“

Würde statt Pathos

Wer zum ersten Mal der Kunst von Paula Modersohn-Becker begegnet, wird möglicherweise jenem Bremer Kunsthalledirektor Gustav Pauli zustimmen, der 1920 über sie schrieb: „Es fehlt ihr so ziemlich alles, was die Herzen gewinnt und dem flüchtig hinblickenden Auge schmeichelt.“

Viele ihrer Bewunderer lernten erst über ihre Briefe die Botschaft ihrer Bilder besser zu verstehen. Selbst ihr wichtigster Sammler und Gründer des Paula Modersohn-Becker-Hauses 1927 in Bremen, der Kaffeefabrikant Ludwig Roselius, wurde durch die Briefe zu den Bildern geführt. Über die seltsamen Kommentare, die Roselius später in die Nähe des Nationalsozialismus rückten, hätte Paula verständnislos gelächelt und mit den Schultern gezuckt. Ihr bedeutete Politik, ob Nationalismus oder Sozialismus, eigentlich nichts. Die Kunst dafür alles! Zeitunglesen hasste sie. „Aber was hungernde, suchende Seelen sagen, dem höre ich gerne zu“, schrieb sie 1901 an Otto.

Ein Ereignis aus ihrer Kindheit hatte tiefe Spuren in ihr hinterlassen: Die zwölfjährige Lieblingscousine Cora kam vor ihren Augen zu Tode, als sie beim gemeinsamen Spielen in einer Sandhöhle verschüttet wurde. In ihrem Sarg sei Cora gelegen – von Blumen bedeckt, ein Freudelächeln auf ihren Lippen. Kind, Blume, Tod: Ein Dreiklang, der fürderhin durch Leben und Bilder von Paula tönen wird. Auch ihren eigenen frühen Tod kündigte sie so an: „Mit Blumen in den Händen und im Haar."

Paula Modersohn-Becker malte viele Kinder, die im Elend der norddeutschen Moorbauern lebten. Sie stellte sie jedoch nie mit dem Pathos der Sozialkritik dar, vielmehr erfasste sie diese Kinder wie auch die anderen Armenhäusler in ihrer Würde; ebenso das zu Schützende im Menschen und in der Natur – die Tiere, die Birken, die Blumen, die runden Früchte, das Reifende, das Knospende, die vielen Gesten des Tröstens, des Festhaltens und des Umarmens.

Das Malweib

Neben ihrer eigenen Konsequenz war es vor allem die liberale Familie, die sie werden ließ, was sie um alles in der Welt werden wollte: ein „Malweib", wie man malende Frauen um die Jahrhundertwende noch abschätzig nannte. „Deine Kunst gibst Du Dein Leben lang nicht auf …", schrieb ihr die Mutter und fand mit der ihr eigenen Erfindungs- und Entscheidungsfreudigkeit immer wieder Mittel und Wege, Paulas Kunstausbildung zu sichern. Erst in London, dann in Berlin, schließlich bei Fritz Mackensen, Maler im 20 Kilometer von Bremen entfernt liegenden Worpswede.

Was war das für ein Jubel im Brief an die Eltern, als Paula im August 1897 in Worpswede ihr erstes Plein-air-Porträt vollendet hatte: die kleine Anni Brotmann als „Mädchen in der Sonne vor weiter Landschaft". „Menschen malen geht doch schöner als eine Landschaft!", schrieb sie. Und den sechs Brotmann-Kindern brachte sie ein paar Tage später Kleiderzeug (von Mutter geschickt!) ins Armenquartier: Und es tat ihr unendlich wohl, in all die strahlenden Augen zu blicken.

Worpswede! Paula lernte dort für sich das wohl Wichtigste: Dass sie ihren Modellen Mensch zu Mensch gegenüberstand und nicht Maler zu Modell, sonst wären nicht Menschenbilder von solcher Größe in der Einfachheit daraus entstanden!

Zur Malerei und dem einfachen, naturnahen Leben der folgenden Jahre in Worpswede kam der Entschluss, einen Ehebund einzugehen und eine Familie zu gründen. Als sie bekanntgab, sich mit dem bereits arrivierten Naturmaler Otto Modersohn verheiraten zu wollen, schrieb ihr der Vater, der in anderen Punkten ja recht fortschrittlich dachte: „Deine Pflicht ist es, ganz in Deinem Mann aufzugehen […], sein Wohl immer vor Augen zu haben […] und Dich durch selbstsüchtige Gedanken nicht leiten lassen." Und die Mutter organisierte flugs den Kochkurs in Berlin, dessen Früchte nach einem Jahr Ehe just am Ostersonntag merkwürdig zum Tragen kamen. Bildhaft sehen wir sie vor uns, wie sie sich selber beschreibt – in der Küche sitzend, Kalbsbraten kochend und dabei in das Küchenhaushaltebuch kritzelnd: „Es ist meine Erfahrung, dass die Ehe nicht glücklicher macht!"

Immer spürt man in den Briefen Paulas Angst, dass ihre Entschlossenheit, den eigenen Weg zu gehen, von Familie und Ehemann als Egoismus missverstanden würde! „Ich werde meinen Egoismus nicht los, er gehört zu mir, wie meine lange Nase", schrieb sie schon drei Jahre vor der Eheschließung. Zutiefst berühren dann später die Zeilen an ihre Mutter, in denen offenbar die tief verinnerlichte protestantisch-religiöse Erziehung spürbar wird: „Ich trage so oft die Worte in meinem Herzen, die Worte Salomons oder Davids: Schaffe in mir Gott ein reines Herz und gib mir einen neuen gewissen Geist, verwirf mich nicht von deinem Angesicht und nimm deinen heiligen Geist nicht von mir. Von Kindheit an bei einer Gelegenheit, wo

Gefahr war, dass ich zu stolz auf irgend etwas wurde, habe ich mir diese Worte gesagt!“

Lebenskunst

Die Mutter Mathilde war aus dem alten Adelsgeschlecht der von Bültzingslöwen. Ein Familienfoto der Beckers zeigt sie als eigentliche Steuerfrau, sie war verantwortlich für das prägende Element ihrer Familie und der Kinder. Ihr Bruder Kurt benannte es mit dem schönen Wort „Lebenskunst“. Mathilde war ein Mensch, der „die Lahmen wieder gehend macht“. Sie war heiter, offen, verwandtschaftlich hervorragend vernetzt und zupackend, wo Not an der Frau war. Apropos Lebenskunst: Literatur hatte einen hohen Stellenwert. Als man einmal einen größeren Geldbetrag zur Verfügung hatte, beriet der Familienrat, ob er für ein Spiegelkästchen im Badezimmer ausgegeben werde oder für die neuere Goethe-Ausgabe. Man hat sich für Goethe entschieden.

Paulas Vater, Baurat Carl Woldemar Becker, litt an Asthma, aber vermutlich noch viel mehr an seiner beruflichen Frühpensionierung als Betriebsinspektor bei der Eisenbahn. Er unterschrieb seine Briefe an Paula schon mit „Dein alter Vater“, als er erst Mitte fünfzig war. Mit neunundfünfzig Jahren starb er. „Sein Sterben war der frömmste Gottesdienst in meinem Leben“, schrieb Paula.

Er hatte stets darauf bestanden, dass Paula eine abgeschlossene Lehrerinnenausbildung habe und damit selbständig erwerbsfähig wäre. Die Beurteilung von Paulas künstlerischen Anfängen war zurückhaltend und nie schmeichelhaft. Trotzdem schickte er die Tochter – nach einem Familienausflug nach Worpswede – zum Maler Mackensen, der wie Otto Modersohn zumindest in der Bremer Kunstwelt bereits einen Namen hatte. Carl Woldemar Becker sorgte sich jedenfalls sehr um seine Kinder. Und wenn es schon unbedingt sein musste, sogar um eine, wie er hoffte, solide Kunstausbildung.

Zu seinem letzten Geburtstag schrieb Paula, die Fünfundzwanzigjährige, ihm den bemerkenswerten Satz: „Laß Ruhe in Deine Seele kommen, denn was ist ein bejahrtes Leben ohne Ruhe."

Der sensible Realist Carl Woldemar Becker versuchte, seinen Kindern gegenüber politisch neutral und objektiv zu sein, eine leise Sympathie für den Sozialismus und vor allem für eine ordentliche Mädchenausbildung ist aber nicht zu übersehen: „Der Fluch unserer Frauenerziehung: ein bisschen Musik, ein bisschen Gesang, ein bisschen Parlieren in fremden Sprachen, alles das ist eben nur ein bisschen [...], aber um etwas ganz zu schaffen, muß man es auch ganz können [...] das geht aber nur mit Aufopferung der Leichtfertigkeit und der Oberflächlichkeit, welche euch Frauen infolge der jahrhundertelangen Erziehung zur Unselbständigkeit anhängt."

Die Erhebung von Gesicht und Blüte

Paula Modersohn-Becker war ein Mensch, der nie aufgehört hätte zu lernen. Ihre ureigenen, ihr selbst wichtigsten Bildideen entwickelte sie aber völlig unabhängig von jedem Unterricht. Gerade in Paris hatte sie in Akademien und Kursen bis zur Erschöpfung gelernt und gearbeitet. Jeder ihrer vier Paris-Aufenthalte war erkämpft, erbettelt, mitunter sogar erhungert; Geselligkeit und Vergnügen waren kleingeschrieben, groß dafür die Entdeckungen der Kunst: Alte Meister und Avantgarde stritten in ihrer Seele um die ersten Plätze.

Von den Geschwistern sind es vor allem drei, die uns persönlich in Paulas Briefen gegenübertreten: Die zwei Jahre ältere Bianca Emilie, genannt Milly, sie wird 1907 nach Paulas plötzlichem Tod die zärtliche Amme für deren Tochter Mathilde werden. Dann der drei Jahre ältere Kurt, Arzt und hilfloser Zeuge ihres überraschenden Sterbens. Und schließlich die fast zehn Jahre jüngere Herma, später Dr. phil. und Oberschullehrerin. Trotz ihrer Jugend war sie Paulas große Stütze in dem schwierigen und ereignisreichen letzten Jahr

Paula Modersohn-Becker
Porträt der Schwester Herma mit Artischockenblüte in der erhobenen Hand,
1906

in Paris, wo Herma gerade *au pair* war. Die anderen Mitglieder der Familie Becker waren nach ihrem Entschluss, sich von Otto Modersohn zu trennen, ratlos und maßlos enttäuscht.

Das Porträt „Herma mit Artischockenblüte in der erhobenen Hand" malte Paula nach einem Frühlingsausflug in die Bretagne, wo das Bild im Freien konzipiert und dann im Atelier ausgeführt wurde. Kluge Interpreten haben von der „transzendentalen Erhebung von Gesicht und Blüte über den Horizont" geschrieben. Paula selbst war da etwas prosaischer, sie sprach bei solchen Plein-air-Porträts vom „Kopf in die Luft-Malen".

König Rother

Das Mysterium von Mutterschaft und Tod wäre ihre Religion, schrieb sie am Christtag des Jahres 1900 an den Verlobten Otto Modersohn. Es klingt wie eine Ahnung. Modersohn war Worpswede-Pionier der ersten Stunde. Pfeifenraucher. Der Malerfreund Heinrich Vogeler porträtierte ihn als hageren Grübler mit hoher Stirn und rötlichem Vollbart. Er war elf Jahre älter als Paula, vielleicht ihrem Vater nicht ganz unähnlich, anständig, grundsolide. Paula nannte ihn ihren König Rother, nach dem Helden einer mittelhochdeutschen Spielmannsdichtung, der auf einer schwierigen Brautfahrt eine schöne Gemahlin gewinnt. Ihr Rother wirkt – wenigstens auf den Fotos, die man kennt – wie ein depressiver Altphilologe. Und beide zusammen auch nicht so, wie man sich glücklich Liebende vorstellt. Otto Modersohn hat Paula geliebt und geschätzt, auch ehrlich bewundert, wahrscheinlich beneidete er sie sogar um ihre direkte, sinnliche Art. Aber sie in ihrer Ganzheit verstanden, als Frau und als Künstlerin, das hat er wohl nicht. Seine Fehlurteile über Paulas Kunst zeigen, wie tief er noch im alten Jahrhundert steckte. Paulas Neffe Wulf Becker-Glauch, beruflich ein Seelenarzt, schrieb einige treffende Sätze, die das Spannungsspiel zwischen der Ehe und ihrer Kunst erhellen:

„Sie wollte als Frau ein Kind und als Künstlerin ihre Kunst. Da Frau und Künstlerin ein und dieselbe Person waren, wollte sie beides." Oder: „Mit ihrem eigenen Konflikt ging sie vorbildlich um, ohne krank zu werden." Bis zu ihrer Trennung von Otto Modersohn – 1906 – tat sie das Menschenmögliche zur Kompensation. Hier liegt nicht die einzige, aber eine wesentliche Wurzel ihrer Kunst.

Der Gipfel an Kompensation mit einem kräftigen Schuss bitterer Ironie war das berühmte „Selbstbildnis am 6. Hochzeitstag". Sie stellte sich nackt und als Schwangere dar, obwohl sie noch gar nicht schwanger war. Von Rilke wurde dieses Selbstbildnis trauernd besungen. Vom Kunstdiktat der Nationalsozialisten wurde es tief geschmäht. „Das Schwarze Korps", ein Organ der Reichsführung der SS, sah 1935, wie darin „eine Idee zerstört wird, die zu dem Heiligsten gehört, was es überhaupt für uns geben kann". Heute wird es als Meilenstein in der Kunstgeschichte gefeiert.

Wie schade!

Anfang 1907, nach ihrer Rückkehr „ins frühere Leben", also zurück aus Paris und wieder im engen Worpswede und mit der Sehnsucht nach den Cézannes von Paris im Herzen, wurde sie wirklich schwanger. Den Eltern schrieb sie: „Mir geht es gut und geduldig. Meine Wärme geht ihre eigenen Wege." Der Frühling 1907 war für ihre Mutter eine rechte Freudenzeit, denn die geliebte Paula war wieder dort, wo sie nach Ansicht der Familie hingehörte!

Wer oder was bewog sie wirklich, umzukehren? Ihre Familie, die sich mit der Trennung überhaupt nicht abfinden konnte? Oder der befreundete Bildhauer Bernhard Hoetger, der sie als Künstlerin erkannt und „einen Abend" in sie „hineingepredigt" hatte, Paris zu verlassen? Oder doch die Erkenntnis, nicht die Frau zu sein, um „alleine zu stehn", wie sie Clara Rilke-Westhoff gestand? Oder hatte sich der merkwürdige Satz aus Paulas Tagebuch vom 26. Juli 1900 in ihrem Kopf wieder eingestellt – „Ich weiß, ich werde nicht sehr lange leben" –, der immer zitiert wird, wenn von ihrem frühen Tod die Rede ist?

Am 2. November 1907 brachte Paula Modersohn-Becker nach einer schwierigen Geburt eine Tochter zur Welt, Mathilde. Der Arzt verordnete Bettruhe. Am 20. November durfte sie erstmals aufstehen; daraufhin erlitt sie eine Embolie, an der sie im Alter von 31 Jahren verstarb. „Wie schade!", sollen ihre letzten Worte gewesen sein. Für ihr Grab auf dem kleinen Friedhof von Worpswede schuf der befreundete Bildhauer Bernhard Hoetger 1916 eine Steinplastik, die eine liegende Frau mit Kind zeigt. Darunter ein Spruch aus dem Römerbrief: „Denen, die Gott lieben, müssen alle Dinge zum Besten dienen."

Anlässlich der ersten großen Ausstellung der Bilder von Paula Modersohn-Becker – ein Jahr nach ihrem Tod – schrieb der Direktor der Bremer Kunsthalle: „Sie trug ihre lachende Heiterkeit wie einen Mantel, darunter ein tiefer Ernst."

Hinweise

- Von cen zahlreichen Biographien und biographischen Dokumentationen sei genannt Marina Bohlmann-Modersohn: Paula Modersohn-Becker: Eine Biographie mit Briefen, München 2007.
- Corona Unger (Hg.): Kunst ist doch das Allerschönste. Briefe einer jungen Künstlerin (Insel-Bücherei), 2007, ein ideales Geschenkbändchen.

Wer ist fremd, ihr oder ich?

Über die Schriftstellerin Ilse Aichinger (1921–2016)

Wenn jemand mich fragte, welche die wichtigsten Vermessungszeichen der Literatur deutscher Sprache nach dem Horror von Nationalsozialismus und Zweitem Weltkrieg wären, würde ich Wolfgang Borcherts Drama „Draußen vor der Tür" nennen, dann Paul Celans Gedicht „Todesfuge" und schließlich Ilse Aichingers einzigen Roman „Die größere Hoffnung". Der Hamburger Wolfgang Borchert – heute kaum mehr gelesen – ist im selben Jahr geboren wie Ilse Aichinger, gestorben mit sechsundzwanzig an den Folgen von Wehrdienst und Haft wegen Wehrkraftzersetzung; Paul Celan, Altösterreicher aus der Bukowina und 1945 in Wien unwillkommener jüdischer Flüchtling, erlebte den Naziterror in Czernowitz, seine Eltern wurden in einem Lager zwischen Dnjestr und Bug ermordet. Er war ein Jahr älter als Ilse Aichinger.

Ilse Aichinger wurde als Tochter einer jüdischen Ärztin und eines nicht-jüdischen Lehrers in Linz geboren. Mit ihrer Zwillingsschwester Helga. Nach der frühen Scheidung der Eltern – die Zwillinge waren sechs Jahre alt – übersiedelten Mutter und Töchter nach Wien, wo Ilse zuerst eine Klosterschule besuchte. Weil die Mutter das Schulgeld nicht mehr zahlen konnte, maturierte sie an einem öffentlichen Gymnasium. Der Vater war Lehrer und ein weltfremder Büchersammler, allein von den Werken Jean Pauls soll er zwölf Gesamtausgaben besessen haben. Die Eltern hätten sich getrennt, weil kein Geld mehr da war, erzählt Ilse Aichinger, alles wäre verpfändet gewesen. „Meine Eltern haben sich aber immer gerngehabt." Die Großmutter war nach der Übersiedlung ihre wichtigste Bezugsperson. „Sie konnte nichts in der Hand haben, ohne es zu teilen, oder eben das Ganze herzugeben." Nach dem Einmarsch Hitlers in Österreich konnte Ilses Schwester Helga mit dem letzten Kindertransport nach Großbritannien fliehen. Ilse selbst wurde aufgrund der Nürnberger Rassengesetze das gewünschte Medizinstudium verwehrt. Sie nahm Gelegenheitsarbeiten an, wurde später dienstverpflichtet. Die Mutter wurde aus dem städtischen Ärztedienst entfernt und zur Fabrikarbeit gezwungen. Nur dank Ilse, der katholisch getauften halbjüdischen Tochter, entging die Mutter der Deportation. Die geliebte Großmutter aber fiel wie auch die übrige Familie mütterlicherseits der mörderischen Verfolgung durch die Nationalsozialisten zum Opfer.

Nach Kriegsende konnte Ilse Aichinger endlich das Studium der Medizin in Wien aufnehmen, brach es aber im fünften Semester ab, um ihren Roman „Die größere Hoffnung" zu beenden. Nach langem Warten auf ein Visum konnte sie im Winter 1947/48 endlich ihre Schwester Helga in London besuchen, wo sie vorübergehend in einer Knopffabrik arbeitete – eine Erfahrung, die sie später im Hörspiel „Knöpfe" verarbeitete.

1948 wurde in Amsterdam beim Verlag Bermann Fischer der Roman „Die größere Hoffnung" veröffentlicht. Nur Aufmerksame erkannten damals seine Bedeutung. Darunter Inge Scholl, Schwester von Hans und Sophie Scholl, bekannt von der Widerstandsbewegung „Die Weiße Rose". Sie lud Ilse Aichinger 1950 zu einer Lesung in die Volkshochschule von Ulm ein. Intuitiv hatte Inge Scholl die geistige Verwandtschaft zwischen der Autorin und den Aktionen ihrer Geschwister erfasst. Daraus entstand Ilse Aichingers Mitarbeit beim Aufbau der „Geschwister-Scholl-Stiftung" und der renommierten „Hochschule für Gestaltung" in Ulm. Ilse Aichinger begriff, wie „in diesem hellen Raum" der Bildung eine größere Hoffnung in Gegenwart und Zukunft übertragen werden kann und wie diese Hoffnung stets der Gefahr schrecklicher Vereinfachung ausgesetzt ist, einer „terrible simplification". In diesem Umfeld konnte sie helfen, Menschen das zu vermitteln, was für Inge Scholl der Schlüssel für jeden gelungenen Neuanfang ist: Bildung, Bildung, Bildung.

1980 sagt Ilse Aichinger in einem Interview auf die Frage, was „die Jugend" von den Geschwistern Scholl lernen könne: „Sich nicht anpassen lassen. Die kleinen Träume vergessen, damit die großen nicht vergessen werden. Sich noch weniger denn je anpassen lassen an diese Welt, die immer deutlicher zur Verzweiflung treibt, gerade die Jugend."

„Die größere Hoffnung"

Von der Hinrichtung von Hans und Sophie Scholl hatte Ilse Aichinger „auf einem der unverkennbaren Anschläge" auch in Wien gelesen. Bereits einen Monat später, am 21. März 1943, notierte sie in ihrem Tagebuch: „Die Hoffnung ist alles, diese größere Hoffnung, die die Dinge aus dem Schwankenden hinausreißt in die brennende Existenz des guten Willens."

Die Eigentümer des Verlags, der später „Die größere Hoffnung" veröffentlichen wird, erinnern sich an die erste Begegnung mit der jungen Autorin: „Kurz nach Wiedereröffnung des Verlags brachte man uns mit zwei jungen Mädchen zusammen, die schüchtern und etwas verlegen lächelnd vorbeihuschten. Von der einen hieß es, sie hätte gerade ihren ersten Roman geschrieben, ein bildschönes, dunkelhaariges Mädchen, krampfhaft ein Papierbündel unter dem Arm haltend. Sie hieß Ilse Aichinger, und ihre Freundin Ingeborg Bachmann. Ilses Manuskript lasen wir beide mit Herzklopfen und Bewunderung."

Das Manuskript war Aichingers Roman „Die größere Hoffnung", einer der wichtigsten Belege für eine Wiedergeburt der österreichischen Literatur. Es ist die Geschichte einer jüdischen Schülerin, Ellen, die ein Visum braucht, um mit ihrer Mutter ins Land der Freiheitsstatue ausreisen zu dürfen. Eine Hoffnung, die sich nicht erfüllen sollte, „weil niemand für mich bürgt". Dabei gibt es „für jeden Eisschrank eine Garantie". Aber als junge Jüdin sei man eben vogelfrei, ausgeliefert, ohne rechtliche Absicherung. Zehn Kapitel lang irrt Ellen in einer imaginativ-symbolischen Sprache durch Traum und schreckliche Wirklichkeit. Kindliche Angst und Wut sind selten so intensiv dargestellt worden. Vielleicht sollte man wieder einmal etwas genauer in diesen Roman hineinhören: „Wer ist fremder, ihr oder ich? Der hasst, ist fremder als der gehasst wird, und die Fremdesten sind, die sich am meisten zuhause fühlen."

Verbrauchte Worte wie Angst oder Hoffnung bekommen beim Wiederlesen dieser Texte neues Gewicht, weil sie von Ilse Aichinger mit einem langen Leben fern dem Gerede bezeugt und in ihm gehütet sind. Man spürt überrascht die scharfe und unverbrauchte Luft literarischer Qualität in zeitloser Gültigkeit.

War Ilse Aichinger auch eine politische Schriftstellerin? Ja. Im ganz genauen Hinsehen auf das, was geschieht. Immer.

Hörspiele

Im Mai 1951 nahm Ilse Aichinger auf Drängen von Inge Scholl zum ersten Mal an einer Tagung der berühmten *Gruppe 47* teil, einer informellen Vereinigung namhafter deutscher Schriftsteller in Bad Dürkheim. Sie las ihre Erzählung „Der Gefesselte" und verblüffte damit den rauen Männerklub. Ein Jahr später erhielt sie für die „Spiegelgeschichte" den begehrten Preis der *Gruppe 47*; inzwischen war sie dort nicht mehr die einzige Frau. Walter Jens, ein führender Kopf der Gruppe, erinnert sich: „Ingeborg Bachmann, eine Debütantin, die aus Klagenfurt kam, flüsterte stockend und heiser einige Verse; Ilse Aichinger brachte, wienerisch-leise, die ‚Spiegelgeschichte' zum

Vortrag. Damals, sieben Jahre nach dem Ende des Krieges, entfaltete sich die junge deutsche Literatur der Moderne." Bei der *Gruppe 47* machte Ilse auch die Bekanntschaft mit dem Schriftsteller Günter Eich, ihrem späteren Mann, den sie 1953 in München heiratete. In dieser Zeit erprobten sich Schriftsteller gerade am Medium Radio, das Hörspiel erlebte seine Blütezeit. Einer der Hörspielklassiker ist „Träume" von Günter Eich, erstmals gesendet am 19. April 1951. Es war eine Zeit, in der noch ein Hörspiel heftige Reaktionen auslöste, Begeisterung und Proteste. Das Zitat „Seid unbequem, seid Sand, nicht das Öl im Getriebe der Welt!" wurde ein Kampfruf der kritischen Jungen gegen manche Tendenzen der konservativen Politik Konrad Adenauers, zum Beispiel gegen die Wiederbewaffnung Deutschlands.

Zu den Klassikern jener Zeit gehört auch Ilse Aichingers Hörspiel „Knöpfe". Ich erinnere mich noch an die unheimliche Spannung, die ich empfand, als ich es zum erste Mal hörte. Es handelt von einer jungen Frau, die in einer Knopffabrik arbeitet, in der alle neuen Knöpfe im Sortiment Mädchennamen haben. Die Frau entdeckt, dass immer dann eine neue Knopfserie auftaucht, wenn eine Arbeiterin ausbleibt. Die neuen Knöpfe bekommen den Namen der Verschwundenen. Eine Parabel dafür, wie Menschen genormt und zu seelenlosen Produkten gemacht werden? Für mich war das ein Radio-Schlüsselerlebnis anfang der 1960er Jahre.

Literarisch am einflussreichsten war für Ilse Aichinger ihr Mann Günter Eich, mit dem sie zwanzig Jahre „im Dialog gelebt und geschrieben" hat. Nach mehreren Wohnortwechseln zog das Paar mit den beiden Kindern Clemens und Mirjam schließlich nach Großgmain bei Salzburg. Günter Eich starb 1972; Ilse wurde Mitherausgeberin seiner „Gesammelten Werke".

Es folgen vierzehn Jahre, während der sie selbst nichts veröffentlicht. Aber sie schreibt. Auf Umschlägen, in Rätselheften, auf Papiersäckchen. Ihre Texte werden immer kürzer, bis hin zum Aphorismus. Intensiv sucht sie eine „Poetik des Schweigens" als ihre ganz persönliche Konsequenz aus der Ablehnung jeder Art von konformistischer Geschwätzigkeit.

Angespornt vom Herausgeber ihrer Werke im S. Fischer-Verlag, dem Literaturwissenschaftler und Freund Richard Reichensperger, beginnt Ilse Aichinger, inzwischen weit über siebzig Jahre alt, regelmäßig Kolumnen für zwei Wiener Tageszeitungen zu schreiben. Sie entstehen aus ihrer Liebe zum Kino und zu den Absurditäten der Welt. Sie will „in diesen Texten die Wirklichkeit demolieren"; oft geht sie vier- oder fünfmal am Tag ins Kino, „weil das Kino eine Form des Verschwindens ist. Man taucht ins Dunkel, man ist unsichtbar."

Das Schweige[illegible]

Ilse Aichinger z[illegible]
Reden vorziehe[illegible]
ist überzeugt, d[illegible]
wie eine Währu[illegible]
Macht die Wört[illegible]
verwendet. „De[illegible]
Nichtschreiben"[illegible]
ben ist sterben l[illegible]
den Sinn, wenn [illegible]
gaben sind alles! [illegible]
mir etwas gehö[illegible]
die Dinge zu sehen ist ein permanentes Abschiednehmen. Haben als hätte man nicht. Das Wort, nicht vom Haben, vom Halten bestimmt, ist etwas das man hergibt. Das Wort, wenn es wirklich ein Wort und kein Gerede ist."

Fast in jedem ihrer eher seltenen Interviews und dokumentierten Gespräche, die sie im Laufe der letzten Jahrzehnte ihres Lebens gewährte, tauchen die Namen der Geschwister Scholl von der

Weißen Rose auf. Von ihnen sprang, wie sie sagt, eine unüberbietbare Hoffnung auf sie und andere junge Menschen über. Vielen hätte damals diese Hoffnung Mut zum Sterben gegeben, und anderen zum Leben. Als sie von der Hinrichtung der Geschwister und ihrer Freunde Kenntnis erhalten hatte, war es ihr „wie ein geheimes Licht, das sich über das Land gebreitet hatte, und wie ein Glück. Ich erinnere mich, dass ich einmal um diese Zeit auf der Straße ging und einen Bekannten traf, der sagte: ‚Strahlen Sie nicht so! Sonst werden Sie noch verhaftet.‘ “

Wie hilfsbedürftig diese Welt ist

Viele Jahrzehnte ihres Lebens ist Ilse Aichinger allein. Der Ehemann Günter Eich und der Sohn Clemens – schon lange tot. Die Großmutter und andere Verwandte – von den Nazis ermordet. Viele Freunde – nicht mehr am Leben. Man soll sich der Toten erinnern, sagt man, sonst sterben sie ein zweites Mal. Ilse Aichinger ist das zu wenig. Unsere Erinnerung genügt nicht, sagt sie. Die Toten müssen sich unser erinnern. Es muss ein Gegenspiel sein. Unerschüttert die solidarische Haltung Ilse Aichingers auch den Lebenden gegenüber. Zum Beispiel, dass es nötig ist, die Angst der anderen zu teilen, selbst wenn man keine eigene Angst hätte. Die Angst in Nervenheilanstalten, in Krankenhäusern und Gefängnissen, die Angst auch der schuldig Gefangenen.

Vor dem Mosaik des Jüngsten Gerichts in der Basilika Santa Maria Assunta auf der Insel Torcello wird ihr bewusst, dass sie noch auf keinem dieser Weltgerichtsszenarien auch nur einen einzigen von den Geretteten gesehen hat, der versucht hätte, von der rechten auf die linke Seite zu kommen, „zu den unglückseligen Brüdern“. Das Wort Gott spart sie konsequent aus. Wahrscheinlich ist es ihr zu oft und zu gefährlich oberflächlich gebraucht worden. Nur einmal rutscht es ihr heraus, als sie von den Gegenden rund um

Banken und Börsen in den großen Städten spricht: „Die strömen eine so unglaubliche Gottes- oder Sonstwasverlassenheit aus."

Ilse Aichingers Gedichte und viele ihrer Erzählungen und aphoristischen Aufzeichnungen sind oft schwer zu verstehen und erscheinen als schwer lösbare Rätsel. Dennoch halten sie drei lebenswichtige Kräfte in uns wach: die Skepsis, den Geist und die Hoffnung. Denn Literatur darf nicht allzu rasch durch Erklärung entschärft werden, „damit die seltsamen Dinge seltsam bleiben", wie es in der Erzählung „Engel in der Nacht" heißt. Ja, ihre Gedichte „sind schwer zu lesen", gibt sie in einer der ersten Sendungen der Radioreihe „Menschenbilder" zu, „und für den, der sie schreibt, sind sie schwer zu schreiben. […] Ich wäre froh, wenn ich etwas schreiben könnte, das deutlich macht, wie hilfsbedürftig diese Welt ist." Und wenn „einer sagt, ich solle mich nicht sorgen, dann soll er mir sagen, was ich stattdessen machen soll."

Hinweise

- Ilse Aichinger, Werke in acht Bänden, Fischer-Taschenbuchausgabe, Frankfurt a. M. 1991, die acht schmalen Bände auch einzeln erhältlich.
- Simone Fässler (Hg.), Es muss gar nichts bleiben: Interviews 1952–2005, Wien 2011. Auf der beigelegten CD sind ausgewählte Gesprächspassagen aus vier Radiointerviews zu hören.

Der Sprache im Wort geblieben

Über die Dichterin Christine Busta (1915–1987)

Immer wenn Christine Busta ihre Gedichte las, waren es „der Tonfall, der Rhythmus, die Monotonie der Liebe", die einen in den Bann zogen. Wenig kümmerte es sie, ob ihre Gedichte Literatur seien. Sie wollte „die gesprochene Sprache knüpfen / von Mensch zu Mensch und durch Dasein reden, / wie die geduldigen Dinge es tun." Die Sprache war ihr nicht Exerzierfeld und die Worte waren nicht Munition für gezielte Provokationen. Das „gefrorene Meer in uns" wollte sie nicht – wie Franz Kafka – mit der Axt spalten, sondern durch Wärmezufuhr geduldig zum Schmelzen bringen.

Die Farben der Kindheit

Einfach wie ihre Sprache war ihr Leben. Am 23. April 1915 als uneheliche Tochter der Magdalena Busta in Wien geboren, war ihre Kindheit grau wie die Zimmerwände der kleinen Wohnung in der Wiener Vorstadt Fünfhaus. Das war eine Gegend der kleinen und kleinsten Leute, der Wäscherinnen und der dunklen Werkstätten der Handwerker. Es war eine Gegend der hallenden Fuhrwerks- und Arbeitsgeräusche, die von der Straße in die Wohnung drangen. In der frühen Erinnerungsskizze „Die Farben der Kindheit" schreibt Christine Busta aber besonders von dem, was in ihrer Kindheit still und grün war: Da „waren die Sommer mit ihren langen Ferien das stillste und grünste. Doch war es nicht das Grün von Wald und Flur […]. Es war das Grün gedämpften Lichtes hinter herabgelassenen grünen Jalousien, mit denen man sich vor der drückenden Hitze schützte, ein Grün, das eine Kühle ohne Hauch erzeugte." Urlaube gab es nicht. Hie und da vielleicht einen Ausflug in den Wienerwald. Am Sonntag. Aber da waren auch noch die grünen Decken, mit denen – wenn sie nicht gerade in der Pfandleihanstalt waren – die Betten von Mutter und Tochter zugedeckt waren. Diese Decken waren der ganze Stolz der Mutter. In den Ferien saß Christl fast den ganzen Tag allein zwischen den vier Wänden und erfand ein Spiel, das sie „das Land- und das Geschwisterspiel" nannte. Sie erfand sich eine große, wohlsituierte Familie und alle ersehnten ländlichen Sommerfreuden dazu. „In diesem Spiel kam nun den grünen Decken eine wichtige Rolle zu. Ich breitete sie auf den Fußboden unterm Fenster, wo die Sonne durch die Jalousienschlitze ihr lautloses Lichterspiel trieb, legte die Schuhe ab und betrat barfuß die grüne Fläche. Und sie verwandelte sich, wurde Gras und Moos, darein ich mich heiter bettete." Hellere Streifen wurden zu Bächen, Lichtpunkte waren Löwenzahn und Butterblumen, ein Apfel und eine Zwetschke bildeten einen ganzen Obstgarten. Sie hörte, wie die erfundene Großmutter Schüsseln voll süßer Beeren mit weißer Milch bereitete. Und dieses erträumte Ich konnte beschließen, das wirkliche Ich einzuladen in Person eines armen Mädchens, das Christl hieß und keinen Vater hatte, keine Geschwister und keine Großmutter. Ich und Ich spielten dann auf der herrlichen Wiese der Phantasie. Auch in die Küche der Hausmeisterin, wo Christl oft auf die Mutter wartete, kam diese weite, bunte Welt in den grauen Alltag des Mädchens. Da standen auf dem Regal Gewürzdosen mit Windmühlen, Segelschiffen, Palmen und chinesischen Pagoden. Sie erfand sich Geschichten, die allerdings jäh endeten, wenn die Mutter, todmüde von der Arbeit, sie abholen kam.

Einmal, im Advent, sah sie die Mutter spätnachts, wie sie bei verhängtem Petroleumlicht, völlig erschöpft noch den Fußboden schrubbte. „Und ich habe mich oft gefragt“, schreibt sie später, „ob das Knien der Mutter in jener Nacht nicht schwerer wog vor Gott als die Gesänge der frommen Beter im Advent. Denn manche Stuben sind härter zu bereiten als das Herz.“

Christl erlebte die Arbeitslosigkeit der Mutter in der Zwischenkriegszeit. Durch Nachhilfestunden konnte sie die gemeinsame Not lindern; sie studierte Germanistik und Anglistik und arbeitete als Aushilfslehrerin an einer Handelsakademie. Ihre Beziehung mit dem Privatmusiklehrer Maximilian Dimt, einem Geiger im Gau-Symphonie-Orchester Niederdonau und Mitglied der NSDAP, führte 1940 zur Heirat. Dimt kehrte aus dem Krieg nicht zurück.

Nach Kriegsende arbeitete Christine Busta zuerst als Übersetzerin bei den Alliierten, dann vorübergehend in einem Hotel und schließlich – bis zu ihrer Pensionierung – als Bibliothekarin in den

Wiener Städtischen Büchereien. Immer öfter erschienen Gedichte von ihr in Literaturzeitschriften und Wochenzeitungen, 1950 wurde ihr erster Gedichtband mit dem Titel „Jahr um Jahr“ veröffentlicht. Bald folgten in schöner Regelmäßigkeit ihre kostbaren schmalen Gedichtbändchen, zuerst bei Herder, dann bei Otto Müller, jenem Verlag, dem sie ein Leben lang treu geblieben war.

In den 1950er und 1960er Jahren wurde sie mit ihrer im selben Jahr geborenen Namensschwester Christine Lavant oft in einem Atemzug genannt. Sie waren *die* Busta und *die* Lavant, wurden mit Preisen geehrt und als Erbinnen Rilkes und Trakls gefeiert. Was die beiden verbindet und gleichzeitig unterscheidet, ist ihr Festhalten an Gott – die eine im gläubigen Staunen und die andere im gläubigen Hadern.

Am 3. Dezember 1987 ist Christine Busta gestorben. Eine Zeitlang schien sie fast vergessen. Einige Jahre lang erinnerte ein merkwürdiges Denkmal an die Lyrikerin. Da prangte ihr Gedicht „Schrift und Inschrift“ als Lese-Zeichen an einer knallroten Entlüftungssäule im Klieberpark in Wien-Margareten, wo sie lange gewohnt hatte: „Verschwenderisch ergießt man sich auf Papier. / Wer in Stein schreibt, / wird sparsam mit Lettern." Christine Busta war keine Geschwätzige, weder im Reden noch im Schreiben. Die Sprache, der sie ein Leben lang „im Wort" blieb, „wird nicht geredet, / sie wird erlitten". Die Entlüftungssäule im Klieberpark existiert noch, die Verkleidung mit der Schrift liegt in einem Depot. Dass inzwischen ein Park in Wien-Meidling Christine-Busta-Park heißt, hätte ihr gefallen, wegen des großen Kinderspielplatzes. „Kinder und ihre Freunde" hat sie ja immer gern gehabt.

Der letzte Gedichtband, von Christine Busta noch selbst zusammengestellt, erschien 1985. Es ist eine Sammlung von Liebesgedichten und von Bekenntnissen zu einer Liebe im Alter „inmitten aller Vergänglichkeit". Darunter finden sich sehr persönliche, ja intime Gedichte, voll tiefer Zuneigung zu einem geliebten Menschen, manche voll seligem Übermut junger Verliebter. Das Glück, Mutter zu sein, ist ihr versagt geblieben – „deine Hand auf dem Haar eines Kindes, / das nicht unseres ist". Das Mütterliche in ihr aber fand den wärmsten Ausdruck in dem zeitlos schönen Kinderbuch „Die Sternenmühle". Vor allem, wenn sie mit ihrer bergenden Stimme selbst daraus las. Sie habe dieses Kinderbuch geschrieben, sagte sie, weil sie sehen wollte, wie man schreiben muss, „um etwas für Kinder zu sagen". Und auf die Frage, was in ihren Augen das gültigste ihrer Werke sei, meinte sie: „Ich werde wohl in meiner ‚Sternenmühle' weiterleben."

Schuld und Gerechtigkeit

Christine Busta wusste nur zu gut, wie gefährlich Kunst sein kann, wenn die Botschaft zum schönen Gefühl verkommt oder dazu verführt. Lebenslang war ihr in Erinnerung, was sie an einem bitterkalten Winterabend während des Krieges erlebt hatte: Im Wiener Musikverein war Beethovens Neunte Symphonie aufgeführt worden. Nach dem Hymnus an die Freude und die Brüderlichkeit war eine Stimmung der Begeisterung und Ergriffenheit im Saal, „als würde ein heiliger Sturm / die Decke des Saals abheben / und den herrlichen Sternenhimmel / für immer freilegen, öffnen / zum guten Vater für alle." Und sie beschreibt weiter, wie das humanitätstrunkene Publikum sich danach an der Garderobe mit Ellbogen drängte und einen hilflosen Blinden immer wieder zurückstieß, „der über ihren erhitzten Köpfen heischend ein Nummernzettelchen hochhielt um seinen Mantel gegen die Kälte der Nacht."

Der Vorwurf, sie flüchte geradezu in eine heile Welt, traf Christine Busta schmerzhaft. Im Gedicht „gegen ein Missverständnis" antwortet sie: „Ich habe genug Unheil erfahren, / um die Hoffnung nicht aufzugeben, / dass vieles davon vermeidbar ist." In einem Brief wird sie deutlicher: „Dummköpfe müssen halt immer ein Kastl oder eine Lade suchen, in die sie das flüchtig Gelesene zum Ein- oder Wegordnen stopfen können." Mit ihrem Schreiben wollte sie nichts anderes, als wärmende Mäntel breiten um alles Frierende, um alle Bedrohten, gegen die Kälte der Nacht.

Seit Nachlass und Korrespondenz von Christine Busta weitgehend aufgearbeitet sind, muss man als langjähriger Verehrer der Dichterin erst lernen, damit einigermaßen versöhnlich umzugehen, dass ihre zeitweilige Sympathie für den Nationalsozialismus unbestritten ist und relativ spät erst bekannt wurde. Ihre und ihrer Mutter Mitgliedschaft in der Partei bezeichnete sie in einem Brief an eine Dissertantin als „katastrophales Missverständnis", bis an ihr Lebensende werde sie „daran schleppen". Als Beweggründe für dieses Missverständnis dürften sich die Hoffnung auf Verbesserung der existenziellen Notlage und eine schwärmerische Begeisterung – ausgelöst oder verstärkt durch ihren späteren Mann – die Waage gehalten haben. In einem Brief an Hilde Domin bittet sie: „[…] üben Sie Nachsicht mit allen, die es brauchen u. hoffentlich auch mit Ihrer Christine Busta."

Mit den Trümmerfrauen räumte sie 1945 Schutt weg. Auch den

Schutt ihrer Irrtümer. So war sie anlässlich ihrer Eheschließung aus der Kirche ausgetreten; später sprach sie über ihren Glauben, der wieder „mühsam aus dem Schutt herausgegraben werden muss". Von da an stand sie als unorthodoxe Katholikin treu zum Evangelium, aus dem sie viele Themen und Bilder in ihre Gedichte übertrug. Bedingungslos steht sie damit allerdings auch auf der Seite jener Menschen, die nicht zu den Rechtgläubigen gezählt werden können oder wollen. In vielen Gedichten findet dies unverblümt Ausdruck, wenn sie von der „Atemzuwendung" der Liebe als der „Sprache Gottes" redet: „Auch die Ungläubigen sprechen sie." Und an die Wände ihrer „heimlichen Kirche" malt sie ein eigenwilliges messianisches Friedensreich, in dem heidnische und christliche Mythen „erlöst beisammen sind". Ohne Scheu und Zögern verwendete sie noch Worte, die sich heute kaum mehr aus einem kümmerlich-kirchlichen Ausgedinge herauswagen: Schuld, Gnade, Vergebung. Sie glaubte nicht nur an das Gute, sie beschwor es geradezu, Zeile für Zeile. So gut sie konnte, lebte sie es auch.

Anwältin einer verletzlichen Welt

Freunde von Christine Busta erzählen, dass die Frage nach der Gerechtigkeit sie immer und immer wieder beschäftigte, nicht als Gesetz, sondern als Güte und Barmherzigkeit. Aus einzelnen Bildern ihrer Gedichte kann man eine lange Litanei darüber bilden, worin denn diese Gerechtigkeit bestünde:

> Es ist Gerechtigkeit, den verschwundenen Flüssen nachzugehen
> im Karst …
> … nicht an den Schnee zu rühren …,
> … die Stunde des Glücks zu entbehren, wenn ein anderer
> sie braucht …
> … die Erde als blauen verletzlichen Stern zu behüten …

… den Ochsentrott und das Eselgetrippel zu loben …
… Kinder kommender Wüsten die vergessenen Gebete
um Regen zu lehren…
… als Schuldner aller zu sterben und sie um Vergebung
zu bitten …

Wer Christine Bustas Gedichte liest, weiß eigentlich immer, was zu tun ist und was zu lassen wäre.

Hautnahe Botschaft

In dem frühen Gedicht „Flaschenpost" liest man den Satz: „Ich bin den Schiffen voraus mit ungelesener Botschaft". Ein um fünf Jahre jüngerer Dichter, Paul Celan, verwendet das Wort „Flaschenpost" für ein Bild der Kommunikation mit Unbekannten ungefähr zur gleichen Zeit – 1958 – in der Dankesrede für einen deutschen Literaturpreis:

„Das Gedicht kann eine Flaschenpost sein, aufgegeben in dem Glauben, sie könnte irgendwo und irgendwann an Land gespült werden, an Herzland vielleicht." Dieser stille Hilferuf könnte auch von Christine Busta sein. Was will ein Gedicht? Celan sagt es ein andermal noch deutlicher: „Das Gedicht will zu einem Anderen, es braucht dieses Andere, es braucht ein Gegenüber […] Jeder Mensch ist dem Gedicht eine Gestalt dieses Anderen." Christine Busta ist in ihrer „Auskunft über Gedichte" fern aller philosophischen Abstraktion und nahezu körperlich hautnah:

Manchmal ist ein Gedicht
eine schüchterne Hand,
die sich im Dunkeln zu einem
Nächsten hin ausstreckt.
Du, ich bin da.

Ich freu mich, ich leide,
ich bin nachdenklich wie du.
Ich bin müde
und kann auch nicht schlafen.

Hinweise

- „Die Sternenmühle" ist nach wie vor im Buchhandel erhältlich (auch als CD mit der Stimme von Christine Busta), Otto Müller Verlag, Salzburg.
- Die neun Gedichtbände von Christine Busta liegen in ansprechend gestalteten Neuausgaben des Otto Müller Verlages vor; mit Glück auch in einer Kassette, eventuell antiquarisch. Wir danken dem Verlag für die Abdruckgenehmigung.
- Literarwissenschaftliche Beiträge zu Leben und Werk: Michael Hansel und Stefan Alker (Hg.): Christine Busta, Texte und Materialien, Wien 2008.

Erzähl mir …

Vier Skizzen vom Sinn des Erinnerns

Wer einen größeren Stein aufhebt, entblößt an dieser Stelle einen wimmelnden Flecken Leben in feuchtkühler Erde. Unter dem Stein ist Leben in seinen winzigen Wegen und Gängen im Dunklen, geschützt und unberührt. Erinnern ist ähnlich dem Heben von Steinen. Menschen haben Scheu vor dem, was sich da verbergen mag: Es ist schon genug erinnert!

Aber nichts kann gebaut werden, wenn man die Steine nicht von der Stelle rückt, die man für ein neues Haus braucht.

Der 142. Psalm ist ein Klagepsalm aus einer Situation der Verlassenheit eines Menschen. Im 5. Vers findet sich jene Zeile, die einen großen menschlichen Kummer ausdrückt: „… mir ist jede Zuflucht genommen, niemand fragt nach meinem Leben."

Niemand fragt nach meinem Leben – es interessiert niemanden, wer ich bin, wo ich herkomme, wie und warum ich leide, niemand kennt meinen Namen.

Einfach uninteressant für die Menschen um mich – für niemanden wichtig.

„Nirgends fragt es nach dir", heißt es in Paul Celans Gedicht „Engführung", wenn von der höchsten Not der Deportierten, Gequälten, Selektierten während der Shoa die Rede ist. Fast wörtlich gleichlautend mit der bitter klagenden Psalmzeile „niemand fragt nach meinem Leben".

Wir müssen uns erinnern, sagt die Vernunft! Es ist ein Gebot der Verantwortung für die Zukunft. Die erinnernde Betrachtung von Vergangenem erhellt die Wahrheit über die Gegenwart. Sich erinnern heißt, in die Vergangenheit zurückgehen in der Gestalt der Hoffnung für die Zukunft.

Im Gedächtnis der Lebenden zu bleiben, ist eine Sehnsucht des Menschen über den Tod hinaus. Wer nach dem Leben seines Nächsten fragt, wer die Erinnerung an sie und an ihn pflegt, rettet wie Antigone, als sie ihren Bruder begräbt, die Liebe vor den Aasgeiern des Vergessens. Und das ist vielleicht das Heilsame des Aus-dem-Leben-Erzählens einem aufmerksamen Du gegenüber. Einem Du, das vielleicht mit der einen oder anderen leisen Frage hilft, oder mit jener aufmunternden Einfühlung, bei der nur die Augen sprechen und der ganze Körper zugewandt ist. Psychologen haben dafür den Begriff des „aktiven Zuhörens" gefunden.

Ein Sinn, der verborgen war, kommt ans Licht und wird wieder lebendig, ein Sinn, wie er in Glücks- und Unglückstagen oft nicht erkannt war. Denn in jede Lebensgeschichte ist eine Geschichte mit Gott verwoben, der den Menschen versprochen hat: Ich bin bei dir.

Mit dem Erinnern und dem Erzählen des Erinnerten werden geliebten und geachteten Menschen unsichtbare Denkmäler im Herzen errichtet. Es wird eine Kultur des Gesprächs gepflegt, auch des Gesprächs mit den Toten, und die Stimmen der Vergangenheit bleiben vernehmbar.

1. Skizze: Erzähl uns, wie es war, als du klein gewesen bist!

Wie klein? – Na, ungefähr so wie wir.

Und was soll ich erzählen? – Was dir eben einfällt …

Also, ich glaube, ich bin ein braves Kind gewesen. Mein Bett ist im Schlafzimmer einer Großtante gestanden, der unser Haus gehört hat. Sie hat nicht alleine schlafen können und hat Angst vor der Dunkelheit gehabt, deshalb hat während der ganzen Nacht eine trübe Deckenlampe gebrannt. Meine Mutter ist jeden Abend Gutenachtsagen gegangen, sie war mit der Tante per Sie. Mich hat die Mutter immer noch ganz fest zugedeckt. Das habe ich gern gehabt. Und wenn sie einmal drauf vergessen hat, habe ich gerufen: *Zuabauschn!*

Ward ihr nie zärtlich? Eltern und Kinder?

Mein Vater hat mich öfter auf seine Knie klettern lassen. Sein Gewand und sein Körper haben immer warm nach Holz gerochen. Er war ja Wagner. Wenn ich mich an ihn gedrückt hab, hat er gefragt „Mogst leicht bartln?" Rasiert hat er sich nämlich nur am Sonntag – und bartln, das hat bedeutet, dass er mit den rauen Bartstoppeln seines Kinns über meine kindliche Wange gefahren ist. So hat sich seine Liebe zu mir geäußert. Manchmal habe ich auch bei meiner Mutter auf dem Schoß sitzen dürfen. Nach dem Essen, bevor das Geschirr abgeräumt wurde. An andere Zärtlichkeiten kann ich mich nicht erinnern. Kinder sollten ja erzogen und nicht verzärtelt werden.

Die Großtante hat uns oft vorgelesen, meinem älteren Bruder und mir. Am liebsten hatte ich die Märchen von Wilhelm Hauff, weil sie so lange gedauert haben. Zwerg Nase. Kalif Storch. Das kalte Herz. Ich war unersättlich beim Zuhören. Zuerst hat sie mit uns immer gelernt – Vokabelprüfen in Englisch bei meinem Bruder und Abfragen des Katechismus bei mir, das hat sie am liebsten gemacht. Das Vorlesen war dann die Belohnung.

Und wo hast du am liebsten gespielt?

In der Werkstatt des Vaters habe ich aus Holzabfällen Schiffe gebaut und Flugzeuge. Doch am liebsten bin ich im Park gewesen, der hat damals noch zum Schloss des Ortes gehört. Unter den exotischen Bäumen dort habe ich aber mehr geträumt als gespielt. Viele Bäume sind heute noch da: Die Wunden, die wir den gutmütigen Buchen mit dem Einschneiden von Buchstaben und Herzen damals zugefügt haben, sind über die Jahre erkennbar geblieben. Für mich, das Kind, hatten die Bäume damals noch keine Namen, hießen nicht Bergahorn, Götterbaum oder Tulpenbaum, und sie haben auch noch kein Schildchen getragen mit den botanischen Mirakelnamen *acer pseudoplatanus, ailanthus altissima oder liriodendron tulipifera.* Im Herbst habe ich ihre Blätter für Abdrucke in der Zeichenstunde gesammelt und im Frühling in ihrem Schatten die Veilchen zum Namenstag für den Schuldirektor gepflückt, der hieß Florian.

Und das Schloss?

Ja, das Schloss. Ins Schloss gehen, das war immer etwas Besonderes. Das Schloss war arm geworden während der Jahre des Krieges und danach. Überall war Verfall spürbar. Aber es war noch bewohnt und dadurch lebendig. Wie ein zahnloser Mund in einem zerfurchten Gesicht, in das man unverwandt blicken muss, wenn man die Geschichten verstehen will, die es erzählt.

Die Großtante hat mich öfter „zu den Gräfinnen" geschickt, mit einem Körbchen Eier von unseren Hühnern, zur Gräfin Jula und ihrer Cousine, der Gräfin Gaby. Die Gräfin Jula sehe ich noch vor mir, wie sie als schmaler Schatten über die Terrasse mit der granitenen Schale des längst versiegten Springbrunnens gehuscht ist, oder mit schwarzem Schleierhütchen aus der Kirche getrippelt kam und rundum freundlich nickend gegrüßt hat, auch wenn gar niemand mehr da war, der ihren Gruß erwidert hätte.

Woran erinnerst du dich am liebsten?

Einmal war ein neuer Verwalter in das Schloss und den Meierhof gekommen. Am Abend des Karsamstags hat er die Bevölkerung zu einem Osterfeuer eingeladen, das dann auf der Anhöhe des Ortes entzündet worden ist. Wie sich an diesem Abend der Himmel bei Sonnenuntergang im Westen vergoldete, wie aus schwimmenden Wolken Strahlen brachen, wie der Abendschein schließlich einer blauen Dunkelheit wich, während das Feuer langsam zu einem glutroten Haufen niedergebrannt ist: das alles sehe ich heute noch vor mir, wenn ich die Augen schließe. An jenem Abend haben mein Vater und ich das einzige Mal über Religion geredet. Eigentlich waren es nur zwei Sätze. „Glaubst du, dass es was gibt nach'n Leben", hat mein Vater gefragt, der damals schon ziemlich krank war. Und ich, der Zwölfjährige, hab gesagt: „I glaub schon."

Was hast du dir gewünscht, wie du klein gewesen bist?

Ich erinnere mich nur an einen großen Wunsch: Stiefel. Stiefel sind eine Zeit lang mein Traum gewesen. Jedes Jahr habe ich mir vom Christkind Stiefel gewünscht. Bekommen habe ich gestrickte Socken und eine lange Unterhose.

Da war nämlich einer, der trug glänzende Stiefel zu einer feschen braunen Uniform. Einmal, da war er sogar zu Pferd, da habe ich vor lauter Schauen aufs Grüßen vergessen. „Wie grüßt man?", herrschte er mich vom Pferd herab an. Da hab ich mich umgedreht und bin, so schnell ich nur konnte, über die Wiese und über die Straße ins Haus gelaufen.

Von meinem Vater gibt es ein Foto, wie er auf dem Weg neben

der großen Wiese zum Meierhof gegangen ist. Hut, Überrock, Aktentasche. So ist er in die umliegenden Dörfer zu den Bauern gegangen, um sie ans Zahlen für ein längst abgeliefertes Werkstück zu erinnern. Die Bauern haben aber meist mit Holz statt mit Geld bezahlt. Holz, so viel Holz haben wir damals gehabt! Die große Holzhütte war so voll, dass einmal, als mein Vater schon im Sterben lag, ein Stapel gelagerter Pfosten polternd umgestürzt ist.

Im März 1955 ist er an Krebs gestorben. Er war ein politischer Mensch. Ich hätte ihm so sehr gegönnt, dass er die Unterzeichnung des Staatsvertrags wenig später am 15. Mai noch erlebt hätte.

2. Skizze: Zwei Dichter erinnern sich an ihre Geburt

Wenn man um 1807 etwa mit dem Postwagen vom Südböhmischen durch die Schwarzenbergschen ins oberösterreichische Freistadt oder nach Linz fuhr, wurde diese melancholische Gegend noch zu den böhmischen Wäldern gezählt, erst gegen Kaplitz zu gab es wieder eine ordentliche Straße und die dunkle Gegend wurde freundlicher, die Gesichter heller.

Vielleicht wäre man durch Oberplan gekommen, wo im Haus des Leinwebers und Flachshändlers Johann Stifter der gerade eineinhalbjährige Adalbert, der erste Sohn der Familie, gerade *Mam* sagen konnte. So erinnert er sich im späten Fragment „Mein Leben" und schreibt über die *Mam* eine der eindrucksvollsten Erinnerungen an frühe Kindheit:

„Ich bin oft von den Erscheinungen meines Lebens, das einfach war, wie ein Halm wächst, in Verwunderung geraten. Dies ist der Grund und die Entschuldigung, dass ich die folgenden Worte aufschreibe."

Was folgt, ist die verwunderlichste und großartigste frühkindliche – nein: vorgeburtlich-geburtliche – Erinnerung, die ich kenne:

„Weit zurück in dem leeren Nichts ist etwas wie Wonne und Entzücken, das, gewaltig fassend, fast vernichtend in mein Leben drang und dem nichts mehr in meinem künftigen Leben glich. [...] Ich erinnere mich an Glanz und Farben, die in meinen Augen, an Töne, die in meinen Ohren, und an Holdseligkeiten, die in meinem Wesen waren. Immer mehr fühlte ich die Augen, die mich anschauten, die Stimme, die zu mir sprach, und die Arme, die alles milderten. Ich erinnere mich, dass ich das Mam nannte."

Glücklich, wer von seiner Geburt zu hören bekommt, dass es ein Glücksmoment war. Zu Stifters berühmter Erinnerung gibt es ein Pendant von Joseph von Eichendorff im Fragment „Unstern", freilich mit gehöriger Selbstironie. Da schildert Eichendorff die Umstände seiner Geburt. Seine Mutter hätte ihn aus Schreck über eine vorzeitig explodierte Böllerkanone um „anderthalb Minuten zu spät" geboren, da die ideale Konstellation von Jupiter, Venus und dem kulminierenden Mond in der Jungfrau um diese „lumpige Spanne Zeit" verpasst worden war. Und noch dazu „in der Konfusion mit den Füßen zuerst, man sagt, ich habe damit ein Entrechat gemacht". Wie Stifter schrieb Eichendorff dies als reifer Mann nieder, und setzte seiner Mutter damit ein berührendes Denkmal: „Ich weiß mich nur noch dunkel soviel zu erinnern, dass ich so gemütlich und warm in der wohlgeheizten Stube in meinen Kissen lag und verwundert die spielenden Ringe und Figuren betrachtete, welche die Nachtlampe an der Stubendecke abbildete. [...] Meine Mutter neigte sich mit ihrem schönen bleichen Gesicht und den großen Augen freundlich über mich, dass ihre Locken mich ganz umgaben, zwischen denen ich draußen die Sterne und den stillen Schnee durchs Fenster hereinfunkeln sah. Seitdem, sooft ich eine klare, weitgestirnte Winternacht sehe, ist mir immer wieder, als würde ich neugeboren."

3. Skizze: So soll man Geschichten erzählen

Wenn vom Erinnern und vom Erzählen die Rede ist, darf Martin Buber nicht fehlen. Dieser österreichisch-jüdische Religionsphilosoph hat ja mit seinen „Erzählungen der Chassidim" den Zauber des Ostjudentums in unsere Zeit und in unsere Welt gerettet. Im Vorwort zu dieser Sammlung spricht Buber von der wundertätigen Kraft des Erinnerns und des Erzählens. Aber auch davon, dass Erinnern immer auch ein Bezeugen ist. „Das erinnernd erzählende Wort ist mehr als Rede, es führt das, was geschehen ist, faktisch in die kommenden Geschlechter hinüber, ja das Erzählen ist selber Geschehen, es hat die Weihe einer heiligen Handlung. Der Seher von Lublin soll einmal aus einer Hütte einen Lichtglanz haben aufsteigen sehn; als er eintrat, saßen Chassidim drin und erzählten sich von ihren Zaddikim. [...] Ein Wunder, das man erzählt, wird von neuem mächtig. Kraft, die einst wirkte, pflanzt im lebendigen Worte sich fort und wirkt noch nach Generationen."

Martin Buber erzählt von einem Rabbi, dessen Großvater ein Schüler des Baalschem Tov war, des Begründers und großen Lehrmeisters des Chassidismus. Einmal bat man diesen Rabbi, eine

Geschichte zu erzählen. Der sagte, dass man eine Geschichte immer so erzählen soll, dass sie selber eine Hilfe sei: „Mein Großvater war lahm. Einmal bat man ihn, eine Geschichte von seinem Lehrer zu erzählen. Da erzählte er, wie der heilige Baalschem beim Beten zu hüpfen und zu tanzen pflegte. Mein lahmer Großvater erzählte und erzählte – und die Erzählung riss ihn so hin, dass er hüpfend und tanzend zeigen musste, wie der Meister es gemacht hatte. Von der Stund an war er geheilt. So soll man Geschichten erzählen."

In erster Linie war es immer das Erinnern, das kulturelle Gedächtnis, das uns im Gespräch mit der Vergangenheit, mit der „Geschichte" gehalten hat. Am Anfang war die schriftlose Erzählung, dann Bilder auf Wände gemalt, und schließlich Bücher. Doch Bilder wurden zerstört, Bücher wurden verbrannt, nur das Erinnern und Erzählen war immer gefeit gegen jede Zerstörung von außen. Während sich langsam eine medial übersättigte Müdigkeit auszubreiten scheint, werden wir vielleicht empfänglicher für Erinnerung in Spuren, in denen wieder – Aug in Aug und Ohr zu Mund – wirkliches Leben spürbar ist.

4. Skizze: Tausch der Herzen

Erinnern wir uns an das Hauff'sche Märchen „Das kalte Herz", das davon erzählt, wie ein Herz steinern wird. Wie der arme Köhlersohn Peter Munk, der Kohlenmunkpeter, davon träumt, auch einmal viel Geld zu besitzen. Wie er schließlich dem bösen Zauberer Holländer-Michel begegnet, der ihm zu Reichtum verhelfen will, als Preis dafür aber Peters Herz verlangt. Das sei ja ohnehin zu nichts gut als zu unnötigem Leid- und Mitleidempfinden.

Was hat dir wehgetan, wenn dich die Menschen geschimpft und verachtet haben, fragt der Holländer-Michel den Kohlenmunkpeter. Der Kopf? Der Magen? – Mein Herz, sagt Peter. Was hat dich getrieben, in die Tasche zu greifen, sobald ein Bettelmann seinen zerlumpten Hut hinstreckte? Dein Herz, auch wieder nur dein Herz – nicht deine Augen, nicht deine Arme, nicht deine Beine. Dein Herz, immer nur dein Herz. Du hast es dir, wie man richtig sagt, zu Herzen genommen. Gib mir das kaum pochende Ding und du wirst sehen, wie gut du es dann hast. „Mein Herz?“, schrie Peter vor Entsetzen, „da müsste ich ja sterben – nimmermehr!“

Doch da zeigt ihm der Holländer-Michel eine große Galerie von Gläsern mit Herzen darin. Jedes Glas mit dem Namen dessen, der sein Herz getauscht hatte: Da fanden sich alle Mächtigen und Reichen, die Geldverleiher, die Kornwucherer und die Werbeoffiziere – es war eine Sammlung der angesehensten Herzen im Lande. „Schau“, sprach Holländer-Michel, „diese alle haben des Lebens Ängste und Sorgen weggeworfen, keines ihrer Herzen schlägt mehr ängstlich und besorgt.“ – Und er zeigt dem Peter ein Herz von Marmorstein: Dies habe er ihnen dafür gegeben. „Gib mir dein lebendiges Herz – und ich gebe dir dafür ein steinern Herz. Weder Angst noch Schrecken, weder törichtes Mitleid noch anderer Jammer pocht an ein steinern Herz.“

Peter geht schließlich auf den Handel ein, bekommt hunderttausend Taler – und ein kaltes, steinernes Herz. Versuchsweise denkt er an die stille Heimat, die Wälder, ja an seine arme Mutter, die jetzt wohl hilflos und im Elend sitzen würde. Er legt seine Hand auf die Brust, und es ist ganz ruhig dort, nichts rührt sich. Aber auch freuen kann ihn nichts, kein Bild, kein Haus, keine Musik, kein Tanz. Peter wird ein hartherziger grausamer Mensch, der herzlos, ja mörderisch gegen die eigene, einst geliebte Frau und gegen die alte Mutter vorgeht.

„Ich nehme das Herz aus Stein aus ihrer Brust und gebe ihnen ein Herz aus Fleisch“, steht beim Propheten Ezechiel im 19. Vers des elften Kapitels. Kohlenmunkpeter gewinnt sein Herz aus Fleisch wieder im reumütigen Erinnern an die Liebe seiner Frau, die er im Zorn über ihre Güte erschlug. Mit Entsetzen sieht er auf sein Leben zurück und weint heftig.

Erinnern kann Versteinerungen in unserem Innern auflösen. Diese hartherzigen Ablagerungen in der Seele können aufgeweicht werden in den Wassern hinter den Augen der Menschen, in allen Tränen, die noch geweint werden müssen.

Hinweise

- Das Fragment von Stifters früher Kindheitserinnerung findet sich in den „Autobiographischen Skizzen" der Ausgabe „Die Mappe meines Urgroßvaters – Schilderungen – Briefe", München 1995.
- Das Erzählfragment „Der Unstern" von Joseph von Eichendorff in „Werke und Schriften" Band II, Stuttgart, Zürich, Salzburg, o. J.
- Martin Buber: Die Erzählungen der Chassidim, Manesse Bibliothek der Weltliteratur, Zürich 1992.

In der Finsternis flüchtet das Licht der Welt

„Die Flucht nach Ägypten" von Adam Elsheimer (1578–1610)

Lasst uns nun feiern ein Bild
von Adam Elsheimer,
einem Maler, den kaum jemand kennt,
weil seine dreißig Bilder nur auf Kupfer gemalt
und von so kleinem Format sind,
dass man sie leicht übersieht.
Und doch: Meilensteine der Kunstgeschichte
sind sie zwischen Dürer und Rubens,
und die erste Mondnacht der Malerei in Europa.
Um diesen gestirnten Himmel zu malen,
muss er ein Fernrohr benutzt haben,
damals im August 1609 in Rom,
denn noch nie vor ihm wurde die Milchstraße
so treulich gemalt, unzählbar Stern für Stern,
so zeigt es sich, wenn man das Bild mit der Lupe betrachtet.
Im selben Jahr erscheint Keplers *Astronomia Nova,*
in der auch von der anziehenden Kraft des Mondes
zu lesen ist.

Diese Miniatur auf Kupfer haben später
noch viele Maler kopiert,
aber Elsheimers Sternenhimmel bleibt unerreicht
wie damals noch der Mond.

Doch wie schön in diesem Himmel
Klopstocks *stiller Gefährt der Nacht,*
wie er sich spiegelnd anschaut;
und über dem Mond das Sternbild des Großen Bären,
zugehörig Dianen, der Schützerin reiner Jungfrauen.
Josef zieht es – der Straße am Himmel nach –
ins Ägyptische, wo einst Joseph, der Lieblingssohn Jakobs,
zu Ehren und Ansehen gekommen war,
verkauft von den Brüdern.
Jakobsstraße hieß früher die Milchstraße,
die Himmelsleiter des Patriarchen.
Jetzt ist es Josef, der Verlässliche,
Josef, der aufsteht und zu sich nimmt
das Kindlein und seine Mutter bei der Nacht
und flieht nach Ägyptenland:
fugit in tenebris lux mundi –

in der Finsternis flüchtet das Licht der Welt.
Der Esel findet stets von allein den Weg,
Josef hält die Fackel verdeckt,
noch weiß man nicht, wer die sind,
da vorne beim knisternden Feuer.
Die Tiere sind ja den Menschen gut,
so auch ein Augen-Stern,
der durch das Baumgehölz über den Flüchtenden
blickt, ein wachendes Auge über dem
lux mundi – dem Licht der Welt.
Das demütig kam als Kind, demütig,
im schwachen Schein kaum zu erkennen,
wär da nicht die Hand Josefs,
die ihm etwas zum Mund reicht,
auf dass es nicht schreie –
noch weiß man ja nicht,
wer die sind, die da vorne.

Adam Elsheimer
Die Flucht nach Ägypten,
1609

Doch der Himmelsstraße vertraut Josef;
unter dem eben entdeckten Jupiter Galileis
muss alles geschehen, wie es geschrieben steht,
so der Trost dieses Bildes.

Kein Jahr vergeht nach der Geburt dieses Bildes
und Adam Elsheimer, der Maler,
gutgläubig und genial,
der Adam von Frankfurt – *Adamo Tedesco,*
stirbt im Schuldturm in Rom an den Folgen der Haft.
Der Kupferstecher Hendrick Goudt, einst angeblich ein Freund
und dann doch ein ganz mieser Charakter,
reich und in ganz Europa bekannt,
hatte Adam dorthin gebracht, unseren gutgläubigen Adam,
der hatte dem Profiteur all seine zukünftigen Bilder
verkauft, auch die ungemalten.

Und er, Adam, malte aus Schwermut darüber
kein einziges Bild mehr.

Das war sein Tod, unseres geliebten Adam Tod,
schrieb Rubens, bestürzt über diesen Tod,
der ihn, Rubens, auf das schmerzlichste traf.
Nach einem solchen Verlust, schreibt Rubens,
sollte sich unsere ganze Zunft in tiefe Trauer hüllen,
er starb in der ganzen Kraft seines Könnens,
und seine Ernte stand erst in Keimen,
begraben jedoch in hohem Ansehen der Malergilde von Rom.
Sein Grab bei San Lorenzo in Lucina
verschwunden.
Geblieben
der Jakobsweg,
die Galaxie Hoffnung
für Adam.

253

Hinweise

- Adam Elsheimer in Rom: Werk – Kontext – Wirkung (Römische Studien der Bibliotheca Hertziana), München 2008.
- Im Detail die Welt entdecken – Adam Elsheimer 1578–1610, Katalog Stuttgart-Edinburg 2006, Taschenbuch 2008.

Bildnachweis

Seite **10** *Foto: Roman Szczepaniak*

21 *Foto: Hubert Gaisbauer*

22 *Foto: Franz Hubmann | Imagno | picturedesk.com*

38 Georges Rouault, Pierrot, um 1938
akg-images | © Bildrecht, Wien 2018

47 Else Lasker-Schüler, Jussuf prince Tiba, 1913
Tusche und Buntstift, 141 x 90 mm
(Postkarte an Franc Marc)
Stiftung Etta und Otto Stangl | Kochel am See, Franc Marc-Museum | akg-images

62 Rogier van der Weyden, Die Kreuzabnahme Christi, um 1436/37
Holz, 220 × 262 cm
Madrid, Museo del Prado | Foto: Erich Lessing | akg-images

82 Marie-Louise von Motesiczky, Mother with a Baton, 1977
© Marie-Louise von Motesiczky Charitable Trust 2019 / Arts Council England's Collection

89 Anonymer Kupferstich, Catharina Regina von Greiffenberg, 1694
Zeichnung Titelbild Erstausgabe
Quelle: www.zeno.org – Contumax GmbH & Co.KG

102 Oberrheinischer Meister, Das Paradiesgärtlein, ca. 1415
Mischtechnik auf Eichenholz, 26,3 x 33,4 cm
Staedel Museum, Frankfurt am Main | © Staedel Museum/ARTOTHEK

121 Albrecht Dürer: Barbara Dürer, geb. Holper, 1514
Zeichnung, eigenhändig beschriftet, Kohle, 421 × 303 mm
Staatliches Museum Berlin, SMB, Kupferstichkabinett | akg-images

134 Giotto di Bondone: Joachim und Anna am Goldenen Tor, 1305/06
Quelle: http://www.zeno.org – Contumax GmbH & Co.KG

142 Pontormo (Jacopo Carrucci), Kreuzabnahme Christi, 1525–1528
Öl auf Holz, 313 × 192 cm
Florenz, Kirche S. Felicita, Cappella Capponi
Foto: Rabatti & Domingie | akg-images

162 Adam Elsheimer, Aeneas rettet Anchises aus dem brennenden Troja, undatiert (um 1599/1604)
Deckfarben auf Papier, 143 x 97 mm
Privatsammlung | akg-images

183 Bildnis des gefallenen Charles Péguy, 1914
Federzeichnung von Egon Schiele; Titelseite der Zeitschrift „Die Aktion" Nr. 42/43 | *akg-images*

190 Rembrandt Harmeszoon van Rijn, Tobias fragt den Engel aus, um 1645/50
Federzeichnung, 172 x 223 mm.
Wien, Graphische Sammlung Albertina | Foto: Erich Lessing | akg-images

206 Ernst Barlach: Der singende Mann, 1928
Bronze, 50 x 46 x 42 cm | Foto 1930
Kunsthalle Kiel | akg-images

218 Paula Modersohn-Becker, Porträt der Schwester Herma mit Artischockenblüte in der erhobenen Hand, 1906
Öltempera auf Leinwand, 57,5 x 51,1 cm
Privatbesitz | akg-images

250 Adam Elsheimer, Die Flucht nach Ägypten, 1609
Öl auf versilbertem Kupfer, 31 x 41 cm
München, Alte Pinakothek | akg-images